国家社科基金项目“我国对外援助基本法构建研究”（19BFX200）阶段性成果

对外援助
国外立法文件编译

韩永红◎译著

知识产权出版社
全国百佳图书出版单位
—北京—

图书在版编目（CIP）数据

对外援助国外立法文件编译/韩永红译著. —北京：知识产权出版社，2020.8
ISBN 978-7-5130-7103-1

Ⅰ.①对… Ⅱ.①韩… Ⅲ.①对外援助—立法—文件—汇编—世界 Ⅳ.①D912.134

中国版本图书馆CIP数据核字（2020）第145558号

内容提要

本书收录、编译了美国、英国、加拿大、澳大利亚、法国、俄罗斯、日本、韩国等国家近年主要的对外援助法律文件，全面展现了这些国家的对外援助宗旨，援助原则，援助方式，援助管理机构，援助资金的来源和分配，援助项目的确立、执行和评估以及援助数据的统计、公开等法律规则，旨在为我国对外援助的立法完善和行政决策提供参考和借鉴。

责任编辑：王玉茂　　**责任校对**：王　岩
封面设计：博华创意·张冀　　**责任印制**：刘译文

对外援助国外立法文件编译
韩永红　译著

出版发行：知识产权出版社有限责任公司　　**网　址**：http://www.ipph.cn
社　址：北京市海淀区气象路50号院　　**邮　编**：100081
责编电话：010-82000860转8541　　**责编邮箱**：wangyumao@cnipr.com
发行电话：010-82000860转8101/8102　　**发行传真**：010-82000893/82005070/82000270
印　刷：三河市国英印务有限公司　　**经　销**：各大网上书店、新华书店及相关专业书店
开　本：720mm×1000mm　1/16　　**印　张**：17
版　次：2020年8月第1版　　**印　次**：2020年8月第1次印刷
字　数：324千字　　**定　价**：78.00元
ISBN 978-7-5130-7103-1

前　言

对外援助是一国实现安全、发展、人道主义等多重目标的重要战略实施工具。经济合作与发展组织（OECD）发展援助委员会成员[1]不仅有长期的对外援助实践，而且会根据国际时势变化而随时调整对外援助的目标、战略和实施方式。这些调整不仅通过外交白皮书等政策性文件予以宣示，而且通过对外援助立法予以实现。OECD 发展援助委员会成员通过专门性立法对其援助宗旨，援助原则，援助方式，援助管理机构，援助资金的来源和分配，援助项目的确立、执行和评估，援助数据的统计和公开等事项作出详细安排。例如，美国于 2018 年颁布了《更好地利用投资引导发展法》（Better Utilization of Investments Leading to Development Act of 2018，以下简称“BUILD 法”），成立美国国际发展金融公司，旨在调动并提高美国私有资本和技术在欠发达国家以及由非市场经济向市场经济转型国家的经济发展中的参与度，从而扩充发展援助目标，并提高美国对外政策利益。

我国的对外援助始于 1950 年，迄今已有 70 年的实践。“一带一路”倡议的提出和实施为我国对外援助提供了新的实施框架和援助领域。我国对外援助的发展开启了新的历程，在援助规模、援助领域、援助方式等方面进入转型阶段。我国已成为非 OECD 发展援助委员会成员中提供援助最多、受援国范围最广的国家。2015 年，国家主席习近平在出席联合国发展峰会时，宣布设立“南南合作援助基金”，首期提供 20 亿美元，支持发展中国家落实 2015 年后的发展议程。2018 年 6 月 28 日，我国国务院发布的《中国与世界贸易组织》白皮书透露，自 2018 年起，中国将在 3 年内向参与“一带一路”建设的发展中国家和国际组织提供 600 亿元人民币的援助，建设更多民生项目。在 2020 年

---

[1] OECD 发展援助委员会现有 30 个成员（包括 29 个 OECD 成员国和欧盟），分别是美国、英国、法国、德国、意大利、加拿大、澳大利亚、新西兰、爱尔兰、荷兰、比利时、卢森堡、奥地利、瑞士、挪威、冰岛、丹麦、瑞典、芬兰、西班牙、葡萄牙、希腊、斯洛文尼亚、捷克、斯洛伐克、波兰、匈牙利、日本、韩国、欧盟。

新型冠状病毒肺炎（COVID－19）防控初期，多国政府、非政府组织、企业、个人向我国提供了及时的国际援助。截至2020年3月27日，我国在疫情防控取得阶段性胜利的同时，也对89个国家和4个国际组织提供了医疗物资、技术支持等多种形式的抗疫援助。[1]

在总结对外援助实践的基础上，我国形成了具有中国特色的对外援助法律规制体系。这一体系主要包括战略层面的政策方针和执行层面的部门规章、规范性文件及内部规则。[2]我国商务部于2014年第30次部务会审议通过的《对外援助管理办法（试行）》是我国对外援助管理领域第一个综合性的部门规章。2018年4月18日，国家国际发展合作署举行揭牌仪式，标志着我国对外援助有了独立的统筹机构。根据《关于国务院机构改革方案的说明》，国家国际发展合作署将整合原来属于商务部的对外援助工作的职能和外交部的涉外协调职能，具体包括：拟订对外援助战略方针、规划、政策，统筹协调援外重大问题并提出建议；推进援外方式改革；编制对外援助方案和计划；确定对外援助项目并监督评估实施情况等。由于对外援助的业务庞大复杂，具体执行工作仍需要由相关部门按分工承担。为适应新的对外援助管理需要，2018年11月13日，国家国际发展合作署发布《对外援助管理办法（征求意见稿）》，对我国对外援助的定义和原则、国家国际发展合作署以及各援外相关执行机构的职能、援外政策的规划、援外项目的资金管理和实施管理、对外援助的监督与评估以及法律责任问题作出了系统性规定。截至目前，该规章尚未施行。我国的对外援助法律规制体系仍然存在基本法缺位、立法层级低、结构分散、可能与上位法冲突等问题。

另外，国内民众关心我国对外援助取得的实际效果及其对我国的实际影响，国际社会也针对我国对外援助的信息透明度等问题提出诸多质疑。而我国现行对外援助法律规制体系的规制视野基本只局限于对内管理层面，欠缺对国际法维度的统筹思考，不能适应国内法治和国际法治相统筹的新形势，难以适应我国作为一个负责任大国的使命和担当。在推进“一带一路”倡议和人类命运共同体建设过程中，对外援助也应成为我国参与全球治理、提升国际制度话语权的重要制度工具。因此，我国对外援助法律规制体系的完善既是回应国内外质疑的迫切需要，更是提高我国对外援助的合法性和有效性、提升国际制

---

[1] 我国已援助89个国家和4个国际组织［EB/OL］.［2020－03－27］. http://cpc.people.com.cn/n1/2020/0327/c64387－31650105.html.

[2] 例如，《对外援助成套项目工程总承包任务资格审查条件设定规则》（2018年1月22日施行）、《对外援助标识使用管理办法》（2020年1月1日施行）、《关于调整对外援助物资检验和验放管理的公告》（2017年1月16日发布）等。

度话语权的长期需要。

基于完善我国对外援助法律规制体系的需要，本书收录、编译了美国、英国、加拿大、澳大利亚、法国、俄罗斯、日本、韩国等国家近年主要的对外援助法律文件，全面展现了这些国家的对外援助宗旨，援助原则，援助方式，援助管理机构，援助资金的来源和分配，援助项目的确立、执行和评估，援助数据的统计和公开等法律规则。本书不仅是研究对外援助（国际援助）的重要基础性研究资料，也是完善我国对外援助立法、行政决策的必要参考资料。希望本书能为我国对外援助基本法的构建和对外援助有效性的提升尽微薄之力。

本书是韩永红主持的国家社科基金项目“我国对外援助基本法构建研究”（19BFX200）的阶段性成果。本书的出版得到了广东外语外贸大学“财经理论国际前沿翻译团队（国际法研究方向）”项目的经费资助和知识产权出版社的信任与支持。笔者完成了本书全部立法文件原文的选取及译文审校工作，来自广东外语外贸大学法学院、高级翻译学院、西方语言文化学院的几位研究生同学协助完成了本书部分立法文件原文的检索和初译工作。

在本书编译、写作过程中，笔者尽力保证翻译、表达的准确与通顺。不同国家立法的编排体例不尽相同，笔者在保留原文体例的基础上，根据我国立法语言表达习惯作了适当的调整。由于对外援助涉及国际政治、国际金融、国际法等诸多领域的知识且立法文件语言本身比较晦涩，书中难免有疏漏不足之处，请读者不吝指正。

韩永红
广州白云山下
2020 年 4 月

目　录

美国

英国

加拿大

澳大利亚

法　国

俄罗斯

日　本

韩 国

第 115 届国会第 2 次会议

众议院法案 5105 号

美国参议院

2018 年 7 月 18 日

更好地利用投资引导发展法（2018）[1]

为美国国际发展金融公司之成立以及其他目的而制定

呈交美利坚合众国参议院、众议院，全体通过

第一编　目　　录

（a）本法案名为 2018 年《更好地利用投资引导发展法》或 BUILD 法

（b）本法案目录如下：

[1] 初译人员：郑思雅，广东外语外贸大学高级翻译学院 2018 级法律翻译专业研究生。

第二编　定　　义

本法案：

（1）相应的国会委员会——本法案所指“国会拨款委员会”系

（A）参议院对外关系委员会以及拨款委员会；和

（B）众议院外交事务委员会以及拨款委员会。

（2）欠发达国家——本法案所指“欠发达国家”系国际复兴开发银行以及国际开发协会（合称为“世界银行”）所规定的，收入居于低水平、中低水平或中高水平的国家。

（3）以往机构——本法案所指“以往机构”系已根据本法案第六编废除的机构。

（4）具有资格的实体——本法案所指“具有资格的主权实体”系

（A）任何持有目的与第102（b）条所称公司目的类似的外国机构（定义见《美国法典》第28编第1603条）；或

（B）任何国际金融机构（定义见《国际金融机构法案》第1701（c）条、《美国法典》第22编第262r（c）条）。

第一章 成 立

第101条 政策

美国的政策是通过提供信贷、资本和其他金融支持来促进欠发达国家市场主导私营经济的发展和经济增长

(1) 以调动私有资本支撑可持续的、广泛的经济增长，减贫以及发展，通过与私营部门建立需求驱动伙伴关系，延续美国对外政策利益；

(2) 为组建并强化民间机构，激发竞争，以及提高公共问责制和透明度发展提供资金；

(3) 在不扭曲市场的前提下，帮助私营企业克服可见的市场差距以及低效现象；

(4) 实现清楚定义之经济社会发展；

(5) 与公司目的类似之机构协作，利用该机构之资源实现影响最大化；

(6) 通过使用高标准透明度以及环境和社会保障，考虑合作国家的债务可持续性，使权威政府以及美国战略竞争对手为国家提供强有力的选择替代政府主导型投资；

(7) 利用私营部门能力以及创新发展工具帮助国家从双边发展援助的接受者向不断提高自力更生能力转变；和

(8) 在美国整体对外政策、发展以及国家安全目标的指导下，考虑受援助国的当务之急和需求，并进行补助。

第102条 美国国际发展金融公司

(a) 成立——特此成立美国国际发展金融公司（本法案中简称“公司”）行政部门。该公司为全资政府公司，以《美国法典》第31编第91章之目的而成立，受国务卿对外政策的限制。

(b) 目的——公司之目的是调动并提高私有资本和技术在欠发达国家以及由非市场经济向市场经济转型国家在经济发展中的参与度，如本条第(c)款所述，以扩充发展援助目标，并提高美国对外政策利益。为实现此目的，公司应利用广泛的标准，将其根据本法案第二章援助下的金融运行、经济和金融稳定性以及项目开发目标考虑在内。

(c) 欠发达国家

(1) 总则——公司应优先考虑根据第二章确立的对收入居于低水平或中

低水平欠发达国家的援助条款。

（2）对收入居于中高水平国家的援助——公司应限制根据第二章确立的对收入居于中高水平欠发达国家的援助条款，除非

（A）总统向相应的国会委员会核证上述援助延续美国全国经济或对外政策利益；和

（B）上述援助可能具有极高的发展性或能为当国贫困人口提供发展利益。

第 103 条　公司之管理

（a）法人结构——公司应设立公司董事会（本法案中简称“董事会”）、一名首席执行官、一名副首席执行官、一名首席风险官、一名开发总监以及由董事会决定的其他官职人员。

（b）公司董事会

（1）职责——公司所有权力应采取授予制并在董事会授权下行使。董事会

（A）应行使本法案所规定的专门职能；

（B）可制定、修改、废除有关公司商业运行及公司法定权力行使之内部章程、规则、规章、政策和规程；

（C）应在与股东及其他利益方协商一致的情况下，制定一项有关协商、听证以及其他参与形式的政策，保证公众积极参与董事会活动。

（2）董事会组成人员

（A）总则——董事会应包括

（i）公司首席执行官；

（ii）本条（B）项中详述的其他职位；和

（iii）由总统和参议院任命、经参议院建议并同意的 4 名组成人员，其中

（Ⅰ）一名组成人员应由一份至少 5 人名单中选出，该名单应由参议院多数党领袖经与参议院外交关系委员会主席协商后提交；

（Ⅱ）一名组成人员应由一份至少 5 人名单中选出，该名单应由参议院多数党领袖经与参议院外交关系委员会高级官员协商后提交；

（Ⅲ）一名组成人员应由一份至少 5 人名单中选出，该名单应由众议院议长经与众议院外交事务委员会主席协商后提交；和

（Ⅳ）一名组成人员应由一份至少 5 人名单中选出，该名单应由众议院多数党领袖经与众议院外交事务委员会高级官员协商后提交。

（B）职位详述

（i）总则——本项中详述的职位如下：

（Ⅰ）国务卿或其指定人员；

（Ⅱ）美国国际开发署署长或其指定人员；

（Ⅲ）财政部长或其指定人员；

（Ⅳ）商务部长或其指定人员。

（ii）指定人员资格——（i）项中所提及的指定人员应从以下官员中选出：

（Ⅰ）该官员由总统和参议院任命，经参议院建议并同意；

（Ⅱ）该官员职责与公司项目相关；和

（Ⅲ）该官员由总统指定，并对总统负责。

（C）非政府机关组成人员资格——本条（A）（iii）项中提及的董事会组成人员：

（i）不得为美国政府官员或雇员；

（ii）应具有在私营部门、环境、劳工组织或国际发展等领域的相关经验，以实现公司之目的；

（iii）应以 3 年为一任期，连任不得超过两届；

（iv）在继任者人选确定的情况下方可离职；

（v）在从事公司相关事务时，应获得相应补偿，其补偿按照《美国法典》第 5 编第 5315 条中规定的一等首长级 IV 级[1]执行；和

（vi）在离家或远离日常工作场所出差时，可根据《美国联邦法规》第 41 编第 F 章《联邦公务出行条例》的规定，以适用费率获得每日津贴，替代生活津贴。

（3）主席——董事会应设一名主席，该主席应由总统从本条第（2）（A）款所述人员中指派。

（4）副主席——董事会副主席应由本条第（2）（B）（i）（II）目中所述的美国国际开发署署长或其指定人员担任。

（5）法定人数——5 名董事会成员即构成董事会业务处理的法定人数。

（c）公开听证会

（1）董事会公开听证会——董事会每年应至少召开一次公开听证会，为公众发表意见提供渠道，该意见包括：

（A）公司日常运营是否符合此法案相关规定；和

（B）公司根据本法案第二章对他国提供的援助是否应该终止、扩展或

---

[1] 美国政府通用的等级划分采用三等岗位制，其中一等首长级（Executive Schedule，直译为行政进阶，缩写为 ES）是美国政府行政部门内的最高雇员等级，其中分五级薪金，用罗马数字表示，I 为最高，V 为最低。——译者注

扩充。

（2）额外公开听证会——每召开一次董事会议，公司就应举行一次公开听证会，为公众发表关于公司运营意见提供渠道。此类意见应记录在会议纪要之中。

本条第（d）～（h）款以及第104条的主题内容为董事会人事任免相关规定，此处略过不译。

第105条　独立问责机制

（a）总则——董事会应建立透明、独立的问责机制。

（b）职能——根据本条第（a）款设立的独立问责机制，应

（1）每年进行评估并向董事会及国会汇报对环境、社会、劳工、人权以及透明度标准的遵守情况，此举与公司的法定职责相一致；

（2）召开论坛解决问题，此类问题包括公司援助的有关上述标准的具体项目所产生的影响；和

（3）提出有关公司项目、政策以及具体操作的建议。

第二章　授　权

第201条　关于援助条文的授权

（a）总则——本章中权力行使仅限于

（1）执行本法案第101条所述美国政策及第102条所述公司目的；

（2）通过共同筹资和工具构成，实现与私营部门和具有资格的主权实体风险共担，以此为美国纳税人减少风险；和

（3）通过调动本不会用于类似援助的私有资本，确保依据本章提供的援助为私营部门资源的附加部分。

（b）贷款和担保

（1）总则——公司可根据上述一般性条款发放贷款以及提供担保，该一般性条款由公司决定。

（2）标价——根据（1）项的规定，发放的贷款以及提供的担保可以美元或外币进行标价和偿付。只有在董事会决定上述贷款和担保有实质性政策支持的情况下，才能以外币对贷款和担保进行标价。

（3）对《1990年联邦信贷改革法案》的适用——根据（1）项规定发放的贷款以及提供的担保应符合《1990年联邦信贷改革法案》的要求。

（c）产权投资

（1）总则——公司作为中小投资者，应以拨款方式支持项目发展，或适

用其他机制以实现购买之目的，公司应作出关于购买的承诺并出资，进行投资，作出相关承诺，或获取任意实体之资产净值、股票或经济利益。公司可以有限责任合伙人或投资基金中的其他投资者身份，根据上述一般性条款作出上述行为，该一般性条款由公司决定。

（2）标价——根据（1）项规定提供的援助可以美元或外币进行标价和偿付。只有在董事会决定上述援助有实质性政策支持的情况下，才能以外币对贷款和担保进行标价。

（3）指导方针和标准——公司应设立一套指导方针和标准，以要求根据（1）项规定的关于某一项目的权力使用有明确的发展和对外政策目的，同时还应考虑以下内容：

（A）对于该项目的援助更有可能无法实质性降低或克服受援助市场失灵所带来的影响；

（B）该项目可能无法进行或在没有援助的情况下被实质性延期；

（C）该援助可能对当地状况好转有所帮助，可能提高当地市场的发展；

（D）该援助应与商业伙伴激励措施一并实施；

（E）该援助应具有重大的开发影响力以及将会对长期的商业可持续性发展有帮助；

（F）该援助应进一步推动第 101 条所述之美国政策。

（4）产权投资之限额

（A）单个项目之限额——在公司同意提供项目援助的情况下，根据（1）项规定提供的关于项目的援助，其总额不得超过关于该项目全部产权投资总额的 30%；

（B）累积限额——根据本章规定提供的援助不得超过公司总风险敞口的 35%，该总风险敞口从提供援助之日算起。

（5）销售和平仓——只要从商业角度上可行，公司就应与该项目的其他投资者一样，销售并清算根据本章所提供的对该项目的援助，并将美国国家安全利益考虑在内。

（6）时间表——公司应制定一个根据（1）项规定所进行的针对项目援助的时间表。

（d）保险与再保险——公司可根据其规定的上述一般性条款，为私营部门实体以及有资格的主权实体签发保险或再保险单证，确保其全部或部分投资免受包括货币不可兑换以及汇兑受限、被征用，战争，恐怖主义，国内动乱，毁约或不履行财务义务等在内的政治性风险危害。

本条第（e）款的主题内容为私人投资机会的提升与对其的援助，此处略

过不译。

（f）特别项目和计划——公司可管理特别项目和计划以支持公司的具体交易，该项目包括经济和咨询上的援助，在人力资源、技术、科技、资本储备或过渡性金融投资机构以及相关合作方面的发展上提供私人的技术、专业性或管理层面上的援助，该项目还包括激励措施、补助金，以及对可再生能源、女性经济赋权、微型企业和其他小型商业活动研究的启动。

（g）企业基金

（1）总则——公司可在与国务卿、美国国际开发署署长以及其他相关部门或机构之长官磋商后，根据本条之相关规定，设立并运行企业基金。

（2）过程和要求——本章第201条所述之关于《1989年援助东欧民主法案》（《美国法典》第22编第5421条）之条款（该条第（a）款，（b）款，（c）款，（d）款（1）项、第（3）项，（e）款，（f）款以及（j）款所述之规定除外），应适用公司根据本条规定而设立之任何企业基金，以及公司根据本条规定可用于该企业基金的资金。上述条款适用之效力应与根据第201条规定而设立的企业基金或根据第201条规定而设立的企业基金可用资金具有同等效力。

（3）提供援助之目的——在取得董事会同意之后，公司可根据本章之规定，指定非营利性的私人组织作为符合条件的援助接受方，其目的如下：

（A）为促进经济自由及私营部门之发展，包括有美国和东道国共同涉足的中小型企业和合资企业；

（B）在有贷款限制的市场国家中，为有良好商业规划的中小型企业放宽贷款限制；

（C）推行有利于经济自由及私营部门之发展的政策和措施；

（D）吸引对外直接投资资本，以进一步促进经济自由及私营部门之发展；

（E）与美国国际开发署及其他捐赠方之工作相补充，以优化整体商业环境，为私营经济的萌芽和发展体提供经济支持；

（F）使经济可持续投资产生重大的社会效益、技术能力和金融回报。

（4）基金运营

（A）支出——企业基金可用资金应按最小比率使用，可及时支付根据本条规定而进行的项目和相关活动费用；

（B）行政管理支出——每年可用于企业基金行政管理支出的资金不得超过企业基金可用资金的3%。

（5）董事会——根据本条规定而设立的每一企业基金都应由董事会进行管理，该董事会由美国或东道国之普通公民组成，该普通公民——

（A）应在总统与国会拨款委员会主席和高级官员协商一致后由总统任命；和

（B）应在国际发展领域有追求之事业，并在国际和新兴市场投资中有专业的知识储备。

（6）董事会多数成员之要求——董事会多数成员应为美国公民，且具有与本条（3）项所述相关的工作经验。

（7）报告——根据本条规定成立之企业基金，在成立之日起不超过1年，且直至该企业基金根据本条（10）项相关规定被终止之前的每年，企业基金董事会都应做到以下几点。

（A）向国会拨款委员会提交一份报告，该报告应

（i）详述企业基金上一年度的行政管理支出情况；

（ii）汇报上一年度企业基金在运营、各项活动、与公民社会及当地相关私营部门实体之间的交往情况、发展目标与取得效果、经济状况以及成绩等方面的情况；

（iii）汇报根据本条（8）项规定而得出的审计结果；和

（iv）汇报根据本条（8）项规定而进行的审计指导企业基金的运营和活动情况。和

（B）在企业基金公开网站上发布本条（A）目所述的报告。

（8）监督

（A）监察长绩效审计

（i）总则——公司监察长应对根据本章规定而设立的每一企业基金之运作进行周期性审计。

（ii）鉴于——监察长在根据本项（i）进行审计时，对企业基金之运作进行如下评估

（Ⅰ）是否符合本条（3）项所述之目的；

（Ⅱ）是否带来有效益的私营部门投资；和

（Ⅲ）是否产生重大的社会效益。

（B）记录保存要求——公司应确保根据本条规定而接受援助的每一企业基金

（i）对该援助进行独立核算；和

（ii）保持记录，以促进审计之有效。

（9）基金收益回归国库——由企业基金清算、解散或清盘而产生的任何收益都应归还美国国库。

（10）终止——企业基金根据本条规定提供援助之授权应在下列日期之前

终止

（A）企业基金首次出资之日起的 7 年后；或

（B）企业基金被清算之日。

（h）对援助的监督——根据本章规定而提供的援助应遵循《1961 年对外援助法》第 622（c）条之相关规定（《美国法典》第 22 编第 2382（c）条）。

第 202 条　一般性条款

（a）总则——除本条第（b）款之相关规定外，公司根据本章内容提供之援助应遵循公司规定之一般性条款。

（b）要求——公司根据本章内容提供之援助应符合以下要求。

（1）公司在以下情况下方可使用本章规定之权利提供援助

（A）消除信贷市场弊端；或

（B）通过最有效的方式提供援助，以逐个实现具体发展或美国政府之外交政策目标。

（2）由公司提供或担保的贷款之最后还款期限不得超过以下两者中更短年限：

（A）25 年；或

（B）贷款项目偿债年限（经公司决定）。

（3）关于提供项目贷款担保，公司应要求该项目相关方自担损失风险，该风险至少相当于公司为该项目提供的担保援助总额的 20%。

（4）除非公司认为借款方或贷款方可靠且有条件合理还款和确保美国经济利益，否则公司不得提供或担保贷款。

（5）在跟管理与预算办公室主任和财政部长协商之后，直接贷款之利率与担保贷款之利息补充应参照有价国债的基准利率（收益率）或其他已提供或担保的还款日期相同之贷款的广泛认可或适当的基准。公司在必要情况下，应为贷款担保以及其他工具设立适当的最小利率。

（6）公司新提供的贷款之最低利率应进行周期性调整，以顾及基准金融工具利率之变化。

（7）（A）公司在实现援助目标时，应为根据本章规定而提供的援助设定缴费标准和保险金缴纳标准，以使政府相应支出实现最小化；

（B）公司应定时复审贷款担保费用，以确保新贷款担保费用在公司关于支出的最新估价之内。

（8）公司提供的任何贷款担保应为以下内容之决定性证据

（A）该担保已被妥善取得；

（B）该贷款符合担保条件；和

（C）若无欺诈行为或实质性虚假陈述，则该担保仍据实合法有效。

（9）对于所有直接贷款或担保贷款之信贷风险的周期性评定，公司应为其设立明确的标准。

（10）根据《1990 年联邦信贷改革法案》第 504 条的规定（《美国法典》第 2 编第 661（c）条），除非在拨款法中事先提供涵盖贷款或担保成本的预算授权，否则公司不得提供贷款或贷款担保。

（11）公司应根据具体标准评定援助项目之发展和战略价值，且公司对该项目提供之援助达到必要程度即可。

（12）公司提供之任何贷款或贷款担保应为优先等级或与其他优先债务同级，除非有实质性政策支持此类援助。

第203条的主题内容为损害赔偿，此处略过不译。

第 204 条　终止

（a）总则——根据本章内容规定的授权在本法案颁布之日起的 7 年终止。

（b）公司之终止——公司在其投资组合被清算之日起终止。

第三章　行政及一般规定

第 301 条　运营

（a）双边协定——公司可根据本法案第二章之规定提供援助，在与美国签订协议之国家开展援助项目，由国家授权公司为该国提供援助。

第（b）~（d）款的主题内容为理赔及合同相关规定，此处略过不译。

第 302 条　法人权限

（a）总则

（1）公司可通过使用和变更印章来作为可辨认的美国象征；

（2）虽然《美国法典》第 41 编第 I 章 C 条有相关规定，但公司可与任何个人或政府订立并履行上述合同，该合同包括无成本合同（定义见公司之解释）、政府补助以及其他合同，作为公司发挥其功能的必要之举；

（3）公司可租赁、购进或获取、改善以及使用上述不动产，作为公司发挥其功能的必要之举，若上述行为是为实现公司之占有权，则需与总务署署长进行协商；

（4）公司可接受现金馈赠、服务或财产（包括不动产、私人财产或混合财产）以及物质或非物质捐赠，以确保公司发挥功能；

（5）公司可使用美国邮箱，其使用权限与各行政部门一致（《美国法典》第 5 编第 101 条）；

（6）公司可与个人订立私人服务合同，但根据人事管理局局长执行之法律规定，此人不得为联邦雇员；

（7）公司可租用或获得车辆；

（8）公司可以其名义提起诉讼或列为被告；

（9）根据上述条款，公司可获取、保留以及处置任意不动产、私人财产、混合财产、物质性财产或非物质财产，抑或与前述财产相关的收益，若上述行为是为实现公司之占有权，则需与总务署署长进行协商；

（10）公司可租赁办公场地供自身使用，该租赁债务仅限于当前财政年度，且须在到期前还清，即截至本法案颁布之前一日；

（11）公司可承担各董事、官员、雇员以公司名义进行活动而产生的责任和费用；

（12）尽管有其他法律规定，但公司在法律或仲裁程序中，可自我代理或签署代理合同；

（13）在破产、资不抵债或处理遗产时，公司可行使美国政府之优先得偿权；

（14）尽管有《美国法典》第 31 编第 3711（g）（1）条之相关规定，但公司可收取或折让公司分配或持有的任何债务，包括公司应享有的任何合法或平等权利；

（15）公司可就责任承担与外国政府（包括该政府之代理机构或分支）、多边组织或机构达成协议；

（16）公司可根据上述条款向私人出售其直接投资；和

（17）为发挥其功能，公司可行使其他权利。

第（b）款的主题内容为公司财产处置之相关规定，第303条的主题内容为最大或有负债，此处略过不译。

第 304 条　公司基金

（a）公司资本账户——应在美国财政部设立一笔名为“公司资本账户”的基金，以实现公司之目的。

（b）出资——“公司资本账户”应包含

（1）根据本条第（c）款之规定而收取的费用；

（2）根据本条第（e）款之规定而获取的金额；

（3）根据本条第（g）款之规定进行投资而获取的资金和收益；

（4）根据本条第（i）款之规定转入公司之剩余经费；

（5）与公司保险理赔和分保赔款相关的赔偿收入；和

（6）其他转入公司或公司赚取之资金，根据《1990 年联邦信贷改革法案》

第502条（《美国法典》第2编第661a条）之定义，贷款和贷款担保之成本除外。

（c）收费权力——因提供服务而收取之费用金额由公司决定。

（d）使用

（1）总则——根据关于拨款相关法案之规定，公司有权支付

（A）根据《1990年联邦信贷改革法案》第502条定义之贷款及贷款担保成本价；

（B）公司行政支出；

（C）根据本法案第201条第（c）款、第（e）款、第（f）款规定提供援助而产生之成本费用；和

（D）具体项目之交易成本费用。

（2）收入——为实现公司之目的，所有转入公司或公司赚取之资金，根据《1990年联邦信贷改革法案》第502条之定义，贷款和贷款担保之成本除外，都应存入“公司资本账户”，并为实现其目的，该资金包括但不限于

（A）公司保险理赔和分保赔款；

（B）公司根据本条第（e）款规定向财政部所借款项之还款；和

（C）根据本条第（f）款规定向财政部支付之分红。

（e）十足信用

（1）总则——由前任政府或根据本法案第二章相关规定提供之援助仍构成美国之债务，且美国十足信用条款适用于该债务之全部偿付。

（2）借款权——公司有权向财政部借款，借款金额需能偿付美国之债务。借款到账速度由财政部长决定，还需考虑还款期相同的当前美国可售未偿债务之市场平均收益率，借款期限由公司和财政部长共同决定，若财政部长要求，还需遵循上述条款。

（f）红利——若公司保险投资组合被100%提为公积金，董事会应在与管理与预算办公室主任协商后，对向财政部支出之红利进行年度审核。

（g）投资权利

（1）总则——公司可要求财政部长将“公司资本账户”中不需要之部分（该部分由公司认定）进行投资。

（2）投资形式——上述投资应由财政部长进行并投向公共债务领域，其到期日应由公司确定，其利率计息由财政部长决定，还需考虑还款期相同的当前美国可售未偿债务之市场平均收益率。

（h）费用提取——根据本条第（g）款规定而取得之利息收益，产权投资收益以及根据本条第（c）款收取之费用，与保险或再保险相关费用除外，不

得在该财政年度内提取完毕，但在拨款法案中已有规定的除外。

（i）前任机构和项目之转移——本法案第四章所述之过渡期结束之日起，机构要求之剩余经费、资产及相关职责应根据本法案第602条转移给公司。

（j）资金转移——为贯彻本法案，根据授权用于执行《1961年对外援助法》（《美国法典》第22编第2151条）之拨款资金可转入公司，且该笔资金亦可转入国务院和美国国际开发署。

（k）定义——本条中，具体项目交易成本费用

（1）系指公司之差旅、诉讼、因根据本法案第二章提供援助而引起的清理索赔，其直接和间接支出（根据本条规定为非行政支出）；和

（2）不包括信息技术（定义见《美国法典》第40编第11101条）。

第305条的主题内容为公司与其他发展机构之相互协作，此处略过不译。

第四章　监管、评估及报告

第401条　风险管理与审计委员会之设立

（a）总则——为协助董事会履行其职责，公司应建立风险管理委员会和审计委员会。

（b）风险管理委员会之职责——风险管理委员会应根据本条第（a）款之规定设立，直接隶属于董事会，并对以下事项进行监督

（1）制定公司运营之风险管理政策；

（2）为公司全球风险管理框架运营制定纲领并对该纲领进行复审；

（3）为企业风险管理、监督以及其战略、信誉、监管、经营、发展、环境、社会、金融等制定政策；

（4）对公司进行风险预测，包括以风险管理、合规框架以及治理结构支持风险管理框架的运行；和

（5）在提供援助之前，制定评估政策、规程，并在公司为境外实体提供援助期制定相应政策、规程。不论该实体是否已强化自身尽职调查政策以防止洗钱和腐败行为，都要确保公司提供之援助不得有以下行为

（A）腐败；

（B）为恐怖主义、毒品走私或人口贩卖行为提供物资或经济资助；或

（C）指使或直接参与严重侵犯人权行为。

（c）审计委员会之职责——审计委员会应根据本条第（a）款之规定设立，直接隶属于董事会，并对以下事项进行监督

（1）公司财务报告之真实性以及有关财务和会计的内部控制系统之完

整性；

（2）公司财务报表之真实性；

（3）公司内部审计之正常进行；和

（4）遵守有关公司财务之法律和监管要求。

第 402 条　绩效评估和经验总结

（a）总则——公司应制订绩效评估系统，对公司根据本法案第二章相关规定援助之项目进行评估和监督，并指导公司今后项目之确定。

（b）鉴于——为制定本条第（a）款规定之绩效评估系统，公司应

（1）设立海外私人投资公司发展影响评估系统（该系统在本法案颁布前一日已生效）；

（2）设立相应机制，确保公司根据本法案第二章规定提供之援助是在私人投资领域之外的；

（3）为确保公司投资组合之金融拨款情况设立标准和方法；和

（4）为确保公司投资组合之发展拨款情况设立标准和方法，包括

（A）对规划以及项目事后发展影响之评估；和

（B）遵守本法案第 403 条所必需之信息。

（c）特定信息之公开——公司应定期对外公布其根据本法案第二章规定所提供援助之相关信息，以及对每一国家援助情况之绩效指标。

（d）合作——为推行本条第（a）款规定之绩效评估系统，公司应与股东以及其他可持续性经济发展之利益相关方进行协商。

第 403 条　年度报告

（a）总则——每一财政年度结束之后，公司都应向国会拨款委员会递交一份详细完整的年度报告，此报告应详述公司该财政年度之运营情况，包括对以下内容之评估。

（1）公司根据本法案第二款规定而援助之项目，其对经济社会发展之影响，包括本法案第 501 条第（d）款和第（e）款所述之事项；

（2）公司业务对美国和有资格的主权实体发展援助计划的补充作用或与之兼容情况；

（3）公司与其他美国政府相关部门、机构之制度关联，包括为强化此关联所作之努力；和

（4）公司根据本法案第二章规定援助之项目与人权、环境、劳工和社会相关政策之符合情况，或与由公司颁布或执行的管理公司援助之项目的其他类似政策之符合情况。

（b）要素——每份根据本条第（a）款提交之年度报告都应包含对公司根

据本法案第二章规定援助项目之效能分析，具体包括以下几点。

（1）对以下内容之复审和分析

（A）项目之预期发展成果，以及公司是否在可行的范围内，在完成项目后的几年内达到相关指标、目标和发展目的；和

（B）公司对资本获得之援助以及其克服可见的市场差距和低效现象之方式的效能，贷款援助对具体项目、国家或部门可能产生之影响。

（2）对在项目支持上，与有资格的主权实体建立伙伴关系或有合作往来之说明；

（3）对以下内容之推算：

（A）发展成果和项目援助在其初始阶段或发展阶段是否达成相关绩效指标。在切实可行的范围内，该发展成果之评估应按类别进行分列，例如就业、获得金融服务的机会、企业发展以及根据本法案第二章规定接受援助之企业的执行董事会和高层领导的组成；和

（B）涉及公司提供援助金额的私营部门资产之价值以及对其他公共领域援助之价值；和

（4）对公司监督和评估活动以及以往编制的年度报告中总结之经验应用于项目之程度进行评估。

第 404 条　对外公开项目信息

公司应

（1）建立用户友好、对外公开、机器可读的数据库，此数据库应包含国家一级信息，包括对公司根据本法案第二章规定提供援助之描述；和

（2）在国务院网站、对外援助政府官网（ForeignAssistance. gov）或其他信息公开网站上加入点击链接，公布公司根据本法案第二章规定援助之每一项目相关信息。

第405条的主题内容为公司与投资者相关事宜，此处略过不详。

第 406 条　公司提供援助之通告

（a）总则——公司根据本法案第二章规定作出关于提供超过 1000 万美元援助之承诺前至少 15 天内，其首席执行官应向外交事务委员会、众议院拨款委员会、外交关系委员会以及参议院拨款委员会提交一份包含本条第（b）款所述信息之书面报告。

（b）书面报告所述之信息——本条所述之信息包括

（1）上述之经济承诺所涉及之具体金额；

（2）援助接收者或受益人之身份；和

（3）对项目、活动或资产以及公司提供援助之发展目的进行描述。

第五章　通用性、限制性以及禁止性条款

第 501 条　限制与优先权

(a) 对单一实体援助之限制——任何实体都不得接受公司根据本法案第二章提供的金额超过公司最大或有负债❶ 5% 的援助。

(b) 对美国个体援助项目之优先援助

(1) 总则——公司应优先考虑私营部门实体即美国个人援助或参与之项目。

(2) 美国个体之定义——本条中所述之“美国个体”系指：

(A) 美国公民；或

(B) 由上款所述之美国公民实益拥有之实体。

(c) 对遵守国际贸易义务国家之优先援助

(1) 与美国贸易代表办公室之协商——公司每年应至少一次与美国贸易代表办公室就有资格接受公司提供援助的国家之地位以及该类国家对国际贸易义务之遵守情况进行协商。

(2) 优先考虑——公司应优先考虑对遵守国际贸易义务或在遵守国际贸易义务上取得实质性进展的国家项目，根据本法案第二章规定给予援助。

(d) 劳动者权益

(1) 总则——公司应根据本法案第二章的规定，对通过并实施相应法律以向该国以及该国任何指定区域的劳动者普及国际公认劳动者权益（《美国法典》第 19 编第 2467 条）之国家项目提供援助。

(2) 合同规定之内容——公司应将下列内容，主要以下列方式，写入其与有资格根据本法案第二章规定提供援助的投资者所签订的所有合同之中，该内容为：“接受援助之个人同意不得采取措施防止外资企业雇员依法行使其结社权及集体谈判权。该个人还须同意遵守聘用未成年人最小年龄、最低工资、最低工作时长、职业健康与安全等相关法律，同意不使用强制劳动力和童工（定义见《1974 年贸易法》第 507 条（《美国法典》第 19 编第 2467（6）条））。根据本条规定，该个人对外国政府之行动不负有任何责任。”

(e) 环境与社会影响——董事会应否决对环境或社会具有重大负面影响之公司援助项目，除非

---

❶ 或有负债（contingent liability）是指因过去的交易或事项可能导致未来发生的事件而产生的潜在负债。——译者注

（1）在投票日前至少60天，环境与社会影响评估或初步的环境与社会审计已完成，该评估或审计主要用于分析拟议项目之环境与社会影响及其替代方案；和

（2）该评估或审计已对美国大众公开，并已对开展项目之国家及其非政府组织造成影响。

（f）女性经济赋权——为有效利用其根据本法案第二章规定之权利，公司应考虑其对女性经济机遇与成果援助之成效，并采取行动消除性别差异，最大化提升因增加女性经济机遇而带来之发展成效。

（g）对扶持私营企业国家之优先援助

（1）总则——公司应根据本法案第二章的规定，优先考虑对符合以下条件之国家项目提供援助，即该国政府已公开表示将持续支持促进国内外私营企业发展之经济政策，并为私营企业促进该国发展提供相应条件，包括

（A）以市场为基础的经济政策；

（B）对私有财产权的保护；

（C）对法治的尊重；和

（D）建立反贪污贿赂体系。

（2）信息来源——公司应从第三方以及美国政府处获取信息，对国家是否满足上述条件进行评估，信息来源可为美国国务院发布之《投资环境报告》、商务部之《国家商业指南》或千年挑战公司之《约束条件分析》。

（h）对他国进行联合抵制之参与方——公司根据本法案第二章的规定提供援助，应在参考来源可靠信息的基础上，考虑该项目之援助人或相关人是否在近3年内打算或已经公开支持外国发起的对美国之友国的联合抵制，且根据美国法律法规要求，该友国并非联合抵制对象。

第502条的主题内容为市场扭曲之补偿与避免，此处略过不译。

第503条　对受制裁国家及个体援助之禁止

（a）总则——公司禁止向有下列行为之国家提供援助，即该国已决定，且该国政府已多次向国际恐怖主义行动提供援助，此做法之目的在于践行

（1）《1979年出口管理法》第6（j）（1）（A）条（《美国法典》第50编第4605（j）（1）（A）条）（根据《国际紧急状态经济权力法》（《美国法典》第50编第1701条及其他）规定继续有效）；

（2）《1961年对外援助法》第620A（a）条（《美国法典》第22编第2371（a）条）；

（3）《武器出口控制法案》第40（d）条（《美国法典》第22编第2780（d）条）；或

（4）其他法律条文。

（b）对受制裁个体援助之禁止——若项目直接受益于美国发起制裁之个体，则公司禁止向其提供援助。

（c）对从事受制裁行为援助之禁止——公司应要求任何接受援助之实体或相关方，或其所有或控股之机构，抑或其所属之机构，向公司保证其不会从事任何美国规定之受制裁行为。

第504条的主题内容为对虚假陈述、欺诈及贿赂之处罚，此处略过不译。

第六章　过渡性条款

本法案第六章的主题内容为公司过渡相关条款，此处略过不译。

1961年对外援助法（修订）[1]

目　录

第一编

---

[1] 该法（The Foreign Assistance Act of 1961（Amended），Public Law 87－195）最初于1961年通过，之后历经多次修订。本译文所依据的立法原文选自《美国外交关系立法汇编》（2002）。——审校注

初译人员：李炎炎，广东外语外贸大学2018级法律硕士研究生。

第二编

第三编

第四编

第五编

第一编

第 1 章　政策——发展援助授权

第 101 条　一般政策

（a）美国国会认为，政治、经济和技术变化已经使各国之间相互依赖。美国国会宣布，只有世界各国共同尊重个人的民事、经济权利和自由，在开放、公平的国际经济体系中共同合作并以明智的方法使用世界有限的资源，美国人民的个人自由、经济繁荣和安全才能得到最好的维护和加强。因此，美国国会重申美国人民的人道主义传统，并再次强调其承诺援助发展中国家人民以消除饥饿、贫困、疾病与无知。

所以，美国国会宣布，美国对外政策的主要目标是鼓励并持续支持发展中国家人民努力获得发展急需的知识和资源，并建设经济、政治和社会机构，来提高发展中国家人民的生活水平。

美国发展合作政策强调以下五个主要目标——

（1）减少世界上大部分贫困人口中的最严重贫困现象；

（2）促进相关条件的形成，使发展中国家能够在公平分配利益的情况下实现经济增长的自我维持；

（3）鼓励、尊重和加强公民个人权利和经济权利的发展；

（4）帮助发展中国家融入开放、公平的国际经济体系；

（5）通过打击腐败，提高透明度和问责制来促进政府管理。

美国国会宣布，欲实现这五个目标，就必须在美国外交政策中充分反映美国对于各国发展的关切，并要有效且充分地利用美国的发展资源。

（b）在国务卿的政策指导下，主管机构应负责协调所有与美国发展有关的活动。

第 102 条　发展援助政策

（a）美国国会认为，发展中国家为建立和维持实现国家自我持续发展以及改善人民生活所必需的社会和经济体制所作出的努力成功与否，主要取决于其是否能够充分地调配其国家自身的经济和人力资源。国会同时认识到这种能力要求超出发展中国家的可承受范围。因此，发达国家需要长期为发展中国家的发展提供相应的资源。美国应带头并与其他国家一道，利用公共和私人渠道调动此类资源。发展资源的提供必须适应特定发展中国家的需求和能力。美国对人均收入较低国家的官方援助有限，这些国家只能获得优惠的私人外部资源，而对其他发展中国家的援助通常应包括促进其进入私人资本市场、投资和技术技能的计划，获得援助的方式包括直接通过美国政府的担保或有偿计划，或者通过国际金融机构来获得间接援助。

双边援助和美国所参与的多边机构着重支持的国家发展战略应该是旨在满足基本人类需求、实现公平的自我可持续发展的国家发展战略方案。

国会宣布，美国双边发展援助的主要目的是通过生产性工作来帮助发展中国家的贫困人群参与公平的发展过程，并影响塑造他们生活的决策，其目标是增加他们的收入和获得公共服务的机会，这将使他们的基本需求能够被满足并过上有尊严和有希望的生活。

强调使穷人有效地参与发展活动，方法是通过地方一级机构和服务机构增加其提高收入的机会，增加其参与影响其生活的决策的机会，增加劳动密集型生产方式并使用适当的技术，将生产性投资和服务从大城市扩展到小城镇和农村地区，通过这种方式使得穷人有机会通过自己的努力改善生活。美国参与多边机构的同时也应该重视这些原则。

（b）本章提供的援助不仅包括将金融资源转移到发展中国家的援助，同时还包括通过确保贫困群体广泛地参与良好的可持续发展战略，帮助各国解决发展问题。此外，应利用适当的美国机构执行该战略，以迅速有效的方式提供援助。为了实现这些目标以及第 101 条和本条第（a）款中规定的广泛目标，应根据以下原则进行本法授权的双边发展援助。

（1）发展主要是发展中国家人民自己的责任。美国的援助工作应被用来支持而不是替代发展中国家不可缺少的自助工作，并且美国的援助工作应集中在那些采取积极措施进行自助的国家。在这一部分的管理中，应尽最大的努力，通过鼓励以民主的方式参与受援国要求的私人和地方政府活动以及机构建设，来激励受援国人民参与发展进程。

（2）发展规划必须是每个主权国家的责任。美国的援助应以协作的方式进行管理，以支持每个受援国选择的发展目标。

（3）美国的双边发展援助应高度重视东道国政府提交的承诺，这些承诺可直接改善最贫穷国家人民的生活及其参与发展的能力，同时也应帮助此类政府加强发展。

（4）本章提供的发展援助应集中在此类国家，即能够最有效地利用此类援助且通过公平发展来满足贫困人口的基本人类需求的国家，特别是那些最需要外部援助的国家。为了使本法中的判断始终如一，总统应利用包括但不限于

以下标准，来评估各国在实现本章目标和宗旨方面的承诺和进展

（A）通过小型农业、劳动密集型农业提高单位土地的农业生产率；

（B）降低婴儿死亡率；

（C）控制人口增长；

（D）促进收入分配的更加平等，包括采取诸如提高累进税率和使小农户获得更多公平回报等措施；

（E）降低失业率和就业不足；

（F）提高人民的读写能力；

（G）打击腐败，提高公共和私营部门的透明度和问责制方面取得的进展。

（5）美国的发展援助应着眼于那些影响发展中国家大多数人民生活的职能部门的重大问题，如食品生产和营养，农村发展和创造有酬就业，人口规划与卫生，环境和自然资源，教育、发展管理和人力资源开发，能源开发与生产。

（6）美国的援助应鼓励和促进女性参与发展中国家的国民经济，并提高女性的地位，这是促进国家全面发展的重要手段。

（7）美国双边援助应认识到发展中国家的繁荣和有效的发展努力需要采取一种总体战略，这种战略需要促进能源发展、生产和有效利用，因此应当充分考虑到此类援助对受援国能源的价格、可获得性和能源消耗的影响。

（8）美国在发展方面的合作应尽可能通过私营部门进行，包括那些在发展中地区已经有联系的机构，例如教育机构、合作社、信用合作社、自由工会、私人和志愿机构。

（9）在切实可行的最大范围内，美国应鼓励在其支持的经济和社会发展计划中进行私人投资。

（10）应计划和利用援助手段，鼓励发展中国家在解决共同问题和发展共享资源方面进行区域合作。

（11）美国的援助工作应与其他国家的援助工作进行协调和合作，并在可行的最大范围内进行计划和安排，包括在多边援助的基础上规划和实施计划与项目。

（12）美国的双边发展援助应集中于不涉及大规模资本转移的项目。但在援助确实涉及大规模资本转移的情况下，应与其他国家在多边框架内以共同出资的方式提供。

（13）如果发展中国家要实现公平的经济增长，那么美国在必要的时候应支持其进行政策改革。

（14）发展援助作为一项基本目标，应促进发展中国家在开放和竞争性市

场中的私营部门活动，并认识到这种活动是实现公平和长期经济增长的有效手段。

（15）美国在发展方面的合作中应认识到，对于发展中国家至关重要的是其必须获得适当的技术，以改善食物和水、健康和住房、教育和就业以及农业和工业。

（16）美国的援助应着重于建立和提高发展中国家机构建设的能力，以促进国家的长期发展。机构建设的重要组成部分应当包括对机构人员的培训，以此来扩大发展中国家人民的人力资源潜力。

（17）经济改革和有效的民主治理机构相辅相成。发展中国家的成功转型取决于其经济和治理机构的质量。法治、问责制和透明度机制、人身、财产和投资安全只是支撑广泛经济增长持续性的关键治理和经济改革的一小部分。支持这些改革的方案可以加强政府对人民负责和创造经济机会的能力。

（c）国会认识到在20世纪末之前克服绝对贫困的必要性，其中包括大幅度降低婴儿死亡率和增加出生率，以及提高预期寿命、粮食生产、扫盲和就业等措施。总统将通过所有适当渠道与其他国家进行探讨，通过进行全球合作来克服绝对贫困问题，同时确保到2000年发展中国家实现自力更生谋发展的可行性。

第103条　农业、农村发展与营养

（a）（1）国会认识到发展中国家的绝大多数人民生活在农村地区，并依赖于农业和与农业有关的谋生手段，因此，总统有权按照他所规定的关于农业、农村发展和营养的条件和条款来对受援国进行援助，包括

（A）帮助受援国减轻饥荒、饥饿和营养不良；

（B）大力扩大对农村贫困人口的基本服务，提高其自助能力；

（C）帮助受援国在农村地区创造生产性农场和非农业就业，以此来提供更可行的经济基础，提高贫困人口增加收入和提升生活水平的机会，同时增加农村贫困人口对本国经济和社会发展的贡献。

（2）除了本来可以用于此目的的资金外，就本条而言，每一财政年度还授权拨给总统76亿美元的资金。其中，总统可以使用他认为适当的数额来执行1980年《国际安全与发展合作法》第316条的规定。

（3）在本款授权拨出的款项中及在1987财政年度针对（2）项中所拨出的款项中，应提供不少于200万美元的资金用于控制和根除加勒比地区牛类动物的杂草。

（b）（1）本条提供的援助应主要用于通过建立和加强与地区和国家各级相关的地方机构等手段来提高农村贫困人口的生产率和收入的活动；组织金融

机构系统，为穷人提供储蓄和信贷服务；刺激农村小型劳动密集型企业；改善营销设施和系统；扩大农村基础设施和公用事业，例如从农场到市场的道路、水管理系统、土地改良、能源和存储设施；建立更公平、更安全的土地使用权安排；建立和加强系统，以提供农民所需的其他服务和物资，例如推广、研究、培训、肥料、水、林业、土壤保护和改良种子，以确保小农户获得食物。

（2）在必须开发主要基础设施以实现本条中规定的目标的情况下，应以此为目的提供援助，并与其他国家在多边框架内共同努力提供的援助相结合。援助的基础设施项目应辅之以其他措施，以确保基础设施的收益惠及穷人。

（3）重点发展社区林地、农林业、再造林、流域森林保护和更有效的森林管理。砍伐森林导致洪水泛滥，农业生产能力的供水减少，薪柴和所需木制品以及珍贵动植物损失。为了维持和增加森林资源，总统有权在本条下为林业项目提供援助，这对于实现本条的基本目的至关重要。

（c）联合国大会发现，大幅增加农村地区人们的粮食供应量并以相对较低的成本提高世界粮食生产的关键在于提高构成发展中国家农业生产者多数的小农户的生产率。在发展中国家最贫穷的国家中，农村发展和扩大粮食生产越来越得到重视，这是社会公义的问题，是促进广泛的经济增长的主要因素，也是缓解工业化国家通货膨胀的重要原因，因此在本条之下的资金分配中，应特别注意增加联合国大会指定为“最不发达国家”的农业生产的资金分配。

（d）本条提供的援助还应与第 104 条执行的计划配合使用，以通过鼓励提高营养价值更高的农作物的生产来帮助改善发展中国家人民的营养；改善营养方面的计划、研究和教育，特别是在改进和扩大使用本地生产的食品方面；开展试点或示范计划，明确解决贫困和弱势群体的营养不良问题。应该支持总统做以下事项：

（1）与发展中国家一起制定并实施一项战略，以提高母亲和儿童的营养和健康计划，包括母乳喂养。

（2）为此类项目在本地的个人或团体提供技术、财务和物质支持。

（e）根据 1954 年《农业贸易发展和援助法》提供的商品销售所得的本国货币收入应归外国政府所有，并应在可行的情况下用于执行本条的规定。

（f）国会认为，就美国的发展援助政策而言，发展中国家为加强其国家粮食安全所作的努力值得鼓励。需要采取补充援助的措施，以扩大发展中国家的粮食生产，以确保这些国家的穷人能够定期获得越来越多的粮食。因此，根据该法和 1954 年《农业贸易发展和援助法》提供的美国双边援助以及美国参与的多边援助应强调旨在通过改善粮食来协助发展中国家提高其国家粮食安全的政策和计划政策和管理，以及通过鼓励国内生产，建设国家粮食储备，扩大可用的储存设施，减少收获后粮食损失以及改善粮食分配等措施，加强对穷人需求特别关注的国家粮食储备。

（g）（1）为了执行本条的目的，总统可以继续向国际农业发展基金捐款。

（2）在授权拨给执行本法第一编的总金额中，美国可通过拨款或转移的方式，在1986财政年度提供不超过5000万美元，在1987财政年度不超过5000万美元，作为美国对第二个国家的捐款补充国际农业发展基金。

第103A条　农业研究

根据本法进行的农业研究应

（1）在确定研究重点时考虑小农户的特殊需要；

（2）包括对技术、机构与经济、社会、环境之间相互关系的研究以及影响小农户农业的文化因素；

（3）广泛利用田间试验使基础研究适应当地情况。

应特别重视将研究成果传播给可以使用的农场，特别是要确保小农户能够有效获得新技术和现有改良技术所需的机构和其他安排。

第104条　人口与健康

（a）调查结果

国会认识到，不良的健康状况和不受控制的人口增长会破坏原本成功的发展成果。发展中国家庞大的人口是复杂的社会和经济因素造成的，这些因素在受经济发展影响最小的穷人中变化相对缓慢，庞大的人口同时也是缺乏有效的生育措施的结果。

因此，有效的计划生育取决于经济和社会变革以及相应服务的提供，通常存在政治和宗教敏感性的问题。尽管每个国家都有权决定自己的人口增长政策，但自愿人口计划可以为经济发展、更高的生活水平以及改善的健康和营养作出重大贡献。

良好的健康状况是提高生活质量的一个主要因素，有助于提高个人参与发展进程的能力，而不良的健康状况和使人衰弱的疾病可能限制生产力。

（b）为人口规划提供协助

为了增加计划生育的机会和动机并降低人口增长速度，总统被授权根据他确定的条件，提供自愿人口规划方面的援助。除了提供计划生育的信息和服务，还应包括与自然计划生育方法有关的和支持的信息和服务。除了进行直接相关的人口统计学研究外，人口计划还应强调小家庭的动机。

（c）对健康和预防疾病的援助

（1）为了促进改善发展中国家最大数量穷人的健康状况，总统获准按照他确定的条款和条件为卫生计划提供援助。本款中的援助应主要用于基本综合健康服务、安全用水和卫生设施、疾病预防和控制以及相关的健康规划和研究。援助应通过诸如培训卫生辅助人员和其他适当人员，支持建立和评估可广泛复制的项目，改善卫生计划管理的措施，强调自我维持的社区卫生计划以及其他供给和服务项目，以支持健康和疾病预防计划。

（2）（A）总统在执行本款的援助时，应促进、鼓励和开展专为此类活动设计的活动。此类活动应采用简单易用的可显著降低儿童死亡率的技术，例如改进和扩大的免疫程序，制造口服补液盐与腹泻疾病作斗争，以及旨在改善营养和卫生条件并促进儿童成长的教育方案。在执行本款援助时，应向主要负责管理此部分的机构之外的知识渊博的卫生专业人员寻求指导。除政府对政府计划外，根据本款进行的活动应包括支持本款所述类型的适当活动，这些活动由国际组织进行（其中可能包括第 3 章的国际组织）的以及私人和自愿组织提出的建议活动，应包括鼓励其他捐助者支持此类活动的活动。

（B）除可用于上述目的的其他款项外，还授权总统拨款 2500 万美元，用于 1986 财政年度的资金，以及 7500 万美元，用于执行本部分援助。授权根据本项拨款的数额一直可用，直到支出完毕为止。

（C）根据（B）项的拨款可以称为“儿童生存基金”。

（3）联合国大会认识到促进基础卫生保健是外国援助计划的主要目标。联合国大会进一步认识到，已经存在减少儿童、母亲和婴儿之间传染病发生率的简单，成本相对较低的手段。因此，推广用于免疫的疫苗和口服补液盐是健康援助计划的基本特征。为此，国会希望主要负责这一部分的机构将其目标设定为到 1991 年 1 月 1 日，保护不少于 80% 的儿童（在该机构已制订发展计划的国家中）免受免疫疾病的侵害。在 1987 财年中有 500 万美元的总额资金可用于执行本款（2）项（与儿童生存基金有关）和执行（c）款（与健康发展援助有关）的援助计划。

（4）与其他法律的关系——根据本款和第 104A 条、第 104B 条与第 104C 条提供的援助，以及根据第二部分第 4 章提供的为实现本条的目的而提供的援助，尽管有其他限制向外国提供援助的法律规定，但可以提供本条的规定限制援助支持或参与强制流产或非自愿绝育方案的组织，但本条、本条第（f）款、本法第 634A 条所引用的法律规定除外。该方案可归于 2003 年《联合拨款决议》（公共法 108－7）中儿童生存与健康计划基金的条款中。

（d）援助计划的整合

（1）应对本条的援助进行管理，特别注意人口增长和发展中国家的发展与总体生活水平之间的相互关系以及所有计划、项目和活动对人口增长的影响。本条建议的所有适当筹资活动，诸如校内和校外教育、营养、疾病控制、妇幼保健服务、改善妇女地位和就业、农业生产、农村发展以及向城市穷人提供援助等方案，其目的是通过改变经济和社会条件以为小家庭建立动力。人口规划方案应与其他方案协调，以降低婴儿死亡率，为孕妇和婴儿提供更好的营养并提高穷人的生活水平。

（2）由于营养不良、疾病与人口快速增长的问题密切相关，根据本条第（b）款和第（c）款以及根据第103条提供的援助计划，应在切实可行的最大范围内进行协调。

（3）本条提供的援助应着重于为最贫困人口提供用于健康、营养和计划生育的低成本照护体系，并特别注意辅助医疗和辅助医疗人员的母亲和幼儿的需求，使用医疗辅助人员、诊所和卫生站、商业分配系统以及其他社区拓展方式。

（e）研究与分析

（1）根据该法进行的卫生和人口研究与分析应

（A）在发展中国家中，由发展中国家的人员在可行的最大范围内进行，并酌情与美国境内的私人和政府生物医学研究机构建立联系；

（B）在确定研究重点时考虑发展中国家穷人的特殊需要；

（C）充分利用现场测试，使基础研究适应当地情况。

（2）总统可被授权研究影响发展中国家人口增长的复杂因素，并确定可能促使人们计划家庭规模或生育子女的因素。

（f）禁止将资金用于堕胎和非自愿绝育

（1）用于执行本部分的任何资金均不得用于支付计划生育方法中的堕胎费用，或激励或胁迫任何人进行堕胎。

（2）用于执行本部分的任何资金均不得作为计划生育的一种手段，以此来支付非自愿绝育的费用，也不可以用来胁迫或提供任何经济诱因来鼓励任何人进行绝育。

（3）用于执行本部分的任何资金均不得用于支付全部或部分与堕胎或非自愿绝育方法或计划生育有关的任何生物医学研究的费用。

（g）拨款授权

（1）除其他可用于此目的的资金外，授权拨款予总统

（A）1986财政年度的2.9亿美元和1987财政年度的2.9亿美元，以执行本条第（b）款的规定；

（B）1986财政年度的2.05亿美元和1987财政年度的1.8亿美元，以执行本条第（c）款的规定。

（2）授权根据本款拨出的资金一直可用，直至用完为止。

第 104A 条　防治艾滋病毒/艾滋病援助

（a）发现——联合国大会认识到，艾滋病毒/艾滋病在撒哈拉以南非洲、加勒比海地区和其他发展中国家以惊人的速度进行蔓延，其会引发重大的全球卫生安全问题、国家安全问题、国家发展和人道主义危机问题。

（b）政策——美国对外援助计划的主要目标是为艾滋病毒/艾滋病的预防、治疗和控制提供援助。美国和其他发达国家应通过艾滋病毒/艾滋病的预防、治疗、监测和相关活动，向撒哈拉以南非洲、加勒比海地区以及其他国家和地区的国家提供援助，以控制这一危机。针对妇女和青年的活动应当包括保护妇女和防止艾滋病毒母婴传播的战略。

（c）授权

（1）总则。根据第 104 条第（c）款，总统有权按照其确定的条款和条件，就艾滋病毒/艾滋病提供援助，包括在撒哈拉以南非洲、加勒比海地区以及其他国家和地区的国家预防、治疗和监测艾滋病毒/艾滋病并开展相关活动。

（2）非政府组织的作用——国会认为，总统应根据第（1）项通过撒哈拉以南非洲、加勒比海国家和地区的非政府组织（包括基于信仰和社区的组织）提供适当水平的援助。受艾滋病毒/艾滋病大流行影响的其他国家和地区。

（3）协助工作的协调——总统应将根据第（1）项提供的援助与联合国艾滋病毒/艾滋病联合规划署（UNAIDS）、联合国儿童基金会（UNICEF）、世界卫生组织（WHO）、联合国开发计划署（UNDP），以及其他适当的国际组织（例如国际复兴开发银行）、相关的区域性多边开发机构、外国的国家、州和地方政府、适当的政府和非政府组织以及相关的行政分支机构的相关援助进行协调，全球共同抗击艾滋病、结核病和疟疾基金。

（d）支持的活动——应在切实可行的最大范围内使用根据第（c）款提供的协助进行以下活动。

（1）预防。通过以下活动预防艾滋病毒/艾滋病

（A）制定或者试图传授关于避免个人存在感染艾滋病毒危险行为的知识的计划，包括将此类计划纳入健康计划，并将有关避免感染艾滋病毒方法的信息纳入咨询计划中，包括延迟性生活、禁欲、忠贞和单身婚姻，减少临时性伴侣，减少性暴力和胁迫，包括童婚、寡妇继承和一夫多妻制，以及在适当时使用避孕套；

（B）通过非政府组织包括基于信仰的组织和基于社区的组织，尤其是那些利用具有适当技能、经验和社区影响力的专业人员和志愿者来开展工作的组织，协助建立和实施适合于当地文化的艾滋病毒/艾滋病教育和预防计划。该计划的重点是帮助个人避免感染艾滋病毒/艾滋病；

（C）关于鼓励男性对自己的性行为、抚养孩子负责，并尊重女性的援助；

（D）为进行自愿测试和咨询而提供的协助（包括在此类测试和咨询中加入保密保护）；

（E）为防止母婴传播艾滋病毒而提供的援助，包括制造专用于婴儿配方的药物以及其他婴儿喂养方式来预防这种传播方式；

（F）确保安全的血液供应和无菌医疗设备的援助；

（G）避免可能导致艾滋病毒感染的药物滥用和静脉内吸毒的援助；

（H）在适当情况下提供援助，以增加妇女获得就业机会、收入、生产资源和小额信贷计划的机会。

（2）治疗艾滋病毒/艾滋病患者的治疗和护理，包括

（A）协助建立和实施计划，以加强和扩大当地卫生保健提供系统，以及通过此类系统提供艾滋病毒/艾滋病药品以及以其他方式为艾滋病毒/艾滋病患者提供治疗的能力，包括对当地人的临床培训组织和卫生保健提供者；

（B）协助加强和扩大临终关怀和保守治疗计划，以帮助因艾滋病毒/艾滋病而身体虚弱的患者、其家人以及这些患者的主要护理者，包括利用基于信仰和社区组织的计划；

（C）通过提供药物包括抗逆转录病毒药物和其他药物以及用于治疗机会性感染，营养支持和其他治疗方式的药物，为艾滋病毒/艾滋病患者的护理和治疗提供帮助。

（3）预防干预教育和技术

（A）特别要注意那些具有极高感染或传播艾滋病毒/艾滋病风险的特定人群，包括从事性交易的人群、强奸和性攻击的受害者、已经感染艾滋病毒/艾滋病的人以及在职业上接触艾滋病毒/艾滋病的医护人员，协助降低艾滋病毒/艾滋病感染风险的措施，包括预防接触后的药物、必要的药物和商品，包括试剂盒、避孕套以及经证明有效的杀菌剂；

（B）大量购买可用的测试套件、安全套以及经证明有效的杀微生物剂，旨在降低艾滋病毒/艾滋病传播的风险，并为这些商品的引入和分发以及教育和培训提供适当的计划支持有关技术的使用。

（4）监测——监测根据第（1）~（3）项进行的计划、项目和活动，包括

（A）进行监督以确保建立并实施适当的控制措施，以向患有艾滋病毒/艾滋病的穷人提供艾滋病毒/艾滋病药物和其他适当的药物；

（B）适当的评估和监督活动；

（C）进行监测，以确保采取适当措施来维持艾滋病毒/艾滋病药品（尤其是抗逆转录病毒药）的可持续性，并确保耐药性不会损害此类药品的利益；

（D）进行监督以保证相关的执法人员正在努力确保不会通过非法假冒或黑市销售此类药物减少艾滋病毒/艾滋病药物。

（5）药物

（A）采购——采购艾滋病毒/艾滋病药物、抗病毒疗法和其他适当的药物，包括治疗机会感染的药物。

（B）质量控制和可持续供应的机制——确保这种艾滋病毒/艾滋病药物、抗逆转录病毒疗法和其他适当药物的质量控制和可持续供应的机制。

（C）分发——将这种艾滋病毒/艾滋病药物、抗病毒疗法和其他适当的药物（包括治疗机会感染的药物）分发给合格的国家、地区或地方组织，根据适当的艾滋病毒/艾滋病检测和监测要求以及治疗方案来治疗个人，预防艾滋病毒/艾滋病的母婴传播。

（6）相关活动——相关活动的进行包括

（A）照顾和支持因艾滋病毒/艾滋病蔓延而成为孤儿的儿童，包括依靠其大家庭来照顾该孤儿；

（B）改善基础设施和机构能力，以制定和管理关于教育、预防和治疗的计划，包括培训和资源，以收集和维护准确的艾滋病毒监测数据，确保援助计划和干预措施的有效性；

（C）制定具有特定行动计划的疫苗研发合作计划，以开发一种安全、有效、可制造、可预防艾滋病毒的艾滋病毒疫苗，以供全世界使用。

（7）全面的艾滋病毒/艾滋病公共私人伙伴关系——在撒哈拉以南非洲、加勒比海地区和其他受艾滋病毒/艾滋病大流行影响的国家中建立和运作公私伙伴关系实体，支持这些国家或地区在预防、治疗和监测艾滋病毒/艾滋病方面的国家战略。每个此类公私伙伴组织都应

（A）支持国家艾滋病毒/艾滋病战略的制定，实施和管理综合艾滋病毒/艾滋病计划；

（B）始终以强调效率、问责制和结果驱动型计划的方式运营；

（C）与当地和外国的发展伙伴和捐助者接触，包括企业、政府机构、学术机构、非政府组织、基金会、多边发展机构和宗教组织，以协助该国协调和实施艾滋病毒/艾滋病的预防治疗和根据其国家艾滋病毒/艾滋病战略制定方案；

（D）提供技术援助、顾问服务、财务规划、监测和评估以及研究，以支持国家艾滋病毒/艾滋病战略；

（E）通过转移医疗、管理、领导和技术技能，为国家艾滋病毒/艾滋病战略建立地方人力资源能力。

（e）年度报告

（1）一般而言，总统应在每年的 1 月 31 日之前向参议院外交关系委员会和众议院国际关系委员会提交上一财政年度本条执行情况的报告。

（2）报告要素。每份报告应包括

（A）每个相关执行分支机构为实施本条、第 104B 条和第 104C 条中规定的政策所作努力的描述。

（B）对根据本条、第 104B 条和第 104C 条建立的程序的描述。

（C）根据本条、第 104B 条和第 104C 条制订计划的影响的详细评估包括

（i）这些方案在减少艾滋病毒感染特别是在妇女和女童中的传播、减少艾滋病毒感染的母婴传播以及降低艾滋病毒/艾滋病死亡率方面的效力，根据该法案获得援助的每个国家中目前正在接受艾滋病治疗的患者人数；

（ii）在改善医疗保健提供系统（包括对足够数量的工作人员进行培训）和基础设施方面取得进展，以确保增加获得保健和治疗的机会；

（iii）在结核病方面，通过每个计划、项目或活动，为了控制结核病而接受美国对外援助的人数不断增加，治愈的结核病患者人数也不断增加；

（iv）关于疟疾，通过接受美国对外援助以控制疟疾的每个计划、项目或活动、治愈人数的增加、治愈的疟疾患者人数的增加。

（f）资金限制。在任何一个财政年度中，可用于执行本条的资金中，用于支持本条、第 104B 条、第 104C 条和第 104（c）条所述活动的美国国际开发署的行政开支不得超过 7%，该金额应是为此目的使用的其他金额的补充。

（g）定义——在本条中

（1）艾滋病指获得性免疫缺陷综合征。

（2）艾滋病毒指人类免疫缺陷病毒，一种导致艾滋病的病原体。

（3）艾滋病毒/艾滋病，就个人而言，是指感染艾滋病毒或患有艾滋病的个人。

（4）相关的行政分支机构指国务院、美国国际开发署、卫生和公共服务部（包括其机构和办事处）以及根据该部门或机构或本法的规定参加国际艾滋病毒/艾滋病活动的美国其他部门或机构。

第 104B 条　关于结核病的援助

第 104C 条　关于疟疾的援助

这两条的具体规定与第104A 条的内容相似，故省略不译。

第 105 条　教育与人力资源开发

（a）为了减少文盲率、扩大基础教育并增加与发展有关的技能方面的人力培训，总统被授权在教育、公共行政和人力资源开发方面根据其确定的条款

和条件提供援助。除原本可以用于此目的的资金外，授权总统专用于本条的资金包括1986财政年度的1.8亿美元和1987财政年度的1.8亿美元，这些资金被授权保留至支出完毕为止。

（b）根据本条提供的援助应主要用于扩大和加强非正规教育方法，特别是那些旨在提高农村家庭和城市贫民的生产技能并向他们提供有用信息的方法；通过改革课程、教材和教学方法以及改善师资培训，使正规教育制度与穷人的需求特别是与初等教育水平的相关性提高；加强机构的管理能力，使穷人能够参与发展。还应在本条下提供援助，以规划和实施公共和私人对发展中国家的人民提供高等教育和培训的活动。

（c） * * *（已废除）。

第106条　私人志愿组织和部分发展活动

（a）（1）（A）国会发现，能源开发和生产是发展过程中的关键要素，发展中国家的能源短缺使得经济所需能源的90%依赖进口，而且1973年以来，世界石油价格的急剧增加给许多发展中国家造成相当大的经济困难。国会关注的问题在于，许多发展中国家无法满足其能源需求，从而无法体现根据第103条、第104条和第105条向发展中国家提供的许多援助的价值和目的。除非能够通过更充分地利用石油、天然气和煤炭等本土能源来缩小发展中国家的能源赤字，否则稀缺的外汇将不得不越来越多地转向石油进口，这主要是为了国家发展和经济增长。

（B）国会认识到许多发展中国家缺乏获得定位、勘探和开发本地能源资源所必需的财政资源和技术。

（C）国会宣布，非石油输出国组织成员的发展中国家用于商业用途的能源生产至少有温和增长的潜力。此外，迫切需要大力改善发展中国家特别是那些非石油出口组织成员国的潜在石油、天然气和煤炭储量的位置、规模和商业可利用性的现有数据。国会进一步宣布，发展中国家、美国和其他发达国家将通过加大努力，加快在发展中国家潜在能源位置的勘探和开发，从而在其中获得许多利益。这些利益包括但不限于以下内容

（i）随着新能源的生产，世界的能源供应将增加，对突然消耗的恐惧将减少。这可能对国际市场上的能源价格产生积极影响，也可能对许多发展中国家的国际收支问题产生积极影响。

（ii）世界化石燃料能源供应的多样化将使所有发展中国家和发展中的国家不容易受到供应中断和任意生产与定价政策的影响。

（iii）发展中国家的能源产量适度增加也将促进该国家扩大与美国和其他发达国家的商业贸易，从而提高外国投资以及技术转让的可能性。

(D) 根据本条第 (b) 款的授权，从本土资源生产能源的援助将直接惠及发展中国家的穷人，因为进口能源成本将对穷人的生活即他们参与发展的能力产生压倒性影响。

(2) 国会还发现，可再生、分散的能源生产和能源节约是发展过程中的重要要素。贫困人口无法获得足够的能源，化石燃料的储备将枯竭，能源价格将会上涨，因此需要加大努力，通过更多地强调可再生资源来扩大发展中国家的能源资源。可再生能源和分散能源技术特别适用于贫困人口，尤其是在农村地区的贫困人口。

(b) (1) 为了帮助发展中国家通过提高其利用本地能源资源来生产经济所需要能源的能力来缓解其能源问题，总统被授权按照其确定的条款和条件提供援助，以使发展中国家能够准备并进行其能源资源的开发。此类协助可能包括数据收集和分析、技术人员的培训、合适能源的研究和开发以及测试新的能源生产方法的试点项目。

(2) 根据本条的规定，总统有权通过研究、开发和使用小型、分散、可再生的农村能源作为整体组成部分，为发展中国家在能源生产和条约方面的合作计划提供援助以及根据本法第 103 条规定进行的农村开发工作。

此类计划还应针对最早可行的能源技术开发和使用，这些能源开发使用技术必须是在环境上可接受的，其需要最少的资本投资，使用它们的人们能够接受且负担得起，使用和维护该技术简单且成本不高，并且可以轻易地从世界上任意一个地区转移到另一个地区。这些方案可能包括研究和开发、示范和应用适当的能源技术（包括使用木材），分析能源使用、需求和资源、培训相关人员和机构发展、进行科学交流。

(c) 主要负责管理本部分的机构和能源部应在本条规定的最大范围内相互协调。

(d) 总统有权根据其决定的条款和条件，在以下活动中提供援助，但不得超出本法令第 103 条、第 104 条和第 105 条的授权

(1) 技术合作与发展计划，特别是美国私人和志愿机构以及区域和国际发展组织的发展努力；

(2) 根据总统的决定，研究和评估影响发展活动相对成功的成本因素以及手段、技术和发展援助的其他方面，以使发展援助的价值和收益不断增加；

(3) 自然灾害或人为灾害后的重建计划和备灾计划，包括国外自然灾害的预测和应急计划；

(4) 制订帮助解决最贫穷国家的特殊发展问题的计划，并有可能适当利用在美国早期援助下资助的基础设施和相关项目；

（5）城市发展计划，特别强调劳动密集型的小型企业、小生产者的营销体系以及金融和其他机构，使城市穷人能够参与其国家的经济和社会发展。

（e）资金

（1）除原本可用于该目的的资金外，授权拨给总统本条可用资金于1986财政年度为2.07亿美元、于1987财政年度为2.07亿美元；

（2）授权在本条下保留可用的金额，直到支出完毕为止。

（f）在授权执行本条的款项中，1986财政年度的500万美元和1987财政年度的500万美元将用于资助美国、以色列和发展中国家之间的合作项目。

第107条　合适的技术

（a）总统在进行本条所述的活动时，应特别强调使用相对较小、节省成本、使用劳力的技术，这些技术通常最适合小型农场、小型企业和只有小额收入的贫困群体；

（b）为执行本条而提供的资金应在可行的范围内用于适当技术领域的活动，包括支持扩大和协调私人努力，以促进发展中国家开发和传播适当技术。

第108条　微型企业发展信贷

（a）调查结果和政策——国会发现并宣布

（1）微型和小型企业的发展是发展中国家稳定发展以及自由、开放和公平的国际经济体系发展与稳定的重要因素；

（2）因此，协助发展中国家获得金融服务和发展微型企业并使美国私营部门参与这一进程符合美国的最大利益。

（b）计划。为执行第（a）款中规定的政策，总统被授权提供援助，以增加缺乏充分信贷机会的微型企业家庭获得金融服务的机会，包括

（1）向小额信贷机构提供贷款和担保，目的是扩大对贫困和低收入家庭的储蓄和信贷供应；

（2）针对小额信贷机构的培训计划，以使其能够更好地满足客户的金融服务需求；

（3）针对客户的培训计划，以使他们能够更好地利用信贷，提高他们的财务知识，更好地管理其企业以提高生活质量。

（c）资格标准。主要负责管理本部分的机构的行政长官应制定标准，以确定（b）（1）项中所述的哪些小额信贷机构微型企业户在本条中得到援助。这些标准可能包括以下内容来自实体的金融服务接受者在多大程度上无法进入当地的正规金融部门

（1）该实体的金融服务接受者无法进入本地正规金融领域的程度；

（2）该实体的金融服务接受者在该国最贫穷人群中的程度；

（3）实体直接与贫困妇女合作的程度；

（4）主体收回贷款成本的程度；

（5）实体在多大程度上实施计划以实现财务的可持续性。

（d）附加要求。根据本条提供的援助只能用于支持微型企业家庭的计划，而不能用于支持与第（b）款所述目的没有直接关系的计划。

（e）采购规定。可以根据本条提供协助，而不考虑第604（a）条的规定。

（f）资金可用性

（1）一般而言。在执行第131条可用于执行的金额中，授权在2001～2004财政年度中每年提供150万美元以执行该条。

（2）补贴成本的范围。根据（1）项授权提供的金额，应用于支付《1990年联邦信贷改革法案》第502（5）条所定义的适用于本条下的活动的补贴费用。

第109条　资金转移

只要总统认为对于本条而言是必要的且不超过本章任何规定可动用资金的15%，该资金即可以转移到本条其他规定的可用资金中并与之合并，并且可以用于基于此类目的的任何目的，但是进行收益转移的准备金总额的增加不得超过用于该准备金总额的25%。

本法第610（a）条和第614（a）条的授权不得用于转移本条提供的资金，以用于本法的其他规定但为第667条的目的可使用此类条文的授权进行转账，但不得超过为第667（a）（1）条提供的资金总额的5%。

第110条　分摊费用和资金限额

美国政府不得根据本法第103条至第106条向他国提供任何援助，除非该国向总统提供保证，并令总统满意，该国至少应提供25%的援助资金作为提供此类援助的整个计划、项目或活动的成本，但该国承担的此类成本可以"实物"形式提供。

第111条　合作社的发展与利用

为了加强农村和城市穷人对本国发展的参与，应高度优先考虑根据本法提供的资金使用于欠发达国家发展和利用合作社的技术和资本援助，这将会鼓励更多的穷人改善自己的生活。为了满足上述要求，以下各项应给予特别的重视。

（1）农业——向低收入农民提供技术援助，他们为农业用品、市场营销和增值加工建立并发展成员合作社。

（2）金融体系——通过信用联盟到信用联盟的技术援助来促进国家信用联盟系统的发展，该技术援助增强了低收入者和微型企业家为自己的经济发展而储蓄和获得信贷的能力。

（3）基础设施——农村电力和电信合作社对缺乏可靠的电力和电信服务的农村人民和村庄提供支持。

（4）住房和社区服务——促进以社区为基础的合作社，这些合作社提供就业机会和重要服务，例如诊所、自助庇护所、环境改善、集体企业和其他活动。

第 112 条　禁止警察培训

＊　＊　＊（已于 1974 年废除）

第 113 条　将妇女纳入国民经济体系

（a）认识到发展中国家的妇女在经济生产、家庭支持以及这些国家国民经济的总体发展过程中发挥着重要作用。因此，本部分应予以管理，特别要注意那些使妇女融入发展中国家经济的方案、项目和活动，从而改善其地位并协助总的发展。

（b）（1）除了原本可以用于此目的的资金之外，每个财政年度都根据本条提供的资金中最多可使用 1000 万美元以总统确定的条款和条件提供援助，以鼓励和促进妇女作为平等主体参与和融入发展中国家的发展进程。这些资金将主要用于支持将提高妇女的经济生产力和收入能力的活动。

（2）本条中的任何内容均不得解释为授权制定一项单独的针对妇女的发展援助计划。

（c）在本条下为 1982 财政年度提供的资金中，不少于 50 万美元用于支持联合国妇女十年最初目标的国际方案。

第 114 条　限制将资金用于堕胎或非自愿绝育

＊　＊　＊（已废除）

第 115 条　禁止某些国家使用资金

＊　＊　＊（已废除）

第 116 条　人权

（a）不得向任何一贯严重侵犯国际公认人权的国家政府提供任何援助，包括存在酷刑或残忍的或有辱人格的待遇或处罚的国家、长期无罪拘留、通过绑架和秘密拘留这些人而造成人员失踪的国家或其他公然剥夺生命、自由和安全的国家，除非这种援助将直接造福该国有需要的人。

（b）在确定本条分配的资金是否达到该标准时，参议院外交关系委员会或众议院外交委员会可能要求行政长官主要负责管理该条。适用第（a）款需以书面形式提供信息，证明这种援助将直接惠及该国有需要的人，并详细说明将提供的援助（包括此类援助的金额）和解释此类援助如何直接使该国有需要的人民受益。如果任何一个委员会或国会众议院不同意行政长官给出的理由，则可以根据本法第617条作出决议，采取行动终止对任何国家的援助。

对于未能采取力所能及的措施以保护儿童免遭剥削、虐待或被迫征募入伍的军事或准军事机构，政府不得提供任何援助。

（c）在确定政府是否属于第（a）款的规定并根据本部分制订发展援助计划时，管理者应与国务卿协商，考虑人权、自由与劳动并与国际宗教自由大使进行磋商

（1）该政府允许适当的国际组织对涉嫌违反国际公认人权的行为进行无阻碍调查方面的合作情况，包括红十字国际委员会或在联合国或美洲国家组织的授权下行事的团体或个人。

（2）总统或国会由于该国的人权政策而针对该国的多边或安全援助而采取的具体行动。

（3）该政府是否

（A）按照1998年《国际宗教自由法》第3条的规定，从事或容忍特别严重的违反宗教自由的行为；

（B）在合理的情况下，未能采取认真态度和持续的努力来打击特别严重的侵犯宗教自由的行为（定义见1998年《国际宗教自由法》第3条）。

（d）国务卿应于每年2月25日前将参议院完整的报告转交众议院议长和参议院外交关系委员会。

（1）第（a）款所指的国际公认的人权状况——（A）在根据本条获得援助的国家中，以及（B）在所有其他联合国会员国且根据本法不是人权报告的对象的外国中。

（2）在可行的情况下，采取强制措施控制人口包括强制流产和非自愿绝育。

（3）每个国家对待童工的做法，包括

（A）该国家/地区是否采取保护儿童免受工作场所剥削的政策，包括禁止强迫劳动和抵制劳动以及有关可接受的工作的政策条件；

（B）每个国家执行此类政策的程度，都包括专门用于此类政策的资源和监督。

（4）上一年所涉期间内，联合国人权委员会每位成员在委员会年度会议上都对所有针对特定国家和主题决议的投票。

（5）每个国家在多大程度上扩大对难民的保护，包括提供第一批庇护和重新安置。

（6）出于人权考虑，为改变本部分下的美国计划而采取的步骤。

（7）在任何适用的情况下，侵犯宗教自由包括特别严重的侵犯宗教自由（定义见1998年《国际宗教自由法》第3条）。

（8）酌情提供关于战争罪、危害人类罪和可能构成种族灭绝行为的证据的综合信息（根据《防止及惩治灭绝种族罪公约》第2条的定义，并经美国对该公约的批准书和1987年《灭绝种族罪公约执行法》第2（a）条进行修改）。

（9）报告需要指出发生法外处决、酷刑或其他严重侵犯人权的行为的国家，以及美国已采取或将采取行动鼓励在该国终止这种做法的程度。

（10）（A）在可适用的情况下，描述关于以下事项的性质和程度

（i）说明该国政府的武装部队、政府支持的准军事人员或其他武装团体对18岁以下的个人进行强制性招募和征募的性质和程度，以及这些人参加此类团体的性质和程度；

（ii）这些人直接参与敌对行动。

（B）该国政府采取何种措施来消除这种做法。

（C）与该国政府使用18岁以下士兵有关的其他信息。

（e）每个财政年度授权并鼓励总统动用本条、本章第10条、第二章第4条中提供的不少于300万美元的资金用于在符合本条或本章第10条援助资格的国家识别和公开开展计划和活动研究。这些研究旨在鼓励和促进公民的政治权利，包括《世界人权宣言》规定的宗教信仰自由权利和实践。根据本部分第10条提供的资金只能用于撒哈拉以南非洲国家除外。这些资金均不得直接或间接用于影响任何国家的选举结果。

（f）（1）第（d）款要求的报告应包括以下内容

（A）根据每个国家/地区的2000年《人口贩运受害者保护法》第103条的规定，对严重人口贩运形式的性质和程度进行描述。

（B）对于是严重人口贩运受害者的原籍国、过境国或目的地国的每个国家，评估该国政府为打击这种贩运所作的努力。评估应涉及以下内容

（i）该国政府当局是否参与、便利或纵容此类贩运；

（ii）该国的哪些政府部门参与打击这种贩运的活动；

（iii）该国政府采取哪些步骤来禁止政府官员参与、协助或纵容此类贩运，包括对此类官员进行调查、起诉和定罪；

（iv）该国政府采取哪些步骤来禁止其他个人参加这种贩运活动，包括对参与严重贩运形式的个人进行调查、起诉和定罪，以及对这种贩运活动的刑事和民事处罚，以及这些处罚在消除或减少此类贩运方面的效力；

（v）该国政府采取哪些步骤来协助此种贩运的受害者，包括努力防止受

害者进一步受到贩运者、政府官员或其他人的伤害，提供驱逐出境的救济以及提供人道主义救济，包括提供精神和身体保健以及庇护；

（vi）该国政府是否应要求与其他国家的政府合作引渡贩运者，或者在某种程度上，这种合作将与该国的法律或该国加入的引渡条约相抵触，而该国政府是否正在采取一切适当措施，以修改或替代此类法律和条约来允许进行这种合作；

（vii）该国政府是否在协助对跨国贩运网络进行国际调查以及是否在其他合作努力中打击严重的人口贩运形式；

（viii）该国政府是否拒绝起诉被贩运而导致的严重贩运人口的受害者，并避免对这类受害者采取其他歧视性待遇；

（ix）该国政府是否承认严重贩运人口行为受害者的权利，并确保他们诉诸司法。

（C）其他适当的与贩运人口有关的信息。

（2）美国外交使团人员在为（1）项的汇编数据进行评估时，应与人权组织和其他适当的非政府组织进行磋商。

第 117 条　环境与自然资源

（a）联合国大会发现，如果发展中国家当前自然资源退化的趋势仍在继续，它们将严重破坏为满足人类基本需求、实现可持续的经济增长以及防止国际紧张局势和冲突而作出的最大努力。联合国大会还发现，在自然资源方面，世界面临着巨大、紧迫和复杂的问题，这要求美国与发展中国家之间采取新的合作形式，以防止此类问题变得难以处理。因此，在彻底重新评估与自然资源和环境有关的政策以及与发展中国家广泛合作以实现无害环境的发展方面发挥领导作用，符合美国的经济和安全利益。

（b）为了解决第（a）款中描述的严重问题，总统被授权在本条下提供援助，以发展和加强发展中国家保护和管理其环境与自然资源的能力。美国必须作出特别的努力，以维持并在可能的情况下恢复经济增长和人类福祉，特别是贫困人口的土地、植被、水、野生动植物和其他资源。

（c）（1）总统在执行本条和本章第 10 条下的计划和项目时，应充分考虑此类计划和项目对发展中国家环境和自然资源的影响。在遵守总统认为适当程序的前提下，总统应要求负责本条下计划或项目的所有机构和官员

（A）为本条下的任何计划或项目作准备并充分考虑环境影响声明，该声明会严重影响任何国家/地区管辖范围之外的全球公域环境、美国环境或由总统指定的除环境之外的其他方面；

（B）准备并充分考虑本条项下任何拟议方案或项目的环境评估，这些评

估会严重影响任何外国的环境；

此类机构和官员应在适当的情况下根据本款使用当地技术资源来准备环境影响报告和环境评估。

（2）对于紧急情况以及遵守这些要求将严重损害美国外交政策利益的情况，总统可以根据本款的要求确定例外。

第118条　热带森林

（a）森林和树木覆盖的重要性——国会在颁布本法令第103（b）（3）条时认识到森林和树木的覆盖对发展中国家的重要性。联合国大会特别关注发展中国家热带森林的不断变化、破坏和丧失，这对发展和环境构成严重威胁。热带森林的破坏和损失

（1）导致木材短缺特别是燃料用木材，生物生产湿地的丧失，湖泊、水库和灌溉系统的淤积，洪水，消灭土著人民，动植物物种的灭绝，粮食生产能力下降，遗传资源的损失。

（2）可能导致荒漠化和地球气候不稳定。妥善管理的热带森林可为发展中国家的经济增长提供持续的资源，并为发达国家和发展中国家提供有价值的遗传资源。

（b）优先事项

总统应将第（a）款中所表达的关注和美国热带森林问题机构间工作队的建议列为高度优先事项。

（1）在制定和执行与发展中国家有关的方案和政策时，包括与双边和多边援助有关的方案和政策以及与私营部门活动有关的方案和政策；

（2）寻找机会来协调影响发展中国家森林的公共和私人发展与投资活动。

（c）对发展中国家的协助。在向发展中国家提供援助时，总统应进行以下工作

（1）高度重视热带森林的养护和可持续管理。

（2）在可行的最大范围内与受援国进行对话和交换信息

（A）强调为了这些国家的长期经济利益，保护和可持续管理森林资源的重要性以及与森林破坏相关的不可逆转的损失；

（B）确定和关注那些直接或间接导致森林砍伐的国家的政策。

（3）在可行的最大范围内，支持项目和活动

（A）为那些会造成森林破坏和损失的人提供就业和收入的选择；

（B）帮助发展中国家确定并对被占领的森林区域实施替代方案。

（4）在可行的最大范围内，支持培训计划、教育工作，建立或加强提高发展中国家制定森林政策能力的机构，参与相关的土地利用规划并改善其森林

管理。

(5) 尽最大可能，通过在已经被清理或退化的地区和土地上支持稳定和生产性耕作方式，帮助结束毁灭性的刀耕火种农业方式，且该问题必须得到解决，在解决过程中应该特别强调证明农林业和其他技术的可行性，这些技术的使用应是适合当地环境和传统农业，并与当地居民进行密切协商和参与。

(6) 通过支持翻新、薪柴和其他可持续林业项目和实践，通过帮助增加已经被砍伐或退化的土地的产量，在最大可能范围内保护尚未退化的森林，并且确保当地人民参与项目设计和实施的各个阶段。

(7) 在可行的最大范围内，支持保护森林流域并恢复已砍伐森林的流域项目和其他活动，并确保在项目设计和实施的所有阶段都涉及当地人民。

(8) 在可行的最大范围内支持培训、研究和其他行动，从而导致可持续的、更加环境友好的木材采伐、砍伐和加工实践，包括重新造林、水土保持和其他旨在恢复退化森林的活动。

(9) 在可行的最大范围内支持开展研究，以拓展热带森林的知识并确定防止森林破坏或退化的替代方法，包括农林业研究，天然林的可持续管理，小型农场和花园、小型动物畜牧业、已采用的传统做法的广泛应用以及合适的作物和作物组合。

(10) 在可行的最大范围内，通过以下方式保护森林地区的生物多样性

(A) 支持美国政府机构、其他捐助者（双边和多边）以及其他适当的政府、政府间和非政府组织并与之合作，以在全球范围内确定、建立和维护代表性的热带森林生态系统网络；

(B) 在适当情况下，将建立保护区作为支持涉及清除森林退化活动的条件；

(C) 帮助发展中国家确定需要保护的热带森林生态系统和物种，并建立和维护适当的保护区。

(11) 在可行的最大范围内努力提高美国政府机构和其他双边与多边援助者对热带森林短期和长期价值的认识。

(12) 尽最大可能利用美国所有相关政府机构的资源和能力。

(13) 要求本条下的任何计划或项目都对热带森林产生重大影响，包括涉及外来植物物种种植的项目

(A) 基于对可实现土地的最佳可持续利用的替代方案的仔细分析；

(B) 充分考虑美国国际开发署的拟议活动对生物多样性的环境影响。

(14) 根据本章的规定对以下行为拒绝援助

(A) 采购或使用伐木设备拒绝援助，除非环境评估表明所涉及的所有木

材采伐作业均以无害于环境的方式进行，以最大程度地减少森林破坏和拟议的活动将产生积极的经济利益和可持续的森林管理系统；

（B）严重破坏包含热带森林的国家公园或类似保护区或将外来植物或动物引入这些地区的行动。

（15）在本条中拒绝为以下活动提供援助发展，除非该项环境评估表明拟议的活动将对直接改善农村贫困人口的生活作出重大和直接的贡献，并且将以无害环境的方式进行，以支持可持续发展

（A）导致林地转化为牲畜饲养的活动；

（B）穿越相对未退化的林地的道路（包括伐木或其他采掘业的临时运输道路）的建设、升级或维护；

（C）林地的殖民化；

（D）修建水坝或其他水利控制结构，以淹没相对未退化的林地。

（d）其他非政府组织。在可行的范围内，总统应通过由在该项目所在地区或国家活跃的私人和自愿性组织或国际、区域或国家非政府组织管理的项目来实现本条的目标。

（e）分析国家的要求。美国国际开发署编制的每个国家发展战略声明或其他国家计划都应包括对以下内容的分析

（1）在该国为实现保护和可持续管理热带森林而必须采取的行动的分析；

（2）对提议由原子能机构支持的行动在多大程度上满足由此确定的需求的分析；

（f）年度报告——本法第634（a）条要求的每份年度报告均应包括有关本条实施情况的报告。

第119条　濒危灭绝的物种

（a）国会发现，过度捕猎，水、空气和土壤中存在有毒化学物质以及栖息地遭到破坏，使许多动植物物种的生存受到威胁。联合国大会进一步发现，动植物物种的灭绝是不可挽回的损失，对发展中国家和发达国家都可能造成严重的环境和经济后果。因此，通过管制濒危物种的狩猎和贸易，限制自然生态系统的污染以及保护野生动植物栖息地来保护动植物物种应成为美国发展援助的重要目标。

（b）为了保护生物多样性，尽管有第660条、第101条的规定，但总统有权在本条下提供援助，以协助各国保护和维护野生动植物栖息地，并制订合理的野生动植物管理和植物保护计划。应特别努力建立和维护野生动植物保护区和公园；制定和执行反偷猎措施；并确定、研究和分类动植物物种，特别是在热带环境中。

（c）资金水平——在 1987 财政年度，用于执行本条的可用资金（不包括用于执行与儿童生存基金有关的第 104（c）（2）条的资金），应根据第（b）款为 1987 财政年度之前没有得到资金的活动划拨不少于 250 万美元的援助。此外，国际发展机构应尽可能继续并增加根据第（b）款对 1987 财政年度以前财政年度中已提供援助的活动的援助。

（d）国家分析要求——每个国家发展战略声明或国际发展机构编写的其他国家计划都应包括以下分析

（1）该国为保护生物多样性所必须采取的行动；

（2）该机构提议的援助行动在多大程度上满足由此确定的需要。

（e）地区参与——本条所支持的工程项目需在设计及推行的各个阶段，尽量与当地人士紧密磋商，并让当地人士参与。

（f）志愿人员组织和其他非政府组织——只要可行，本条的目标就应通过在项目所在地区或国家积极开展活动的适当私人和志愿组织或国际、区域或国家非政府组织管理的项目来实现。

（g）援助行动——国际发展机构的管理人员应

（1）与政府和非政府的有关国际组织合作；

（2）将世界保护战略作为保护生物多样性行动的全面指南；

（3）与受援国进行对话和交流信息，强调保护生物多样性对这些国家长期经济利益的重要性，并确定和注重那些直接或间接造成生物多样性丧失的国家的政策；

（4）支持提高受援国防止生物多样性丧失能力的培训和教育工作；

（5）尽可能订立长期协定，受援国同意保护有关政府或非政府组织建议保护的生态系统或其他野生生物生境，或作为根据第（6）项开展的活动的结果，而美国同意在获得必要拨款的情况下，为建立和维持这些保护区提供必要的援助；

（6）根据需要，与有关政府和非政府组织合作，支持受援国查明和调查值得保护的生态系统的工作；

（7）与美国政府其他机构合作，支持其有关工作，包括美国鱼类和野生动物管理局、国家公园管理局、森林管理局和和平队；

（8）审查本机构的环境条例，并在必要时加以修订，以确保本机构正在进行和拟议的行动不会无意中危及野生动物物种或其关键生境、损害保护区或对生物多样性产生其他不利影响（并应在本段颁布之日起 1 年内向国会报告根据本段采取的行动）；

（9）确保该机构赞助的环境概况包括保护生物多样性所需的信息；

（10）拒绝根据本章为严重破坏国家公园或类似保护区或将外来植物或动物引入这些区域的行动提供任何直接或间接援助。

（h）年度报告——本法第634（a）条规定的每份年度报告，应在另一卷中包括本条执行情况的报告。

第120条　萨赫勒地区发展计划

（a）联合国大会重申支持美国政府的倡议，即与有关国家和提供援助的其他国家、联合国以及其他有关国际和区域组织进行协商和规划，以制定和支持非洲萨赫勒地区全面长期发展计划。

（b）总统被授权为萨赫勒地区和非洲其他遭受旱灾的国家制订一个长期的综合发展计划。

（c）在制定这一长期计划时，总统应

（1）考虑为这一方案的规划和执行进行国际协调；

（2）寻求非洲国家和组织在确定发展优先事项方面的更大参与和支持；

（3）立即开始这一规划。

（d） * * * （已于1978年废除）

第121条　萨赫勒发展计划——实施

* * * （已废除）

第122条　普通机关

（a）为了执行本条，总统被授权通过双边或通过区域、多边、双边或自治的方式，通过赠款和贷款援助计划，根据他确定的条款和条件，向国家和地区或私人单位提供援助。

（b）总统被授权按照其确定的条款和条件偿还美元本金和利息的贷款，以促进国家和地区的经济发展，并着重协助旨在制订长期计划和方案的国家发展经济资源，提高生产能力。总统应确定任何贷款的应付利息。在根据本章发放贷款时，银行行长应考虑借款人的经济情况以及其他相关因素，包括受援国是否有能力以合理的利率偿还贷款，但贷款的年利率在贷款之日起10年内每年不得低于3%。在这10年内，每年利率不得低于2%，也不得高于贷款所在国家/地区的适用法定利率。

（c）在任何一个财政年度中，根据本编提供的贷款或根据先前的外国援助立法提供的贷款支付的美元收入，应作为杂项收入存放在财政部。

（d）每个财政年度在本章中提供的资金中，不超过1000万美元的资金可用于按照总统确定的条款和条件提供给美国的研究和教育机构。目的是加强其制定和执行与发展中国家的经济和社会发展有关的方案的能力。

（e）总统应设立一个机构间发展贷款委员会，由他决定的美国政府机构的官员组成，该委员会应在总统的指导下，制订根据该标准开展贷款业务的标准和美国的外交和金融政策标准。除经参议院建议并经参议院同意而由总统任命的人员外，委员会的官员应由总统经参议院同意，予以委派。

第 123 条　海外发展中的私人和志愿组织与合作社

（a）国会发现，通过增加私人和志愿组织及合作社计划和开展的活动可以有效地协助和加速农村和城市穷人参与其国家的发展。这样的组织和合作社可以体现美国自助和协助他人以改善其生活和收入的精神，是动员美国私人财政和人力资源使发展中国家穷人受益的重要手段。国会宣布，这些组织和合作社在不损害其私立和独立性的前提下扩大其海外发展努力符合美国的利益。联合国大会进一步宣布，这些组织和合作社的财政资源应以公共资金的捐助作为补充，以根据第 102 条规定的原则开展发展活动，并在必要时视情况而定，目的是分摊与此类活动有关的方案的费用。

（b）为了进一步有效利用美国友好人士，为了促进发展，用于救济和康复的自愿捐款，总统有权使用为本条和本章第 10 条提供的资金支付美国国家红十字会和在美国国际开发署注册的美国志愿机构的货物运输费。

（c）可以为从美国港口运来的货物或在美国从外国港口向过境入境口岸或入境口岸提供的过剩或过剩财产的运输费用提供本款下的补偿

（1）内陆国家；

（2）由于自然或其他干扰而无法有效使用港口；

（3）无法到达指定国家/地区的承运人；

（4）大量节省成本或时间的情况下在国外可以通过利用除港口以外的其他入境点来实现。

（d）在切实可行的情况下，总统应与接受国作出安排以使此类货物免费进境，并由该国提供当地货币，以支付此类货物从港口或入境口岸到接收国收货人指定装运点的运输费用。

（e）本法或任何其他法案所载的禁止向国家提供援助，不得解释为禁止主要负责管理本部分的机构提供援助，以支持在禁止生效之日之前已经得到支持的私人和志愿组织及合作社的计划。在适用法律禁止援助的任何情况下，总统都应考虑继续支持此类方案是否符合美国的国家利益。如果总统在该日期之后继续提供这种支持，则他应在该日期之后不迟于 1 年准备并向众议院议长和参议院外交关系委员会主席转交一份报告，其中载有继续进行的原因。

（f）对于 1986 ~ 1989 财政年度中的每个财政年度，所拨资金都不少于该财政年度为执行第 103（a）条、第 104（b）条、第 104（c）条而拨款的总金额的 30%，第 105 条、第 106 条、第 121 条和第 491 条规定的应提供给私人组织和志愿组织的1/2，并且总统应设法筹集不少于该总额16%的资金用于私人组织和志愿组织的活动。在确定是否遵守本款的要求时，可以考虑根据本法第二编第4章为私人组织和志愿组织活动提供的资金。

（g）＊＊＊（已于1998年废除）

（h）国会认识到，合作社除了在社会和经济发展中的作用外，还为人们提供直接参与民主决策的机会。因此，本条下的援助应提供给农村和城市合作社，这些合作社为发展中国家的大量中低收入者提供直接参与民主决策的机会。这种援助应旨在鼓励采用在美国成功的自助式私营部门合作技术和做法。

第124条　最不发达国家

（a）最不发达国家（根据联合国大会“最不发达国家”名单所用的标准确定）的特征是极端贫困、基础设施非常有限、实施基本人权发展策略的行政能力有限。在此类国家中，可能需要采取特殊措施来确保根据本部分提供的援助的充分有效性。

（b）为了促进这些国家的经济增长，总统被授权并鼓励根据赠款提供本条中的援助，以最大程度地实现美国的发展目标。

（c）（1）联合国大会认识到相对最不发达国家实际上没有进入私人国际资本市场的机会。相对于最不发达国家，在先援助条件下应尽可能与目前的赠款援助条件保持一致。因此，尽管本法第620（r）条和1975年《国际发展和粮食援助法》第321条规定计算该国对财政资源的需求以及该国对第101条和第102条中规定的发展目标的承诺，但在符合本款第（2）项的前提下，总统仍应根据具体情况逐案考虑

（A）可能允许最不发达国家投放一定数量的资金，否则将其支付给美国在该国根据本部分（或任何先前的法律）产生的本金或负债责任利息支付到当地货币账户（由美元官方汇率确定的等值当地货币），以供发达国家相对最少的人使用经主要负责管理此部分的机构管理员同意，进行与第102条一致的活动；

（B）如果总统确定某国将无法使用同等数量的当地货币，则可以免除最不发达国家根据本部分（或任何先前的立法）所承担的责任的利息支付，可以根据（A）获得。

（2）在任何一个财政年度中，根据本款所放弃的利息总额以及支付给本币账户的利息和本金总额，不得超过该财年实施本章的拨款法中为该目的批准的数额，该数额不得超过开发授权计划年度授权立法所批准的授权数额。根据本部分第（1）项的规定，授权在1981财政年度从相对发展最少的国家向美国支付的根据本部分第（a）款规定（或任何先前的立法）提供的贷款应付款

不超过 10845000 美元。

（3）在行使本款授予的权力时，银行行长应与其他债权国一道行事。

（d）对于最不发达国家的计划、项目或活动，总统可根据具体情况放弃本法第 110（a）条中关于财政或“实物”援助的要求。

（e）第 110（b）条不适用于给予最不发达国家的赠款。

第 125 条　项目和计划的评估

（a）主要负责执行本条的机构的行政管理人员应针对根据本条对该机构执行的计划和项目进行评估和评估。部长应与国会适当委员会协商，以建立此类评估的标准。

（b）＊＊＊（已于 1981 年废除）

第 126 条　发展与违法毒品生产

（a）国会认识到非法毒品种植与总体发展问题有关，从事非法毒品种植的所有个人中绝大多数都居住在发展中国家，是这些国家中最贫穷的人之一。因此，消除非法毒品生产的任何成功都取决于存在个人的替代经济机会的可获得性，取决于本条提供的援助可以解决的其他问题，以及对于毒品的管控所作出的努力。

（b）（1）在规划本条和本章第 10 条以及第 2 章第 4 条针对麻醉药品非法种植国家的援助方案时，主要负责执行本条的机构应优先考虑那些有助于通过刺激更广泛的发展机会来减少非法麻醉品的种植。

（2）主要负责执行本条的机构可以利用资源开展活动，以提高对非法麻醉药品生产和贩运对来源国和过境国影响的认识。

（c）为促进本条的目的，主要负责执行本条的机构应与参与麻醉品管制活动的美国政府其他机构充分合作，并在发展事务上分享其专业知识。

第 127 条　加速偿还贷款

主要负责执行本条的机构的管理者应对双边优惠贷款余额进行年度审查，并应确定那些财政资源可加速偿还贷款的国家。特别是应与先前国家机构获得优惠贷款的欧洲国家取得联系，以协商加速还款。

美国国际开发署署长作出这些决定所使用的标准应与众议院外交事务委员会和参议院外交关系委员会共同制定。

第 128 条　有针对性的援助

（a）总统在确定美国发展援助的目标人群时，应使用诸如国际复兴开发银行制定的贫困衡量标准和其他适当的衡量标准，并应加强美国的努力，以确保本章中很大比例的发展援助直接改善大多数贫困人口的生活，特别着重于生活在绝对贫困中的那些人。

（b）在最大可能范围内，应设计和监控本条中试图提高私人组织或政府的机构能力或试图刺激科学技术研究的活动，以确保最终这些活动的受益者是穷人。

第129条　为发展中或转型国家的外国政府和中央银行提供技术援助的计划

（a）制订计划

（1）总则——在与美国国务卿和政府局长协商后，财政部长应在本条颁布之日后150天之内，授权美国国际开发署制订一项计划，向发展中国家或转型国家的外国政府和外国中央银行提供技术援助。

（2）国务卿的作用。应向国务卿提供外交政策指导，以确保根据本款制订的计划有效地纳入美国的外交政策。

（b）计划的进行

（1）总则——国务卿在执行根据第（a）款制订的计划时，应通过向顾问提供适当的专门知识以促进制定新的法律，向发展中国家和转型国家的外国政府和中央银行提供经济和金融技术援助。在这些国家制定法律并建立行政程序和机构，以促进宏观经济和财政稳定、有效的资源分配、透明和面向市场的程序以及私营部门的可持续增长。

（2）附加要求。在切实可行的范围内，此类技术援助应旨在建立

（A）公平、客观、有效地为政府运营收集足够收入的税收制度；

（B）依靠市场力量的债务发行和管理计划；

（C）允许负责任的财政政策管理的预算计划和实施；

（D）商业银行部门的发展、有效地介于储蓄者和投资者之间；

（E）金融执法，以保护金融系统、金融机构和政府计划的完整性。

（3）重视反腐败——此种技术援助应包括意图打击反竞争、不道德和腐败活动的要素，包括防止可能扭曲或抑制市场机制透明度的行为以及私有化程序的适用范围。

（c）行政要求。在执行根据第（a）款制订的计划时，国务卿

（1）应建立一种方法，用于识别和选择外国政府和中央银行根据该计划接受援助；

（2）在选择外国政府或其中央银行接受该计划的援助之前，应经国务卿的同意，向该政府或中央银行提供援助；

（3）应与美国适当的执行机构负责人协商，包括国务卿和美国国际开发署署长以及适当的国际金融机构。这些机构或组织为其提供类似援助的国家，以避免对外国机构的重复工作；

（4）应确保该方案与美国国际开发署的《国际事务战略计划》和《任务执行计划》相一致；

（5）应制订并实施计划评估方案。

（d）行政部门。在执行根据第（a）款制订的计划时，国务卿应具有以下行政权力。

（1）国务卿可以根据1980年《对外援助法》第一章第9条（《美国法典》第22编第4081条）及以下，适用于在美国境外履行本条规定职能的美国政府任何机构的任何官员或雇员。

（2）（A）国务卿可将用于执行本条的任何资金的任何部分分配或转移给美国政府的任何机构，包括任何国家或国际组织向美国政府提供的用于采购商品、用品或服务的任何垫款。

（B）此类资金依照本条授予的权限或管辖分配或转移此类资金的美国政府机构活动的全部权限用于债务转移和支出。

（3）用于本条或根据本条的拨款，以及出于与本条的目的直接相关的职能而从其他拨款中分配给美国政府任何机构的费用，应满足以下条件。

（A）与个人签约以在国外提供个人服务，但根据人事管理办公室执行的任何法律，不得将这些人视为美国政府的雇员。

（B）乘用汽车的购买和租赁，但乘用汽车只能购买

（i）在国外使用；

（ii）国务卿或其指定的人员确定完成任务所需的车辆。

（C）为在国外使用而购买的公务车辆购买保险。

（D）（i）在美国境外的办公室、建筑物、场地和宿舍的租金或租赁（不超过5年），包括用于安置人员的住所并符合相关机构间住房委员会的政策，并为此提前支付费用。

（ii）对美国政府拥有或租用或可供美国政府在美国境外使用的财产的维护、陈设、必要的修理、改进和变更。

（iii）保险、燃料和水电费的花费；准备和运送外国参与者或外国参与者家属的遗体并运往其故居或埋葬地的费用。这些人是指此类参与者离开家园参加使用本条所述资金进行的活动时可能死亡的人。

（E）准备和运送外国参与者或外国参与者家属的遗体回原籍或埋葬地点的费用，这些外国参与者在离开家园参加本条所列活动时可能死亡。

（F）尽管有其他法律规定，在从事本条规定的活动的外国参与者不在美国以外的其他国家/地区时，其交通和生活津贴可代替其生活津贴，费率不得超过政府标准旅行规章规定的费率。

（G）与人员在美国境外旅行有关的费用，包括人员的旅行费用（包括在进行此类旅行时必要的中途停留期间的费用）以及个人财物、家居用品的运输。

（H）授予由国务卿确定的任何个人、公司或其他机构、非营利组织、友好政府或政府机构（无论在美国境内还是在美国境外）以及国际组织，以及与之达成的适合执行本条的目的合作协议和合同。

（4）只要国务卿确定与本条的目的相符，便有权以预付款的方式向任何友好国家或国际组织提供服务和商品，并且根据本法，该国家或国际组织没有被禁止接受援助，这些预付款可以记入财政部当前的拨款、账户或基金，并应被授权用于该拨款、账户或资金。

（e）规章制度的制定——国务卿被授权发布其认为对执行本条必要的关于个人服务承包商的规章制度。

（f）规则解释。本条中的任何内容均不得解释为侵犯国务卿的权力或职能（包括1986年《综合外交安全和反恐怖主义法》第103条所述的权力或职能），或任何使团团长（包括1980年《外交服务法》（207 USC 3927）第207条所述的权力或职能）。

（g）终止援助。如果部长在与美国有关官员协商后确定此种援助已导致该国制定法律或建立机构，以促进财政稳定和行政程序、有效的资源分配及市场透明度，国务卿就应根据第（a）款制订的计划为受援外国政府或其中央银行完成援助活动，进而终止援助。

（h）报告

（1）一般而言。国务卿应在本条制定之日后的3个月内，及其后每6个月内，就准备并向相应的国会委员会报告在过去6个月内根据本条制订计划的执行情况。

（2）定义。在本条中，适当的国会委员会一词指

（A）国际关系委员会和众议院拨款委员会；

（B）外交关系委员会和参议院拨款委员会。

（i）定义。在本条中

（1）发展中国家或过渡国家是指有资格根据本条获得发展援助的国家。

（2）国际金融机构是指国际货币基金组织、国际复兴开发银行、国际开发协会、国际金融公司、多边投资担保机构、亚洲开发银行、非洲开发银行、非洲开发基金、美洲开发银行、美洲投资公司、欧洲复兴开发银行、中东和北非的经济合作与发展银行。

（3）部长是指财政部长。

（4）技术协助包括

（A）为（b）（1）项所述目的使用短期和长期专家顾问来援助外国政府和中央银行；

（B）为（b）（1）项所述目的在受援国、美国或其他地方进行培训；

（C）向外国政府和中央银行提供的商品、服务或资金的赠款；

（D）授权美国非营利组织提供有助于向外国政府和中央银行提供建议的服务或产品；

（E）在美国或其他地方为外国官员进行以提供技术信息为目的的考察旅行。

（5）外国参与者。“外国参与者”一词是指根据第（a）款建立的计划正在接受援助的发展中国家或过渡国家的国民，已被指定参加该计划的活动。

（j）拨款授权。

（1）总则。授权本条在1999财政年度执行500万美元。

（2）可用资金。根据（1）项授权拨款，直至资金支出完毕。

第130条　援助酷刑受害者

（a）总则。总统被授权为酷刑受害者的康复提供援助。

（b）获得补助的资格。应以赠款的形式向在国外开展治疗或遭受酷刑受害者身心折磨伤害的项目或活动的治疗中心和方案提供此类援助。

（c）资金的使用。应提供此类援助

（1）直接向酷刑受害者提供服务；

（2）为第（b）款所述的治疗中心或计划之外的医疗服务提供者提供研究和培训，以使此类提供者能够提供（1）项所述的服务。

第131条　微型企业发展补助金

（a）结果与政策。国会发现并宣布

（1）获得金融服务和微型企业的发展是发展中国家稳定增长和自由、开放、公平的国际经济体系发展的重要因素；

（2）因此，便利于获得金融服务和协助发展中国家的微型企业发展，符合美国的最大利益。

（3）获得信贷、储蓄、培训、技术援助、业务发展服务以及其他金融和非金融服务的计划可为获得金融服务和微型企业发展提供支持；

（4）鉴于发展中国家农村地区的人口比例较高，加上农村地区的贫困发生率也很高，以及城乡市场之间收入不平等的加剧，微型企业计划应同时针对城乡贫困人口。

（b）授权

（1）总则。在执行本部分的过程中，总统被授权为计划提供赠款援助，以增加那些无法完全获得资本培训、技术援助和业务发展机会的微型企业的信贷和其他服务的可获得性。通过以下方式提供服务：

（A）授予小额信贷机构，目的是扩大向微型企业家的信贷、储蓄和其他金融服务的可获得性；

（B）向微型企业机构提供赠款，用于为微型企业提供培训、技术援助和业务发展服务，以使它们能够更好地利用信贷，更好地管理其企业，并增加收入和资产；

（C）微型企业机构的能力建设，以使其能够更好地满足微型企业的信贷和培训需求；

（D）国家一级的政策和监管计划，旨在改善为贫困者和非常贫困者服务的微型企业家和微型企业机构的环境。

（2）实施。根据（1）（A）和（B）项授权的援助应通过有能力制订和实施微型企业计划的组织提供，特别是

（A）美国和当地私人和社区志愿组织；

（B）美国和土著信用合作社及合作组织；

（C）其他土著政府和非政府组织。

（3）有针对性的援助。在执行（1）项中以可持续贫困为重点的计划时，所有微型企业资源的50%应针对非常贫困的企业家，即那些生活在该国国家政府制定的贫困线下方50%的最贫困的企业家具体来说，这些资源应用于

（A）通过从业机构直接支持本款中的计划

（i）为非常贫困的客户提供信贷和其他金融服务，并以1995年的美元贷款

（Ⅰ）在欧洲和欧亚大陆地区不超过1000美元；

（Ⅱ）拉丁美洲地区400美元或以下；

（Ⅲ）在世界其他地区为300美元或以下。

（ii）可以在合理的时间内支付其费用，或

（B）提供给持有贫困贷款的客户（由（A）（i）项中的区域贫困贷款限制定义）提供的、可以实现合理成本回收的需求驱动的业务开发计划，无论这些贷款是由小额信贷机构提供还是由专业的业务开发服务提供商提供。

（4）中央机制的支持。总统应酌情继续支持中央机制和特派团，以便

（A）为特派团提供技术支持；

（B）加强（2）项所述的中介组织的机构发展；

（C）在这些实地考察团和中介组织之间共享与根据（1）项授权的援助提供有关的信息；

（D）支持包括信用合作社系统在内的非营利性全球小额信贷网络的发展，该网络包括

（i）通过基于市场原则的重要基层基础设施，为贫困企业家提供金融服务；

（ii）充当批发中介机构，为微型企业的零售机构提供一系列服务，包括融资、技术援助、能力建设以及安全性和稳健性认证。

（5）限制根据本款提供的帮助只能用于支持微型企业计划，而不能用于支持与（1）项所述目的没有直接关系的计划。

（c）监测系统。为使根据（b）（1）项授权的援助对可持续发展的影响最大化，主要负责该部分工作的管理机构应建立一个监测系统，以

（1）制订此类援助的绩效目标，并在可行的范围内以客观、可量化的方式表达这些目标；

（2）建立绩效指标，用于衡量或评估此类援助的目的和目标的实现；

（3）为调整此类援助提供建议，以增强此类援助对可持续发展的影响，特别是这种援助对非常贫困的人特别是贫困妇女的影响；

（4）广泛使用经过验证的有效的贫困评估工具，以成功地识别贫困人口，并确保他们获得所需的微型企业贷款、储蓄和援助。

（d）发展和核实贫穷的衡量方法；方法的应用

（1）开发和认证。

（A）美国国际开发署署长在与微型企业机构和其他适当组织协商后，应开发不少于两种低成本方法，以使伙伴机构能够用于评估其当前或潜在客户的贫困水平。美国国际开发署应制订与极端贫困者状况相关的贫困指标。

（B）管理员应现场测试根据（A）项开发的方法。作为测试的一部分，机构和计划可以自愿使用这些方法来证明其达到极度贫困者的能力。

（C）署长应在2004年10月1日之前，根据（A）项开发的低成本贫困测量方法，证明至少有两种方法可以作为本条中为协助目的而测量微型企业机构当前或潜在客户贫困水平的认可方法。

（2）应用。除合理的例外情况外行政长官必须要求，所有根据本法申请微型企业援助的组织自2005年10月1日开始均应使用一种经认证的方法，以确定并报告当前或预期的客户贫困状况。

（e）援助水平。根据该部分，在《自由支持法》和1989年《支持东欧民主法》提供的资金中，包括从此类资金中获得的当地货币，经授权可以使用——在2001财政年度和2002财政年度都为1.55亿美元、2003财政年度为1.75亿美元，在2004财政年度为2亿美元能够用来执行此条之下的工作。

（f）定义。在本条中

（1）业务开发服务是指通过培训、技术援助、市场营销援助，改进的生产技术来支持微型企业的发展和其他服务。

（2）微型企业机构是指为微型企业家提供服务（包括小额信贷、培训或业务发展服务）的机构。

（3）小额信贷机构是指直接向微型企业家提供或致力于扩大信贷、储蓄和其他金融服务的机构。

（4）从业人员机构是指为微型企业家提供服务（包括小额信贷、培训或业务发展服务）或向微型企业机构提供帮助的任何机构。

（5）极贫困人口是指（A）所居住国家的国民政府设定的贫困线以下最低50%，或（B）每天生活费不足1美元的人口。

第132条　美国小额信贷贷款设施

（a）建立。署长被授权建立美国小额信贷贷款设施（在本条中简称为"设施"），分担和管理来自自然灾害、战争或内战、国家金融危机或短期金融动向的风险，这些风险威胁着美国支持的小额信贷机构的长期发展。

（b）支出。

（1）总则——署长应从该机构向美国支持的小额信贷机构支付款项，以防止因以下原因而使这类机构破产

（A）自然灾害；

（B）战争或内战；

（C）威胁美国支持的小额信贷机构长期发展的国家金融危机或其他短期金融运动。

（2）援助形式。本条中的援助应以小额信贷机构的贷款或贷款担保形式，证明其有能力在合理的时间内恢复自给自足的业务。

（3）一致的通知程序。在2001财政年度和2002财政年度内，直到根据第634A条规定的国会委员会已将建议的可用资金通知提供给国会，15天后才能从该机构获得资金。根据该条中适用于重新编程通知的程序进行操作。

（c）一般规定。

（1）政策规定。在提供本条授权的信贷援助时，署长应酌情适用本部分中关于发展援助活动的政策规定。

（2）违约和采购规定。

（A）违约条款第620（q）条的规定或任何相当的法律规定，如果根据本条提供的私营部门受援国在该条规定的期限内拖欠美国的款项，则不得解释为禁止向某国提供援助。

（B）采购规定——可以根据本条提供协助，而不必考虑第604（a）条的规定。

（3）信贷援助的条款和条件

（A）总则——根据本条提供的信贷援助，应按照署长确定的条款和条件包括所收取的费用来提供。

（B）主要融资额度——在任何会计年度内，就任何单一事件而言，根据本条提供或担保的贷款本金都不得超过3000万美元。

（C）例外——根据本条规定的任何担保，概不赔偿因寻求付款的一方负责的欺诈或失实陈述而造成的损失。

（4）充分的信誉和信用。根据本条的规定，所有担保均构成美国的义务，特此保证美国的充分信用和信誉。在担保范围内全额支付和履行此类义务。

（d）资金。

（1）资金分配。在2001财政年度可用于执行该部分的金额中，最高可提供500万美元，用于

（A）《1990年联邦信贷改革法案》第502（5）条所定义的实施此部分的补贴费用；

（B）执行本条的行政费用。

（2）与其他资金的关系。根据（1）项提供的金额是根据执行本条的任何其他法律规定可获得金额的补充。

（e）定义。在本条中

（1）行政管理人员是指主要负责执行此条款的机构的管理员。

（2）适当的国会委员会是指参议院外交关系委员会和众议院国际关系委员会。

（3）美国支持的小额信贷机构是指金融中介机构，该金融中介机构已收到根据本法第一编在1980财政年度或之后任何财政年度提供的资金。

第133条　鼓励善治的计划

（a）制订计划。

（1）总则——授权总统在第（2）款所述的国家制订打击腐败、提高透明度和问责制以及促进其他形式善治的计划。

（2）描述的国家/地区——本段描述的国家/地区是指有资格根据本条（包括本法第二章第4条）或1989年《支持东欧民主法》（SEED）获得援助的国家。

（3）优先权。在执行（1）项时，总统应优先考虑在上一个财政年度获得大量美国对外援助的国家或美国拥有优先援助权的国家的公共和私人腐败问

题。在确定前述哪些国家存在公共和私人腐败最持久的问题时，总统应考虑透明度国际指数、国际复兴开发银行和发展与国际货币基金组织等相关标准。

（4）与其他法律的关系

（A）总则——尽管有其他限制外国援助的法律规定，也可以向根据（1）项制订的计划向国家提供的援助。根据（1）项制订的计划为某个国家/地区提供的援助，如果没有其他规定，则只能从该国家/地区获得此类援助，而对于先前的判决，则不得直接提供给该国/地区政府。

（B）例外。（A）不适用于以下内容

（i）本法第620A条或任何类似的法律规定，禁止向支持国际恐怖主义的国家提供援助；

（ii）1992年的俄罗斯自由和新兴的欧亚民主国家和开放市场支持法第907条。

（b）特定项目和活动。根据第（a）款制订的计划应在适当的范围内包括以下项目和活动

（1）支持负责任的独立媒体，以促进对公共和私人机构的监督。

（2）在公职人员、政党和公职候选人之间实行财务披露、公开预算流程和透明的财务管理系统；

（3）支持建立审计办公室、检查员总办公室、对政府采购流程的第三方监督以及反腐败机构；

（4）促进响应迅速、透明和负责任的立法和地方政府，以确保对立法和地方监督以及举报人的保护；

（5）促进将腐败定为刑事犯罪的法律和司法改革，以及鼓励起诉刑事腐败的执法改革和发展；

（6）协助发展商业交易的法律框架，以促进在经济领域促进透明、道德和竞争行为的商业行为，例如纳入国际标准和保护的商业法规和知识产权；

（7）促进自由、公正的全国、州和地方选举；

（8）促进公众参与立法程序和公众获取政府信息；

（9）促进民间社会参与反腐败斗争。

（c）项目和活动的进行。根据第（a）款制订的计划下的项目和活动可能包括培训和技术援助（包括起草反腐败、私有化以及具有竞争性的法规和行政法规）。起草反腐败、私有化以及具有竞争性的法规和行政法规，为独立媒体和出版物提供支持，为开展此类项目或活动的非政府组织的计划和运营成本提供资金，以及协助个人赴美旅行和其他国家进行此类项目和活动。

（d）两年期报告。

(1) 总则。国务卿应与商务部长和美国国际开发署署长协商，应准备并向国际关系委员会和众议院拨款委员会、外交关系委员会和参议院拨款委员会提交两年期报告。

(A) 在根据第 (a) (3) 款确定的优先国家中，根据第 (a) 款建立的在前两年内进行的项目和活动；

(B) 这些国家在前两年期间根据反腐败、提高透明度和问责制以及促进根据其他法律规定建立的其他形式的善治计划下开展的项目和活动。

(2) 要求的内容。(1) 项要求的报告应包含 (1) 项所述的每个国家的以下信息

(A) 对美国政府资助的打击腐败所有计划和计划的说明，提高国家的透明度和责任感；

(B) 说明美国为打击腐败、提高国家透明度和问责制而进行的外交努力。

(C) 分析该国政府为打击腐败并提高该国的透明度和问责制而采取的主要行动。

(e) 资金。应提供用于执行本部分其他规定（包括本法第二章第 4 条）和 1989 年《支持东欧民主法》(SEED) 的金额，以执行本条部分。

第 134 条　援助外国达到消除人口贩运的最低标准

(a) 授权。总统有权直接或通过非政府组织和多边组织向外国提供援助，以执行旨在达到消除贩运人口最低标准的计划、项目和活动（2000 年《人口贩运受害者保护法》第 103 条）

(1) 起草禁止和惩治人口贩运的法律；

(2) 对贩运者的调查和起诉；

(3) 建立和维护保护受害人的设施、方案、项目和活动；

(4) 扩大针对政府和非政府人员打击贩运的交流方案和国际访客方案。

(b) 资金。应提供执行本部分其他条款（包括本法第二章第 4 条）和 1989 年《支持东欧民主法》(SEED) 的可用资金。

第 2 章　其他项目

第 201 条　总局

＊　＊　＊（已于 1978 年废除）

第 202 条　授权

＊　＊　＊（已于 1978 年废除）

第 203 条　财政规定

＊　＊　＊（已于 1978 年废除）

第 204 条　发展贷款委员会

＊　＊　＊（已于 1978 年废除）

第 205 条　与转移至国际金融机构有关

＊　＊　＊（已于 1972 年废除）

第 1 节　多边和区域发展项目

第 206 条　非洲区域发展

总统应与非洲和其他有关国家以及国际发展组织进行合作和磋商，寻求并采取适当行动，以进一步促进非洲区域发展机构，包括非洲开发银行发展机构的发展，以促进非洲经济发展。

第 207 条　发展援助的目的

＊　＊　＊（已于 1978 年废除）

第 208 条　自助标准

＊　＊　＊（已于 1978 年废除）

第 209 条　多边和区域计划

（a）国会认识到，由联合国、多边贷款机构和其他多边组织在联合国的支持下或在其支持下的发展援助计划和行政管理可通过其他援助者参与发展工作以下述方式促进援助的效率和效力：改善政策和计划的协调、知识的汇集，避免设施和人力的重复，并更多地鼓励自助。

（b）国会还认为

（1）在两个国家以上存在普遍问题或者机遇的领域中，例如农业、教育、交通、通信、电力、疾病控制、设立开发银行等，这些国家通常可以通过加入区域组织或共同致力于区域计划，来更有效地解决此类问题并利用此类机会；

（2）与国家计划相比，地区计划通常可以更有效地利用援助；

（3）应在切实可行的最大范围内，根据本法提供援助，以鼓励欠发达国家在区域发展计划中相互合作。

（c）国会认为，总统应在切实可行的范围内增加美国提供给多边借贷机构和组织使用的贷款资金。

（d）＊　＊　＊（已于 2000 年废除）。

第 211 条　总局

＊　＊　＊（已于 1978 年废除）

第 212 条　授权

＊　＊　＊（已于 1978 年废除）

第 213 条　和平原子

＊　＊　＊（已于 1962 年废除）

第 2 节　国外的美国学校和医院——原型脱盐厂

第 214 条　国外的美国学校和医院

（a）总统有权按照其指定的条件向美国以外由美国公民建立或赞助的学校和图书馆以及美国的思想和实践中心提供援助。

（b）尽管有 1951 年《相互防卫协助控制法》（《美国法典》第 22 编第 1611 条等）的规定，总统仍被授权根据他指定的条款和条件向本条第（a）款中提到的机构以及由美国公民成立或赞助的美国境外用于医学教育和研究的医院中心提供援助。

（c）（1）为执行本条的目的，授权给总统使用的财政年度资金为 1986 财政年度 3500 万美元、1987 财政年度为 3500 万美元。

（2）根据（1）项拨款的款额可保留至支出完毕为止。

（d）尽管有第（b）款的规定，根据本条拨付的资金仍可用于协助国际儿童医疗救助中心建立的儿科整形外科中心，但不会为该机构位于美国领土的任何此类中心的国内业务提供援助。

第 215 条　小农户贷款

＊　＊　＊（已于 1978 年废除）

第 216 条　志愿机构

＊　＊　＊（已于 1978 年废除）

第 217 条　二手设备

＊　＊　＊（已于 1978 年废除）

第 218 条　鱼和其他浓缩蛋白

＊　＊　＊（已于 1978 年废除）

第 219 条　原型脱盐厂

（a）为促进本条的目的，并为改善现有大型脱盐厂的设计、建造和运营，先进的概念将对包括美国在内的所有国家的低成本脱盐作出重大贡献。如果总统认为可行，便有权参与大规模水处理的开发，并且作为两用发电和脱盐项目的组成部分，将在以色列建造原型脱盐厂和必要的附属设施。此类参与应包括总统认为适当的财政、技术和其他援助，以用于研究、设计、建造，并在不超过 5 年的有限示范期内提供两用项目的水处理和脱盐设施运行和维护。

（b）根据本条第（a）款订立的任何协议均应包括总统认为适当的条款和条件，以确保除其他事项外，所有信息、产品、用途、过程、专利和其他发展在开发此原型脱盐厂时获得或利用的产品，无须美国付出任何额外费用，即可在全球范围内使用和受益于美国，并确保美国的官员和员工拥有为了观察其运行并改善海水淡化领域的科学和技术而永久性地复查数据并使用该工厂的权利。

（c）总统在执行本条规定时，可以与公共或私人机构以及任何人签订合同，而无须顾及经修订的《美国法典》第3648条和第3709条（《美国法典》第31编第529条和第41编第5条）。

（d）本条中的任何内容均不得解释为意图剥夺任何专利的所有者或该所有者根据该专利可能享有的任何权利。

（e）总统在执行本条规定时，可以利用联邦机构的任何人员、服务和设施。

（f）美国根据本条进行原型脱盐厂的研究、设计、建造和运营的费用（行政费用除外）不超过示范用水设施总资本成本的50%，以及运营和维护成本的50%，或2000万美元，以较少者为准。在执行本条规定的前提下，可以拨款进行本条的规定，包括其行政费用。此类款项被授权保留至支出完毕为止。

（g）不得使用根据1969年7月11日法案（83Stat 45，公共法91－43）或先前的授权法案授权的向盐水供水办公室拨款的资金。

第220条　和平交流计划

＊　＊　＊（已于1978年废除）

第220A条　苏黎世运河

＊　＊　＊（已于1978年废除）

第3节　房屋和其他信贷担保项目

第221条　住房保障

国会认识到住房，包括基本的城市发展服务是人类最基本的需求之一。

发展中国家大多数人的庇护所主要由当地劳工组装的家庭材料组成。联合国大会认识到为这种住房提供的大部分资金必须来自国内资源，但联合国大会发现涉及美国资本和专业知识的计划可以通过向当地企业家示范提供廉价住房的机构在财务上获利，以此来增加为改善低收入者住房和相关服务提供国内资金的机会。因此，联合国大会重申，美国应继续协助发展中国家调集低成本住房的资源，应特别注意那些支持低成本住房试点项目或最大程度示范的方案对地方机构和国家政策的影响。国会宣布，所有此类计划的长期目标应是发展国内建设的 能力，并刺激地方信贷机构提供有效的低成本住房计划和政策所需的国内资本以及其他管理和技术资源。

第 222 条　授权

(a) 为了执行第 221 条的政策，总统被授权向符合条件的投资者（定义见第 238 (c) 条）提供担保，以弥补与为满足特定条件的项目所提供的贷款在第 221 条中有关的损失。在任何时候，一次未偿还的担保的本金总额不得超过 25.58 亿美元。本部分的权限将持续到 1992 年 9 月 30 日。总统可能会不时发布有关此类保证的条款和条件以及贷方资格的规定。

(b) 根据本条进行的活动应强调

(1) 为贫困家庭提供改善的住所的项目以及在其上建造住房和相关服务；

(2) 由服务地点的可扩展核心避难所组成的项目；

(3) 旨在保护和改善现有住房的贫民窟改造项目；

(4) 为示范或机构建设目的的低收入者住房项目；

(5) 社区设施和服务，以支持根据本条授权的项目改善穷人居住的住房。

(c) 在本条中针对需要使用条约能源的项目发布担保时，在经济和技术上可行的情况下，总统应考虑使用太阳能技术。可以使用的技术包括太阳能热水系统、太阳能供热和制冷、被动式太阳能供热、生物质转化、光伏和风能应用以及社区规模的太阳能热应用。

(d) 根据本条为 1986 财政年度和 1987 财政年度发行的保证本金总额应与为 1984 财政年度发行的这种保证本金总额相比较，但要遵守本条第 (a) 款和拨款法案中包含的本条保证的范围中对担保发行的美元限制。

第 222A 条　农业和生产信贷及自助社区发展计划

(a) 联合国大会认为，为了促进私营部门参与欠发达国家的经济发展，应利用本条授予的权利建立试点计划，以鼓励私人银行、信贷机构、类似的私人贷款组织、合作社和私人非营利发展组织，以合理的条件向居住在社区中有组织的团体和个人提供贷款，以使这些团体和个人能够从事他们无法以合理的条件获得经济援助的农业信用和自助社区发展项目。社区发展项目的农业信贷和援助应包括但不限于物料和项目，如井、泵、农机具、改良种子、肥料、农药、职业培训、食品工业发展、营养项目等，以及改善牲畜的繁殖种群、卫生设施、织布机和其他手工艺品的发展项目。

(b) 为执行第 (a) 款的目的，主要负责管理第一部分的机构被授权按照其应确定的条款和条件向私人贷款机构、合作社和私人非营利发展组织承保保证损失的担保。不超过任何贷款人向居住在社区里有组织的团体或个人提供的此类贷款 50% 的投资组合的，以使此类团体或个人能够执行他们无法获得的农业信贷和自助社区发展项目合理条款的经济援助。在任何情况下，美国的债务均不得超过任何一笔贷款的 75%。

（c）根据本条未付的保证金总额任何时候都不得超过 2000 万美元。对于任何一个机构、合作社或组织，都应提供不超过该保证金 10% 的款项。

（d）根据制定本标准的条件，应征询美洲基金会的意见以使贷款有资格在拉丁美洲获得担保覆盖。

（e）根据第 223（b）条建立的保证金储备中用以偿还根据本条发布的保证或先前根据本法第 240 条发布的任何保证下负债所需的付款不得超过 300 万美元。

（f）海外私人投资公司根据第 236 条持有的资金可用于支付执行本条规定的必要行政和运营费用，直至 1976 年 6 月 30 日。

（g）海外私人投资公司在本款指定后，将本法第 240 条规定的前项计划产生的或与之相关的所有义务、资产以及相关权利和责任转移给主要负责管理第一部分的机构。

（h）本条的授权有效期至 1988 年 9 月 30 日。

（i）尽管本条第（c）款有所限制，但美国拥有的并由财政部长确定为超出美国需求的外币仍可用于执行该目的，此部分内容包括本条规定的债务清偿。本条授予的权限应是任何其他法律规定授予的使用超额本币实施担保计划权限的补充。

第 223 条　总则

（a）根据第 222 条或第 222A 条承保的每份保证书均应收取由总统决定的一定费用，如果减少此类保证的费用，则可以类似地减少根据现有合同为同一类型保证支付的费用。

（b）根据 1969 年《对外援助法》废除的在先投资保证条款所累积的费用共计 5000 万美元，以及与根据第 222 条或在先前的住房保证当局下发布的保证有关的所有收取的费用，可以用来支付必要的行政和运营费用，以执行第 222 条的规定，并管理迄今为止根据本条和 1969 年《对外援助法》所废除的先前住房保证规定（包括但不限于人员、用品和印刷），但须遵守年度拨款法案中可能施加的限制；用于支付根据第 222 条或以前根据本条进行的担保所获得的货币或其他资产或先前根据 1969 年《外国援助法》废除的拉丁美洲及其他住房担保当局的管理和托管费用；支付根据此类保证进行调查和调整的费用（包括仲裁费用）；应保证可用于担保项下的债务清偿支出，直到所有此类财产都已被清算并且所有此类债务都已清偿或到期为止，或者直到所有此类费用已按照本款的规定支出为止。与根据第 222A 条承保的担保有关的收费同样应可用于支付与该条授权计划有关的类似费用、成本或负债。本条中提及的所有前述费用、与此相关的收益以及根据该条进行的担保业务产生的其他收入，均应存放在美国财政部持有的循环基金账户中。该账户中的所有资金都可能投资于美国的援助项目中。从此类投资获得的任何利息或其他收入应记入该账户，并可以用于本条所述的目的。

（c）根据本条或第222条承保的担保或根据先前拉丁美洲或1969年《对外援助法》废除的当局的债务清偿付款的其他住房担保，应当首先从第（b）款提及的费用中扣除（不包括为履行担保责任以外的目的所需的费用）。此后，应从与为保证债务清偿债务而支付的货币或其他资产的出售中获得的资金中扣除，并最终根据第（e）款扣除资金。

（d）根据本法第222条或第222A条或之前根据本法第240条或以前根据本条或根据1969年《对外援助法》废除的先前的拉丁美洲或其他房屋担保机构承保的所有担保，均构成义务，根据美国的此类保证条款，以及美国的信仰和信誉，以全额支付和履行此类义务。

（e）（1）现授权将为执行本职称目的不时所需的款项拨给行长，直至支出用尽。

（2）（A）为了履行根据第（d）款所述的贷款担保支付债权的义务，主要负责管理第一部分的机构管理人可以在储备不足的情况下，不时向财政部借款，但

（i）署长只能根据拨款法事先规定的程度或数额行使本款所述的借款权；

（ii）在任何时候根据本款所借的款项都未超过1亿美元。

（B）任何此类借贷均应按财政部长确定的利率计息，并应考虑到可比较到期的美国未清偿可偿还债务的当前平均市场收益率。财政部长应根据本款提供贷款，为此目的，可以按照《美国法典》第31章第Ⅰ节第31条的规定借用美国的信贷。

（f）对于根据第222条担保的任何贷款投资，主要负责执行第1章的机构应规定合格投资者可允许的最高利率，该最高利率不得超过当时由住房和城市发展部保险的住房抵押贷款适用的当前利率的1%。该款下的最高允许利率应由机构自投资项目正式获得批准之日起规定，并且在执行合同之前，机构可以酌情修改该利率，具体取决于第（f）款的规定。

（g）迄今为止，根据本标题承担的、未通过的住房保证，或根据1969年《外国援助法》废除的先前的住房保证所规定的，应继续受最初适用于该法律的法律规定以及此后收取的有关保证的费用的限制，应可用于第（b）款规定的目的。

（h）不得根据本标题承保的任何保证金来赔偿由寻求付款的一方负责的欺诈或不实陈述造成的任何损失。

（i） * * *（已于1978年废除）。

（j）担保应仅根据第222条发布，该住房项目必须与根据本章第1条提供的任何开发援助相协调并互补。专门用于证明特定种类的住房或财务或其他机构安排的可行性和适用性。此标题下此后发行的住房担保总面值中，对于收入低于国家中等收入（低于城市居民的中等收入）的家庭，将发行不少于90%的住房担保面值。

第224条　中美洲贸易信贷保险计划

（a）为了使美国进出口银行（以下简称“银行”）能够根据第1945年《美国进出口银行法》第2（b）（1）（B）条的规定确定存在合理的还款保证，主要负责管理本法第1章的代理机构（以下简称“代理机构”）被授权向世界银行提供担保，以承担由此产生的负债，代表世界银行根据1945年《美国进出口银行法》提供的担保或保险提供法律服务，以担保涉及中美洲国家私营部门使用的商品和服务出口的交易。

（b）（1）原子能机构根据第（a）款的授权提供的担保应是银行提供的短期担保和保险，此类担保或保险涵盖的货物和服务在抵达进口港之日起不超过1年的期限内应偿还。银行根据第（a）款提供的由银行提供的担保或保险，应由银行按照代理机构和银行同意的标准和程序提供。该协议还应规定原子能机构设立储备金，并按原子能机构认为必要的储备金拨付储备金，以解除由原子能机构根据第（a）款提供的担保的债务。

（2）该机构的管理人应将该协议的副本转交众议院议长、外交关系委员会和参议院银行、住房与城市事务委员会。

（c）1991年9月30日之后，机构不得根据第（a）款作出保证担保。

（d）在授权拨给本法第二编第4章的资金中，授权机构提供其认为必要的款项，以清偿根据第（a）款订立的担保的责任。

（e）根据第（a）款作出的担保承诺仅在拨款法案规定的范围内和以授权方式授权，但第（a）款中未履行的承诺总额不得超过3亿美元。1986财政年度、1987财政年度的贷款本金或有负债不得超过4亿美元。

（f）对于因根据第（a）款担保的债务而引起的索赔，在支付根据第（d）款提供的任何资金的情况下，在该付款日期之后收到的关于该索赔的款项，应记入第（b）款所指的储备金中，并与该储备金合并，并且可以用于机构向第（a）款中的银行支付担保金。

（g）自本条制定之日起6个月，其后每6个月开始，主要负责实施本法第一编的机构负责人和美国进出口银行行长应准备并转交参议院议长和参议院外交关系委员会主席有关前6个月的信贷额和信贷额度的报告。

（h）美国进出口银行应向世界银行提供适当的行政和技术援助，而世界银行认为是适当的，以协助该局执行本条。

第 225 条　波兰贸易信用保险计划

（a）一般授权。

（1）向进出口退税银行保证。行长被授权向银行提供第（2）项所述负债的担保，以满足 1945 年《美国进出口银行法》（《美国法典》第 635（b）（1）（B）条）第 2（1）条的要求来证明银行有合理的还款保证。

（2）可以保证的负债。根据第（1）项可以保证的负债是银行根据 1945 年《美国进出口银行法》提供的涉及用于波兰私营部门使用的商品和服务出口的交易中与担保或保险有关的负债。

（b）仅适用于短期担保和保险的担保。根据第（a）款提供的担保，该担保或保险涵盖的货物和服务在抵达进口港之日起不超过 1 年的期限内应偿还。

（c）标准和程序协议。由银行提供并根据第（a）款提供担保的保证金或保险，应由银行根据管理人和银行同意的标准和程序提供。

（d）储备金。第（c）款所指的协议还应规定由管理机构设立储备金，并以署长认为必要的方式将这些资金用于储备金，以清偿根据第（a）款提供的担保的负债。

（e）责任承担。

（1）可以使用的资金——为执行该法令第二编第 4 章而提供的资金数额（与经济支持基金有关）根据总统认为必要的情况，可以根据第（a）款订立的担保来解除债务。

（2）后续付款的抵销——在根据本款提供的任何资金的范围内因根据第（a）款担保的负债而引起的索赔而被赔付，就该索赔而言，在该付款日期之后收到的款额应记入根据第（d）款设立的储备金中，应与该储备中的资金合并，并应由管理者支付给银行，以用于根据第（a）款提供的担保。

（f）要求采取的行动——根据第（a）款对担保的承诺仅在拨款法案中预先规定的程度和金额内得到授权。

（g）逾期承担额的限制——在任何一个财政年度中，第（a）款下的未偿付承担总额都不得超过 2 亿美元的贷款本金或有负债。

（h）年度大会报告。每 6 个月，银行的行长和负责人都应准备并转交众议院议长和外交关系委员会主席一份关于在前 6 个月本行根据本条提供的担保和保险的金额和延期的报告。

（i）行政和技术援助。银行应在不偿还的情况下，向管理机构提供世界银行和署长认为适当的行政和技术援助，以协助管理机构执行本条。

（j）费用和溢价。

银行有权就管理机构根据第（a）款保证的担保或保险收取与银行的行政费用和该机构的担保所涵盖的与风险范围相称的费用和保费。银行收到的超出其管理此类担保或保险的估计费用的任何金额应

（1）记入根据第（d）款设立的储备金中；

（2）与这些资金合并；

（3）由咨询机构向银行支付第（a）款的担保。

（k）不适用限制。关于为执行本条而提供的资金，禁止使用外国援助资金为波兰提供援助的规定。

（l）权限的表示。1992 年 9 月 30 日之后，总统不得根据第（a）款作出任何担保承诺。

（m）定义。就本条而言

（1）管理机构是指美国国际开发署；

（2）管理员是指美国国际开发署的管理员；

（3）银行是指美国进出口银行。

第 226 条　以色列计划的贷款担保

（a）总则——1992 年 10 月 1 日起至 1997 年 9 月 30 日止，在不违反本条条款和条件的前提下，总统有权对与以色列的贷款有关的损失提供担保。这是以色列为从苏联、埃塞俄比亚和其他国家的共和国重新安置和吸收移民而作出的非凡人道主义努力的结果。如果在此期间内承保的款项少于根据本条第（b）款授权承保的全部金额，总统则应在 9 月 30 日终了的财政年度中拥有在本条的条款和条件下承保此类担保余额的权力。

（b）财政年度水平。总统被授权承保保证书，以促进本条的目的。除第（d）款另有规定外，总统可根据本条承保的担保本金总额最高为 100 亿美元，可按以下方式承保

（1）在 1993 财政年度，最多可在 1992 年 10 月 1 日或之后发行 20 亿美元；

（2）根据第（d）款，在 1994 ~ 1997 财政年度中，每个财政年度最多可在 10 月 1 日或之后发行 20 亿美元。

（3）如果在本财政年度内向以色列发行少于本款（1）项和（2）项授权在一个财政年度中提供的担保的全部金额，那么担保应延至 1998 年 9 月 30 日或之前结束的任何后续财政年度。

（4）（A）自 1993 财政年度起，在总统根据第（a）款授权总统担保贷款期间，不得迟于每年的 9 月 1 日，总统应将其自该年 10 月 1 日开始的财政年

度行使该权力的意图书面通知适当的国会委员会，并包括一份总统提议的该财政年度的发行总担保本金的声明（如有）。

（B）就本款而言，适当的国会委员会是指众议院拨款委员会和参议院外交关系委员会以及拨款委员会和外交事务委员会。

（c）保证金的使用。保证金只能根据本条发行，以支持在 1967 年 6 月 5 日之前受以色列政府管理的地理区域内的活动。

（d）保证金限制。第（b）款规定的总统获授权承保但已获批准但未承保的担保的数额应减少，其数额应等于以色列政府在上一年为活动所提供的或估计已提供的数额，这些数额是总统认为与本条的目标或美国政府与以色列政府之间就贷款计划的执行所达成的谅解不一致。总统应在计划未决期间的每个财政年度的 9 月 30 日之前向国会提交报告，具体说明根据本款计算得出的金额，该金额将从授权在下一个财政年度发放的担保金额中扣除。

（e）费用。

（1）每年根据本条向贷款担保计划收取的费用应为每年的总发起费用，该费用等于该年根据本条发布的担保的估计补贴成本，该费用由《1990 年联邦信贷改革法案》管理和预算办公室计算得出，这还应包括美国国际开发署在本条下为该计划提供服务的行政费用。所有这些费用都应由以色列政府支付给美国政府。根据 1961 年《对外援助法》第二部分第 4 章为以色列提供的资金，以色列政府可以动用该资金向美国政府支付这些费用。根据此授权的 1993 财政年度及以后 4 个财政年度的贷款担保，无须进一步分配补贴成本。

（2）由于每笔贷款或增量的每笔担保均应按比例向美国政府支付启动费。

（f）暂停授权。除非各款另有规定，在本条第（m）款中，总统应确定承保担保的条款和条件。如果总统确定违反这些条款和条件，则总统可以暂停或终止尚未根据本条发行的全部或部分额外贷款担保的提供。一旦决定中止或终止提供贷款担保，总统应向众议院议长和参议院临时议长表示其这样做的决心，包括中止或终止总统选举的依据。

（g）暂停或终止的程序。根据第（f）款进行的任何暂停或终止，均应遵循以下程序。

（1）决定中止或终止提供贷款担保后，总统应将其决定提交众议院议长和参议院临时议长，包括中止或终止的依据。

（2）如果国会在提出申请后的 30 天内通过联合决议授权提供援助，则这种中止或终止将不再有效，即使有抚恤金。

（3）参议院应根据 1976 年《国际安全援助和武器出口管制法》第 601（b）条的规定，审议任何此类联合决议。

（4）为加快根据本款审议和制定联合决议的目的，在适当的委员会报告后提议进行任何此类联合决议的动议应在众议院中视为高度特权。

（5）如果总统根据第（f）款中止提供额外的贷款担保，且国会未根据本款制定联合决议，则只有在以下情况下，才能恢复根据本条规定的计划提供的额外贷款担保。总统确定并因此向国会报告，中止的原因已经解决，或者恢复原状符合国家利益。

（h）经济背景。在私营部门内，从苏联和埃塞俄比亚共和国有效吸收移民进入以色列需要大量投资和经济结构调整，以提高市场效率，从而为生产性就业和可持续增长作出贡献。大会认识到以色列政府正在制定旨在实现这些目标的经济战略，以色列政府打算在审慎的宏观经济政策和结构改革的基础上采取一项全面的多年期经济战略。国会还认识到，这些政策旨在减少政府直接参与经济体系并促进私营企业，这是经济稳定和可持续增长的重要前提。

（i）协商。根据国会的看法，按照两国政府的商定，并为了促进第（h）款中规定的政策，以色列和美国应继续参与有关经济和金融的磋商措施，以色列在该方案未决期间应进行包括结构和其他方面的改革，以使其经济能够吸收和安置移民，并适应根据本条担保的贷款所造成的债务负担的增加。国会认为，这些有关经济措施的磋商应处理预算政策、私有化、贸易自由化、金融和资本市场、劳动力市场、竞争政策和放松管制领域的进展和计划。

（j）商品和服务。在本条授权的贷款计划未决期间，预计在根据本条（h）款和第（i）款进行经济改革的背景下，以色列吸收移民和以色列政府放宽与美国的贸易政策而导致美国人口增加，为在以色列国境内使用或与以色列有关而购买的美国投资商品和服务的数量将大大增加。

（k）报告。总统应在每个财政年度的12月31日之前向国会报告本条的执行情况，直至1999年12月31日。

（l）《对外援助法》当局的适用性。《对外援助法》第223条适用于根据第（a）款发布的担保，其适用方式与该款适用于根据第222条发布的担保相同，但第223条第（a）、（e）（1）、（g）、（l）、（j）款不适用于此类担保。如果第223条与《1990年联邦信贷改革法案》相抵触，则应以该法为准，不论第221条、第222条和第238（c）条如何，贷款均应根据本条进行担保。如果借款人选择不从贷款本金中为此类成本或费用提供资金，尽管有第223（f）条的规定，根据本条担保的贷款的利率可能包括合理的费用，可以弥补借款人与本计划或本条规定的融资有关的成本和费用。根据本协议承保的担保应是无条件的，并且可以完全自由转让。

（m）条款和条件

（1）根据本条承保的每笔贷款担保都应保证该贷款的本金和应付利息的 100%。

（2）根据本条担保的任何贷款或增量的标准期限为 30 年，仅在头 10 年中每半年支付一次利息，在过去 20 年中，按级别付款方式每半年支付一次本金和利息，除非单笔交易中担保的贷款或任何增量中的任何增量可能包括具有不同期限、利率和付款条件的债务（如果单笔交易中所有债务的预定偿还本金总额等于单笔贷款或增量中的债务本金）具有该句中描述的标准术语相同数量的词。担保人无权按照已承保的贷款的原始付款条件，加快担保贷款的增加，或无权就已承保的担保支付任何款项。为了确定根据本条保证的任何贷款或增量的最大本金，每笔此类贷款或增量的本金：

（A）对于以折扣为基础发行的任何贷款，都应为原始发行价格（不包括任何交易费用）；

（B）就以计息方式发行的任何贷款而言，应为其规定的本金。

第 4 节　海外私人投资公司

第 231 条　创建、目的和政策

为了动员和促进美国私人资本和技术参与欠发达国家和地区以及从非市场经济向市场经济过渡的国家的经济和社会发展，从而补充美国的发展援助目标，美国成立了海外私人投资公司（以下简称“公司”），该公司应是在国务卿的政策指导下的美国机构。公司在确定是否为项目提供保险、融资或再保险时，尤其应

（1）以该项目对经济和社会发展的影响和利益以及该项目与美国或其他援助者的发展援助计划或项目的互补或兼容方式为指导；

（2）对 1986 年人均收入在 984 美元或以下的欠发达国家的投资项目给予优先考虑，并限制其活动在 1986 年人均收入达到 4269 美元或更高的欠发达国家中的投资项目活动（《加勒比海盆地经济复苏法》第 212 条、《美国法典》第 19 编第 2702 条指定为受益国的国家，爱尔兰和北爱尔兰除外）；

（3）确保该项目与第 117 条（由 1986 年《特殊外国援助法》重新指定），发展中国家的热带森林和濒危物种的资源与第 118 条和本法第 119 条有关环境和自然的规定相一致，并符合根据该法案第 118 条和第 119 条发布的法规的意图。

公司在履行其宗旨时，应采用广泛的标准。

（a）以自给自足的方式进行融资、保险和再保险业务，并在其融资业务

中考虑项目的经济和财务状况。

（b）利用私人信贷和投资机构以及公司的担保权作为动员资本投资资金的主要手段。

（c）在有条件的情况下，通过将其直接投资出售给私人投资者来扩大私人参与和周转资金。

（d）在充分考虑风险管理原则的前提下开展保险业务，其中包括分担保险风险的工作和再保险的风险。

（e）尽最大可能与其宗旨相符

（1）在其投资保险、再保险和担保活动中优先考虑由美国小企业发起或参与的投资项目；

（2）将由美国小企业发起或重大参与的项目所占比例至少提高到公司保险、再保险或担保的30%。

（f）愿意并有能力维持条件以使私营企业能够为开发过程作出充分贡献。

（g）促进私人创新和竞争，并阻止垄断做法。

（h）以符合其目标的方式，在最大程度上进一步发展美国的国际收支和就业目标。

（i）根据主要负责执行第一章以及美国政府的国际贸易、投资和金融政策机构的活动开展，并寻求支持为美国带来积极贸易利益的发展项目。

（j）在其职权范围内，为美国和其他组织的机构以及公共和私营机构、国家和国际机构提供咨询和协助，以应对与欠发达国家和地区私营企业发展有关的项目和计划。

（k）（1）如果公司确定这种投资很可能导致该投资者（或该投资者参与的投资项目的发起人）大大减少其在美国的雇员人数，因为该投资者正在替代其在美国的生产，即此类投资所涉及的产品与美国生产的产品基本相同，且市场基本相同，此时应拒绝承保该投资者的任何保险合同、再保险合同或担保书，或拒绝订立为合格投资者的拟议投资提供资金的任何协议；（2）考察公司在作出（1）项所要求的决定时与投资者陈述是否相符。

（l）如果公司确定此类投资可能会导致美国员工人数大幅度减少，则拒绝承保任何保险、再保险合同或担保，或拒绝签订任何协议为合格投资者的拟议投资提供资金。

（m）拒绝为任何需要遵守绩效要求的投资提供保险、再保险或融资，这些绩效要求将大大减少该投资可能为美国带来的积极贸易利益。

（n）拒绝对与此类项目有关的任何投资进行保险、再保险、担保或融资，该项目确定会造成不合理或重大的环境、健康或安全危害，或会导致国家公园或类似保护区的严重退化。

第231A条　附加要求

（a）劳动者权利。

（1）对海外私人投资公司活动的限制——只有在将要进行项目的国家/地区采取措施实施和实施扩展国际公认工人权利的法律时，公司才能为该项目提供保险、再保险、担保或资助，该法律定义见第1974年《贸易法》第507（4）条，适用于该国（包括该国任何指定区域）的工人。公司在与符合资格投资者签订以本条提供财务支持的所有合同中，还应包括以下语言，实质内容应采用以下形式："投资者同意不采取行动阻止外国企业的雇员依法行使其结社权以及集体组织和议价的权利。投资者还同意遵守有关儿童就业最低年龄、最低工资、工作时间和职业健康与安全方面可接受的工作条件的适用法律，并且不使用强迫劳动。根据本款，投资者无须为外国政府的行为负责。"

（2）关于工人权利年度报告的使用——公司在根据（1）项作出决定时，应使用根据1974年《贸易法》第504条提交给国会的报告。（1）项规定的限制在第一次向国会提交此类报告之前不适用。

（3）如果总统认为公司的活动符合美国经济利益，则（1）项不得禁止公司为某国提供任何保险、再保险、担保或融资。任何此类决定均应以书面形式向国会报告，并确定决定的理由。

（4）在根据本条针对中国作出裁决时，公司应依1974年《贸易法》第507条第4款（A）~（E）项的规定对理由做出充分、全面的讨论。

（b）对环境的影响。不得投票赞成公司提议采取的任何可能对环境造成重大不利影响的行动，这些影响是敏感的、多样的或前所未有的，除非在投票日期之前至少60天

（1）项目申请人已经完成环境影响评估或初步环境审核，以分析拟议行动和拟议行动的替代方案对环境的影响并提供给董事会；

（2）此类评估或审计已向美国公众、东道国受当地影响的群体以及东道国非政府组织提供。

（c）公开听证会。

（1）董事会每年应至少举行一次公开听证会，以使任何人都有机会就公司是否按照本条开展活动或在某个特定国家/地区的任何投资是否应该已经或应该以该条进行扩展的保险、再保险、担保或融资的观点发表意见。

（2）公司应在其董事会每次会议期间都举行一次公开听证会，以使任何人都有机会就公司的活动发表意见。这些意见应成为记录的一部分。

第 232 条　公司的资本

总统被授权使用根据 1954 年《共同担保法》的拨款程序从贷款中获得的美元收入来作为公司的资本。经修订，1970 财政年度不超过 2000 万美元，1971 财政年度不超过 2000 万美元。总统支付资本金后，公司应向财政部长认购等量的资本金。

第 233 条　公司的组织结构与管理

（a）公司的结构。公司应设有董事会、总裁、常务副总裁以及董事会确定的其他高级职员。

（b）董事会。公司的所有权力都应归属于其董事会，并由其行使，董事会应由 15 名董事（包括董事长）组成，其中 8 名董事组成商业交易要求的法定人数，8 名理事由美国总统在参议院的建议和同意下任命，不得为美国政府的官员或雇员。根据前述任命的 8 名董事中，至少有 2 名需具有小型企业从业经验，1 名从事有组织的劳动，1 名从事合作社。每位董事的任期都不得超过 3 年。董事的任期至任命继任人和合格继任人时为止。

其他董事应为由美国总统指定并为之服务的官员，包括公司总裁、美国国际开发署署长、美国贸易代表和劳工部官员。美国贸易代表可以指定一名美国副贸易代表代替美国贸易代表在董事会任职。

应当有董事会主席和副主席，这两位主席应由美国总统从董事会董事中指定，但根据本款第二段指定的董事除外。在公司实际从事公司业务时，所有非公司董事或美国政府官员的董事都应获得相当于执行附表Ⅳ（《美国法典》第 5 编第 5315 条）的薪酬，在其不在家或通常在营业地点的情况下，可以按不定期修订政府旅行条例规定的适用费率标准，按日支付其生活费。

（c）公司总裁。公司总裁应由美国总统在参议院的建议和同意下任命，并为总统服务。在任命主席时，应考虑被任命者的私人经商经验。公司总裁应担任其首席执行官，并在遵守董事会制定的章程和政策的前提下，负责公司的运营和管理。

（d）官员和工作人员。公司的执行副总裁应由美国总统在参议院的建议和同意下任命，并且为总统服务。其他人员、律师、雇员和代理人应由公司选择和任命，并应赋予公司确定的权力和职责。在公司雇用的此类人员中，不考虑公务员法律和法规，可以任命、替补或罢免不超过 20 人；前提是，根据美国总统颁布的规章，被任命担任上述任何职位的美国政府官员和雇员在被免职时，除正当理由外，均有权获得恢复任命时担任的职位或具有同等职等和薪水的职位权利。这些职位应是法律另有授权的职位的补充，包括《美国法典》第 5 编第 5108 条授权的职位。

（e）投资咨询理事会。董事会应立即采取措施，增加该公司在撒哈拉以南非洲地区的贷款、担保和保险计划以及财务承诺，包括通过使用投资咨询委员会来协助董事会制定和实施有关撒哈拉以南非洲的政策、计划和金融工具。此外，投资咨询委员会应就公司如何促进美国在撒哈拉以南非洲地区的贸易和投资提供更多支持向董事会提出建议。投资咨询委员会应在本款颁布之日起4年终止。

第234条　投资保险和其他计划

公司特此授权执行以下操作

（a）投资保险。

（1）按照公司可能确定的条款和条件发行保险，对于公司已批准的项目，确保符合条件的投资者具有全部或部分免受以下任何或所有风险的保护。

（A）无法将已批准项目的收入或利润、作为全部或部分投资的还款或返还、作为出售或处置全部或任何部分的补偿转换为其他货币或美元。

（B）由于外国政府的行为而被征用或没收，全部或部分已批准项目的投资损失。

（C）因战争、革命、叛乱或内乱而蒙受的损失。

（D）（1）因（A）项、（B）项和（C）项所述的任何风险业务中断而造成的损失。

（2）认识到在欠发达的友好国家或地区中的重大私人投资通常是由具有跨国企业进行的，并可能与此相关地向没有其他资格的投资者发行保险，但公司在本授权下承担的责任除外，该款应与本条的目的相一致，并且假定承担的最大责任份额应不超过合格投资者对项目的按比例参与。

（3）公司向单个投资者发行不超过公司根据第235（a）（1）条、第263条允许未偿还的投资保险最大或有负债的10%。

（4）在首次因业务中断而投保保险之前，以及在随后的每个案例中，根据“内乱”或“业务中断”的定义，建议对被保险风险类别进行大幅度扩展，公司应至少在发出此类保险之前60天，向参议院外交关系委员会和众议院外交事务委员会提交有关此类保险的报告，包括对承保风险、预期损失以及建议的费率和准备金的透彻分析，对于因业务中断而造成的损失保险，则对提供保险的承保依据进行解释。有关因业务中断而造成的损失保险的任何此类报告，均应按照本法第634A条规定的适用于重新编制通知的程序进行审议。

（b）投资担保——向合格的投资者发行担保，保证这些投资者进行的贷款和其他投资，以避免因此类风险以及公司可能确定的条款和条件而造成损失。前提是，除贷款投资外的其他担保不得超过此类投资的75%。进一步规定，除由合格的信用合作社或信用合作社协会对信用合作社进行的贷款投资外，对任何项目如此保证的投资总额（不包括利息和收入）不得超过在发布任何此类保证之时由公司确定的对任何此类项目的总投资的75%，就公司发布任何此类保证的权限而言，该决定应是决定性的。进一步规定，根据第235（a）（2）条，公司不得允许拥有的投资担保的最大或有负债的15%发行给单个投资人。

（c）美元贷款应以美元偿还或外币贷款（包括但不考虑1953年《附加拨款法》第1415条的规定，由财政部长确定可能超出美国正常要求的那些外币，而预算局局长可以分配）根据公司可能决定的条款和条件转让给私有企业或私有和公有混合企业，根据本款的规定，贷款只能用于由美国小型企业或合作社赞助或有重大参与的项目。

公司最多可指定本款规定的任何贷款的25%，用于在美国开发或改变贷款项目所用的新技术或新产品或服务以及为欠发达国家的经济或社会发展作出贡献。不得根据本款提供任何贷款来资助开采石油或天然气的任何操作。在任何一个会计年度内，根据本款为采矿或其他开采矿石或其他非燃料矿产的开采活动提供资金的贷款总额都不得超过400万美元。

（d）投资鼓励——通过公司的财务参与，激励以赠款或其他方式发起和提供支持，并根据公司可能确定的条款和条件，利用可行和有效的设施来识别、评估、调查和促进私人投资者的投资机会，除非

（1）公司不得资助任何以确定石油或天然气的存在、位置、程度、质量的调查，或确定进行石油或天然气开采活动的可行性；

（2）公司在任何一个财政年度用于确定石油成天然气的存在、位置、程度、质量或确定进行非燃料矿物开采作业可行性的调查支出都不得超过20万美元。

（e）特殊活动——需要管理特殊项目和计划，包括财务和咨询支持计划，这些计划在开发人力资源、技能、技术、资本储蓄以及中间金融和投资机构及合作社方面提供私人技术、专业或管理帮助，以及包括启动针对可再生能源和其他小型企业活动的奖励、赠款和研究。经公司同意，这些项目和计划的资金可以在第632（a）条的授权下用于此目的，或从其他公共或私人来源转移。行政资金可能无法用于奖励、赠款以及可再生能源和其他小型企业活动的研究。

（f）其他保险功能。

（1）与保险公司、金融机构、任何其他个人或团体订立和执行保险或再保险合同或与风险或风险分担的协议，并在适当情况下作为代理人负责发行和

服务、理赔的调整、代位权的行使、再保险的分让和接受以及与保险业务有关的任何事项；除非这些协议和合同应与本法第231条规定的公司宗旨相一致，并且应采用公平条款。

（2）与跨国保险公司或金融机构或此类机构的团体订立联营协议或其他风险分担协议。

（3）在为分担投资保险风险而成立的任何协会或其他实体中拥有所有权权益。

（4）根据其可能确定的条款和条件，对其他保险人或其团体承担的关于第（a）（1）款所指风险的责任进行再保险，公司可以发行的根据本条承担的责任的再保险金额，任何一次总计不得超过根据第235（a）（1）条任何一次授权的未偿还的最大或有负债的金额。无论是第一损失还是其他，公司根据本款发行的所有再保险均应要求再保险方为自己的账户保留指定的责任部分。

（g）试点股权融资计划。

（1）试点计划的权限——为了研究股权融资计划的可行性和可及性，授权公司制定一项为期4年的试点计划。根据该计划，公司可以在（2）~（5）项规定的基础上，购买、投资符合本条规定的任何项目，按照确定的条款和条件购买或以其他方式获取任何公司或实体的股本或准股本证券，以下情况除外：

（A）公司对任何项目的股权投资总额，都不得超过公司进行股权投资时针对该项目的所有股权投资总额的30%，除非由于任何一方根据与公司投资有关的任何协议违约而通过执行留置权、质押或合同安排而获得的证券；

（B）公司根据本款针对任何项目的股权投资，连同公司根据第（b）款或第（c）款针对该项目作出担保的任何其他投资，不得导致所有此类投资的总额在公司作出担保时，超过公司确定的对该项目承诺的总投资的75%。就公司有权进行或担保任何此类投资而言，根据（B）项，公司具有最终决定权。

（2）全球股权授权机构仅限于撒哈拉以南非洲、加勒比海盆地和海洋运输项目。仅在本条下有资格获得融资的国家（即撒哈拉以南非洲国家或根据《加勒比海盆地经济复苏法》第212条指定为受益国的国家）的项目以及在该国的海上运输项目中进行股权投资项目可获得公司支持。

（3）其他标准——在根据本款作出投资决定时，公司应优先考虑由美国小型企业或合作社发起或参与的重大项目。公司还应考虑公司的股权投资将在多大程度上帮助获得该项目所需的融资。

（4）股权权益的处置——考虑到公司的财务利益以及促进欠发达国家发展当地资本市场的可及性，公司应努力自收购之日起10年内处置根据本款可能获得的任何股权。

（5）执行——在事先通过拨款法案的范围内，公司有权采用必要的法律手段来执行其权限。根据本条第（g）款进行投资的收入和收益可根据本条的规定用于购买股票或准股票证券，前提是此类购买不限于试点计划的4年期限。第234（g）（2）条的规定不适用于进一步的此类购买。

（6）与国会进行协商——公司每年应与众议院外交事务委员会和参议院外交关系委员会就根据本款建立的试点股权融资计划的实施进行磋商。

第234A条　加强私人政治风险保险

（a）合作计划——为了促进美国私人政治风险保险行业的发展并在与本条规定相符的范围内，鼓励合格的投资者更多地使用政治风险保险，公司应采取与该行业合作的计划，并且可以从事以下活动。

（1）利用其法定机构，鼓励建立美国主要政治风险保险公司的协会、联合组织或财团。

（2）（通过共同保险、再保险或其他方式）分担保险风险，这有利于美国私人政治风险保险行业的发展。

（3）尽管有第237（e）条的规定，在公司为一项投资提供的保险期满后，它可与美国私营政治风险保险公司签订风险分担协议，以确保任何此类投资；但在根据本款合作提供保险时，公司对每笔单独交易中所提供保险的50%以上部分都不承担责任。

（b）咨询小组。

（1）建立和成员资格。公司应成立一个小组，就本条下合作计划的制订和实施向公司提供建议。该小组应由董事会任命，最多由12名成员组成，其中包括

（A）最多7名成员来自私人政治风险保险业，其中至少有2名应代表私人政治风险保险人，1名代表私人政治风险再保险公司，1名代表保险或再保险经纪公司。

（B）除（A）项所述人员以外，最多4名成员是政治风险保险的购买者。

（2）功能。公司应召集咨询小组成员，集体或单独就私人政治风险保险业的能力能否满足美国投资者的政治风险保险需求向其提供建议，以及制订合作计划以增强此种能力。

（3）会议。咨询小组的会议不得迟于1989年9月30日召开，此后每年至少召开一次。公司可以不定时地召集咨询小组会议，以解决需要专门知识的特定问题。

（4）联邦咨询委员会法。该咨询小组不受《联邦咨询委员会法》（《美国

法典》第5编附录）的约束。

第235条　发行机构、直接投资机构和储备金

（a）发证机关

（1）保险和金融。

（A）根据第234（a）条承保的保险任何时候的未偿或有负债总额以及根据第234条第（b）款和第（c）款承保的融资总额都不得超过290亿美元。

（B）根据《1990年联邦信贷改革法案》第504（b）条规定的支出权限，公司有权从其非信贷活动中转移必要的款项以支付第234条第（b）款和第（c）款的投资担保和直接贷款计划的补贴费用。

（2）终止授权。第234条第（a）款、第（b）款和第（c）款的授权应持续到2003年9月30日。

（b）＊＊＊（已于1992年废除）

（c）美国财政部应建立一个保险和担保基金，该基金应有保险准备金和担保准备金，这些准备金应用于清偿债务。根据本条第（d）款，该项支出授权可直至所有此类债务均已清偿或到期或所有此类准备金均已支出完毕。

此类资金的资金来源为：

（1）迄今为止可用于清偿前任担保机构（包括住房担保机构）债务的资金，减去根据第223条第（b）款可用于住房担保计划的金额和可提供的金额。根据本条第（e）款向公司提供的款项。

（2）应为此目的根据本条第（f）款拨付。此类资金的分配应由董事会在与财政部长协商后确定。此后，可以根据第236条将其他金额转入此类准备金。

（d）根据第234条由类似的先前担保机构或第234A条承保的投资保险或再保险下为清偿债务而支付的任何款项，应当先从保险准备金中支付（只要该准备金仍然可用），然后再从根据本条第（f）款提供的资金中支付。根据第234条第（b）款承保的担保或类似的前任担保权下的任何用于清偿债务的付款，应首先从担保准备金中支付（只要该准备金仍然可用），然后再从根据本条第（f）款提供的资金中支付。

（e）特此授权将其转让给公司，以第236条中指定的目的为准，自1968年12月31日起在先前担保下收取的所有费用和其他收入，自转让之日起可用。

（f）公司有权使用分配的资金，以不时补充或增加保险和保证金所需的金额，履行公司或前任担保机构发行的保险、再保险或担保项下的负债，或者履行由财政部长根据本款购买的公司的义务。但是，当保险准备金中的资金少于

2500万美元时，不得拨款增加保险准备金。只有根据《1974年海外私人投资公司修正案》颁布的特定授权，或为了满足第237条第（c）款的全部诚信和信用规定，才可作出任何为了解除投资保险或再保险下的负债，美国财政部授权公司不时发行票据、债权证、债券或其他义务以供购买；任何此类债务不应超过1亿美元，且应在该债务发行之日起1年内偿还给财政部。任何此类债务均应按照美国财政部长确定的利率计息，并应考虑在本款授权的任何债务发行前1个月内，美国具有可比较到期期限的未偿还市场债务的当前平均市场收益率。财政部长应购买根据本款发行的公司的任何债券，并且在购买该证券时，他可以将《1974年海外私人投资公司修正案》颁布之日后根据《第二自由债券法》发行的任何证券的出售所得用作公共债务交易。

第236条 为了执行公司的宗旨，从公司获得的任何收入和收益都应由公司持有，并可用于实现公司的宗旨，包括但不限于

（a）支付公司的所有费用，包括投资促进费用；

（b）根据第235条的直接或间接转移或增加的保险准备金或担保储备金，根据第235条的直接投资基金以及该公司可能设立的其他基金或储备金；

（c）根据本条第（a）款和第（b）款进行支付、转让或增加后，应由公司的净收益支付的股本股息。

第237条 有关保险担保和融资计划的一般规定

（a）公司承保的保险担保和再保险应涵盖美国总统已同意在任何友好欠发达国家或地区制订保险、担保或再保险计划的与项目相关的投资。

（b）公司应确定存在适当的安排，以保护根据本条发行的任何保险、担保或再保险的公司利益，包括有关货币、信贷、资产或投资的所有权、使用和处置的安排，因此应根据此类保险、担保或再保险以及与此相关的权利、主张或诉讼缘由进行付款。

（c）1956年7月1日之前发布的所有担保以及根据1954年《共同安全法》（修订）的第202（b）条和第413（b）条发布的所有担保，迄今为止根据1961年《对外援助法》废除的先前担保机构承保的所有担保，并且根据本条发行的所有保险、再保险和担保应构成美国的此类保险、再保险或担保条款以及美国的全部信用和信用义务，特此保证美国将全额支付和履行此类义务。

（d）费用。

（1）一般而言，依据本条，提供保险、再保险、融资和其他服务需要收费，费用标准由公司确定。

如果减少保险、再保险、融资或其他服务的费用，则应根据现有合同以及可能会减少前任担保人的授权，为相同类型的保险、再保险、融资或服务以及

类似的担保支付费用。

（2）信贷交易成本。公司因《1990 年联邦信贷改革法案》规定涵盖的贷款义务或贷款担保承诺而发生的与项目有关的交易成本，包括与项目有关的差旅成本和法人代表提供的法律代理费用。公司外部的人员和应向借款人收取的其他类似费用，应从根据该法第 505 条第（b）款建立的适当财务账户中支付。

（3）非信用交易费用。根据第 234 条（除第（2）款所述的费用外），支付与项目相关的交易费用和与向特定投资者或潜在投资者提供的服务相关的其他直接费用的费用，包括融资、保险、再保险，任务、研讨会、会议和其他预投资服务，即使有其他法律规定，也应有义务将其用于收款目的。

（e）任何股权投资的保险、担保或再保险自发行之日起均不得超过 20 年。

（f）根据该条承保的保险、再保险或担保的赔偿不得超过截止投资之日，经公司批准在项目中进行的投资加上利息、收入或利润应计的投资美元价值，但公司可以规定

（1）对被保险的美元价值进行适当的调整以反映项目资产的重置成本。

（2）股权投资的保险损失索赔的赔偿金可以根据该股权投资在损失当日的账面净值计算。尽管有上述规定，公司应限制其根据第 234 条或第 234A 条承保的直接保险和再保险的金额，以使损失风险至少占被保险人及其分支机构在保险公司中总投资的 10%，该项目由被保险人及其附属机构承担，但此限制不适用于银行或其他金融机构向无关联方提供的直接保险或贷款再保险。

（3）因业务中断而造成的损失的赔偿金可以根据公司确定的基准计算，该损失反映损失额。

（g）根据本条承保的任何担保、保险或再保险均不得赔付求偿人因欺诈或虚假陈述所造成的任何损失。

（h）合格投资者在外国银行、金融公司或其他信贷机构中的贷款或股权投资的保险、担保或再保险仅适用于此类贷款或股权投资，不适用于该外国银行、金融公司或其他信贷机构进行的任何个人贷款或股权投资。

（i）由保险、再保险或依本条或先前的担保权限的担保业务引起的索偿可以解决，并可以在当事双方同意的情况下，按照公司的条款和条件对由此引发的确定性争议进行仲裁。即使有其他法律规定，根据任何此类和解协议或仲裁裁决所支付的款项应为终局。

（j）由委员会指定的一名或多名官员签署的每份担保合同都应最终推定为根据本法令要求的承保。

（k）公司在决定以该条发行保险、担保或再保险时，应考虑根据这种保

险、担保或再保险进行的美元投资对美国国际收支可能产生的不利影响。

（l）（1）在投资者们根据本条进行求偿时，如果根据美国法院已作出的最终判决，拥有该投资者多数股权和控制权的人或该投资者或控制人的任何代理人的行为均构成《反海外腐败法》所规定的侵权行为，在本款生效之日或之后，公司不得根据本条承保的任何保险或再保险支付与项目有关的任何损失；

（2）在本款颁布之日起不迟于120天，公司应采取法律规定的适当条件，根据《反海外腐败法》被定罪的任何人，如因与公司保险或以其他方式支持项目的有关罪行而被停职，不得超过5年，其有权获得此条授权的任何保险、再保险、担保、贷款或其他财务支持。

（m）（1）在最终根据该条提供与某国家/地区项目相关的任何对环境敏感的投资的保险、再保险、保证或融资之前，公司都应将以下情况通知该国相应的政府官员。

（A）公司应将适用于该项目的国际复兴开发银行和任何其他与公共卫生、安全或环境有关的国际组织采用的所有准则和其他标准，通知该国有关政府官员。

（B）如果该项目在美国进行，则在可行的最大范围内，根据美国任何有关公共健康或安全或环境的法律，该项目将受到限制。前述通知应包括（A）项和（B）项中提到的指南、标准和限制的摘要，可能包括根据第239（g）条针对投资的任何环境影响声明、评估、审查或研究。

（2）在最终为第（1）项规定的任何投资提供保险、再保险、担保或融资之前，公司应考虑其收到的对有关该项目的任何评论。

（3）1986年9月30日或之前，公司应将适用于该国家/地区的任何项目的第（1）项所述的准则、标准和法律限制通知该国家/地区的相关政府官员。

（A）公司认定为潜在危害公共健康、安全或环境的因素；

（B）公司在本款颁布之日前为此提供本条规定的保险、再保险、担保或融资。

（n）欺诈的处罚。故意作出虚假陈述或举报的人，或者故意高估任何土地、财产或抵押财产或者以任何方式影响公司在保险、再保险、担保、贷款、股权投资方面的行为或者公司根据第234条进行的其他活动或任何此类保险、再保险、担保、贷款、股权投资或活动的任何变更或扩展，通过更新、延缓诉讼或其他方式或者接受、替代担保的行为将被处以不超过100万美元的罚款或不超过30年的监禁或两者并罚。

（o）为了保留公司根据第234（a）条进行的活动而以不可兑换外币收取

的资金的价值而进行的直接贷款或投资，在确定公司是否已经或是否拥有未偿还的贷款或投资时，不得以本条或根据本条施加的债务和股权投资的任何限制为限。《1990 年联邦信贷改革法案》第 504（b）条的规定不适用于使用本款所述资金进行的直接贷款义务。

第 238 条　定义

（a）投资包括对资金、商品、服务、专利、工艺或技术的任何出资或承诺，形式为：（1）向已批准项目提供的一种或多种贷款；

（2）购买任何此类项目的所有权；

（3）参与任何此类项目的特许权使用费、收益或利润；

（4）根据租赁或其他合同提供商品或服务。

（b）没收包括但不限于外国政府与投资者就某项目签订的合同的任何废止或减损，其中废止或减损并非由投资者自身的过失或不当行为引起，并且对项目的持续运营产生了重大不利影响。

（c）合格的投资者指

（1）美国公民；

（2）根据美国法律在其任何州或地区或哥伦比亚特区成立的公司、合伙企业或其他组织，包括非营利协会，并实质上由美国公民实益拥有；

（3）一个或多个美国公民、公司、合伙企业或其他协会全资拥有的外国公司、合伙企业或其他协会。

但是，该外国公司的资格应在不考虑任何股份的情况下确定其控股总数应少于美国所有者以外的其他人持有的已发行和认购的股本总额的 5%，对于任何贷款投资，都可以在承保保险或担保时最终确定资格；在其他情况下，投资者必须在提出索赔之时以及承保保险或担保之时才有此资格。

（d）非信贷账户周转基金指根据第 236 条持有的资金以及来自非信贷活动的所有资金所持有的账户。

（e）非信贷活动指公司除第 234（b）条规定的贷款担保计划和第 234（c）条规定的直接贷款计划以外的所有活动。

（f）先前担保机构指根据 1969 年《对外援助法》、1954 年《互助安全法》第 202（b）条和第 413（b）条废除的先前的担保机构（住房担保机构除外），以及根据 1948 年《经济合作法》第 111（b）（3）条（不包括与信息媒体担保有关的授权）废除的先前的担保机构。

第 239 条　一般规定和权力

（a）公司应在哥伦比亚特区设有主要办事处，并且在民事诉讼中应视其为哥伦比亚特区居民。

（b）总裁应移交给公司可以确定由前任计划和机构产生的或与之相关的所有债务、资产以及相关权利和责任。根据第234条第（a）款、第（b）款和第（d）款的规定，在此种转移之前，负责此类先前计划的机构应继续管理此类资产和债务，以及由总统决定的、根据该条批准的计划和活动。

（c）除本条另有规定外，公司应遵守《美国法典》第31编第91章的适用规定。

（1）独立注册会计师应根据总审计长发布的公认的政府财务和合规性审计准则，至少每3年对公司财务报表进行一次财务和合规性审计。独立注册会计师应向董事会报告审计结果。公司的财务报表应按照公认的会计原则列报。这些财务报表和会计师的报告应包括在报告中，该报告应包括（在适用的范围内）《美国法典》第31编第9106条确定的信息，并且公司应将其提交国会且不迟于审计所涵盖的上一个会计年度结束后的6个半月。总会计办公室可以按照其认为必要的方式和时间，审查会计师的审计和提交国会的报告。

（2）代替第（2）项要求的财务和合规性审计，如果总会计师事务所认为有必要或应国会的要求，则应按照第（2）项规定的方式对公司的财务报表进行审计。公司应偿还总审计局根据本款进行的所有审核的全部费用。

（3）公司与根据第（2）项进行审核的公司和会计所拥有或使用的且对于本款而言都是必需的所有账簿、账目、财务记录、报告、文件、工作报表和财产，应提供给总会计局代表。

（d）为执行此条的目的，授权公司使用公司法人印章，并应在法律上予以注意；通过修改和废除规章制度，以规管其业务行为以及法律赋予或施加于其的权利和义务的执行；根据公司确定的条款和条件获取、持有或处置的任何财产和任何权益，无论是动产或不动产、个人或混合的、有形的或无形的；将源自费用和其他认为适当的收入（包括收益和利润）投入美国的义务；补偿公司的董事、高级职员、雇员和代理商因与其公司活动相关的责任和支出；要求高级职员、雇员和代理人提供保证金并为此支付保险费；尽管有其他法律规定，但在所有法律和仲裁程序中代表自己或签订合同；根据第234条第（d）款和第（e）款与美国公民订立有限期的个人服务合同，以便在美国和国外开展活动；在有或没有背书或保证的情况下购买、贴现、重新贴现、出售票据、证书和其他债务证明（公司不得发行自己的证券，但出于执行第231（c）条的目的而使用的证书或公司根据第237（i）条解决索偿所持有的债务证明除外）；制定并执行其业务合同中必要合同和协议；行使美国政府的优先权，以从破产、无力偿债或死者的遗产中实现债权；确定债务支出的性质和必要性，以及其产生和支付的方式，但须遵守专门适用于政府公司的法律规定；承担分配给公司或应由公司承担的任何义务，包括公司应享有的任何合法或平等权利；采取必要的或适当的行动以执行此法案或之后明确赋予的权利。

（e）美国国际开发署监察长：（1）可以对公司运营和活动的所有阶段进行审查、调查和检查；

（2）应当对与公司相关的所有安全活动、人员和机密材料进行管理。

关于他在本款中的职责，监察长应向委员会报告。公司将向主要负责执行第一章的机构补偿总监察长因其根据本款承担的责任而产生的所有费用。

（f）除本条的规定外，本法或其他任何法律均无其他规定应解释为禁止在南斯拉夫、波兰、匈牙利或任何其他东欧国家、中国或巴基斯坦进行运作。如果总统认为该计划在该国的实施对国家利益至关重要，则应授予该授权所需的程序。

（g）本法第117（c）条中有关环境影响声明和环境评估的要求应适用于公司为与某国家/地区的相关项目而以该名义为该项目提供担保、再保险、担保或融资的任何投资。

（h）为了执行本法第231（1）条中规定的政策，公司应为其担保、融资或再保险的每个投资项目准备和维护，应与美国国际开发署协商制定一个适合于衡量该项目对发展的预期和实际影响的发展影响档案。

（i）公司在与某个国家就承保计划进行磋商时，应与国务卿协商。协商内容包括关于该国遵守和尊重人权和基本自由的一切可用信息，以及此类计划的实施将对该国的人权和基本自由产生影响。本法第116条的规定应适用于公司为某国家/地区的项目而发行的任何保险、再保险、担保或贷款，但根据本法第116（a）条（针对有需要的人）的规定，如果国家安全利益有此要求，公司就可以为该项目提供支持的例外。

（j）公司包括其专营权、资本、储备金、盈余、预付款、无形财产和收入，应在任何时候都不受美国任何领土、属地或任何州、哥伦比亚特区或任何县、市或地方税务机关的管辖而免征所有税款。

（k）公司应公开公司根据本条提供的保险、再保险、担保、融资或以公司名义提供的保险、再保险、担保、融资或其他援助。

第240条　小型企业发展

公司应与美国的相关部门、机构和美国的私人机构或其他相关的组织机构合作，在相对不发达的友好国家或地区扩大美国小企业、合作社和其他小投资者对小型私营企业发展的参与。在为转移和增加准备金作出适当准备后，公司应分配其年度净收入的50%，以帮助和促进符合本条规定的项目的开发。尽管有第231（a）条的要求，但此类资金仍可以按照公司通过贷款、赠款或第

234 条和第 234A 条授权的程序确定的条款和条件适用。

第 240A 条

（a）提交国会的报告。在每个会计年度结束后，公司都应向国会提交其在该会计年度内运营的完整而详细的报告。该报告应包括

（1）根据第 239（h）条要求的发展影响评估，描述项目的收益以及公司的运作对经济和社会发展的影响，以及在何种程度上补充或与美国和其他援助者的发展援助计划相兼容。

（2）对以下项目的描述

（A）公司因第 239（i）条中提到的侵犯人权行为而拒绝提供任何保险、再保险、担保、融资或其他财务支持；

（B）尽管存在侵犯人权行为，但仍需提供保险、再保险、担保、融资或财务支持的决定，主要基于

（i）该项目将直接使所在国家有需要的人们受益；

（ii）国家安全利益的要求。

（b）（1）第（a）款要求的每份年度报告均应包含对上一财政年度公司最初承保的任何保险、再保险、担保或提供任何直接贷款的所有项目对美国就业影响的预测。每份此类报告应包括以下方面的预测

（A）项目在启动阶段和几年内对美国出口量的促进；

（B）因项目而生产的产品的最终目的地；

（C）在国内销售和出口方面，此类生产将对美国同类产品的生产产生影响。

（2）本款要求的预测应基于对第（1）项中描述的每个项目的分析。

（3）公司在报告本款要求的就业预测时，应针对每个项目具体说明以下内容

（A）项目在美国造成的任何工作机会损失，无论项目本身是否创造其他工作机会；

（B）项目创造的工作机会；

（C）项目所在的国家以及该项目涉及的经济部门。

不得根据本款披露专有信息。

（c）（1）＊ ＊ ＊（已于 1988 年废除）

（d）公司应将其记录保存为以下内容

（1）在准备第（c）款所要求的报告时收集的所有信息（在 1988 年《海外私人投资公司修正案》颁布之前生效），信息由公司本身或承包商收集；

（2）为准备第（b）款或第（c）款所要求的报告而准备的每个项目的分

析副本（在1988年《海外私人投资公司修正案》颁布之前生效）。

（e）第（a）款要求的每份年度报告应包括对公司根据第234A（a）条实施的计划的评估，包括以下信息，只要该信息可供公司使用

（1）依据本条公司不允许提供的，私人保险公司与公司联合提供的政治风险保险的性质和美元价值；

（2）依据本条公司允许提供的，私人保险公司与公司联合提供的政治风险保险的性质和美元价值；

（3）私人保险公司与公司在理赔管理方面合作的方式。

（f）第（b）款和第（e）款不要求提交的任何报告中包含根据《美国法典》第5编第552条不需要向公众提供的任何信息（关于信息自由）。

第240B条　禁止非竞争性授予——海外私人投资公司支持的出口保险合同

（a）认证要求。

（1）总则——除第（3）项另有规定外，就某项目要求提供保险、再保险、担保或其他融资的投资者必须向公司证明，作为该项目一部分的任何货物出口合同都将包含一个条款，要求美国保险公司获得公平和公开的竞争机会以提供此种出口损失风险保险。

（2）必须进行认证的情况——在任何可行的情况下，都应要求投资者在申请保险、再保险、担保或其他融资之前进行认证。在任何情况下，如果没有提前进行认证，则投资者都应在认证中说明包括未能提前进行认证的原因。

（3）例外——第（1）项不适用于因投资性质而实际上对所涉项目没有控制权的投资者。

（b）美国贸易代表应根据第（a）款审查公司的行为，并与美国保险公司的代表协商后，应按照1974年《贸易法》第181（b）条关于此类行动要求的报告向国会报告。

（c）定义。就本条而言

（1）“美国保险公司”包括

（A）个人、合伙企业、公司、控股公司或其他经授权的法人实体或美国授权从事保险和再保险业务的控股公司；

（B）上述任何实体的国外业务附属机构、代理、子公司、附属机构或合资企业。

（2）如果美国保险公司

（A）已收到有关提供保险机会的通知，则应被视为具有“公平、公开的竞争机会来提供保险”；

（B）在非歧视的基础上进行评估。

（3）“州”包括哥伦比亚特区以及美国的任何联邦、领土。

第 5 节　亚洲的弱势儿童

第 241 条　对亚洲某些弱势儿童的援助

此部分略去，不译。

第 6 节　发展同盟

* * *（已于 1978 年废除）

第 7 节　方案评估

* * *（已于 1978 年废除）

第 8 节　东南亚多边和区域项目

* * *（已于 1978 年废除）

第 9 节　在发展中利用民主制度

第 281 条　在发展中利用民主制度

（a）在执行本条授权的计划时，应强调鼓励民主的私人和地方政府机构，确保发展中国家人民最大程度地参与经济发展任务。

（b）为了执行本条的目的，本条和第 1 章的程序应

（1）认识到各个发展中国家和地区人民的不同需求、愿望和能力；

（2）利用这些国家和地区的知识资源，结合根据该法提供的援助，以鼓励发展满足其对经济和社会持续进步的特殊要求的本土机构；

（3）支持公民教育和技能培训，以有效参与自治所需的政府和政治进程。

（c）在根据本条和第 1 章分配研究经费时，应重点研究根据本法第 1 章获得援助的国家在发展方面所面临的政治、社会和相关障碍，尤其应强调旨在加深对发展援助可以支持受援国民主、社会和政治发展方式的研究。

（d）还应强调根据该法第 1 章对过去和当前相关计划的评估，并运用这种经验，以增强其在实现本条目标方面的有效性。

（e）为了实现本条的目的，主要负责执行本法第 1 章的机构应制订系统的在职培训计划，以使其人员熟悉该章的目标，并增强他们对政治和社会发展方面的认识。用于实现本款目标的资金，不得超过本条和第 1 章授权用于拨款援助资金的 1%。

第10节　与人口增长有关的项目

* * *（已于1978年废除）

第11节　粮食生产目标和报告

* * *（已于1978年废除）

第12节　预防饥荒和摆脱饥饿

该部分略去，不译。

第3章　国际组织和项目

第301条　总权力

（a）总统被授权在其确定符合国家利益时，以赠款的形式向国际组织及其组织管理的援助计划提供捐款。如果是国际复兴开发银行管理的印度河流域发展基金，将以美元的本金和利息支付赠款和贷款，并在符合第122（b）条、第421条规定的前提下，根据总统决定的条款和条件提供捐款，以促进本章的目的。

（b）* * *（已于1981年废除）

（c）美国不得向联合国近东巴勒斯坦难民救济和工程处捐款。除联合国救济和工程处采取一切可能的措施以确保对于目前正接受所谓的巴勒斯坦解放军或其他游击组织成员的军事训练或从事任何恐怖主义行为的难民外，不对其提供任何援助。

（d）在任何情况下，根据本法或其他法案，仅由美国出资设立的资金、由国际组织根据美国与该国际组织之间的协议条款进行管理时，都应规定美国总审计长进行必要的审核，以确保按照该协议管理该资金。总统应承诺修改在本款颁布之日前达成的任何现有协议，以符合上述要求。总审计长应同时向国会和总统报告根据本款进行的审核结果。

（e）（1）对于联合国及其附属组织，包括国际原子能机构，总统应通过美国代表在这些组织中行事，提议并积极寻求理事机构建立此类组织的外部专业小组，为此类组织的计划和活动提供独立、连续的选择性检查、审查、评估和审计计划。该提议应根据主管机构可能规定的职权范围设立此类小组，并且此类小组每次检查、审查、评估或审核的报告都应直接提交给该主管部门，以便转交给每个成员国的代表。该提议应进一步包括由美国总审计长编写的一份审计和报告标准声明，以供有关国际组织的理事机构审议，以协助制定此类审查和评价小组的职权范围。

（2）就国际复兴开发银行和亚洲开发银行而言，总统应通过在这些组织中的美国代表行事，提议并积极寻求理事机构建立此类规模合适的外部专业小组，以提供独立、连续的选择性检查、审查、评估和审核此类组织的计划和活动。该提议应规定，应根据主管部门可能规定的职权范围设立此类小组，并且此类小组在每次检查、审查、评估或审核中的报告应直接提交给该管理机构，以转交给每个成员国的代表。该提议还应包括美国总审计长编写的关于审计和报告标准的声明，供有关国际组织的理事机构审议，以协助拟定这类审查和评价小组的职权范围。

（3）＊　＊　＊（已于1981年废除）

（f）特此授权总统允许美国参加国际肥料发展中心，并授权其动用根据本章提供的资金，以其确定的条款和条件向该中心提供援助。

（g）国会认为，总统应指示美国的适当代表参加联合国，鼓励联合国专门机构将其执行技术援助方案的资金转给联合国开发计划署。

（h）总统有权在本章颁布之日起为了向国际粮食政策研究所提供援助而使用根据本章提供的任何资金（根据总统确定的条款和条件）。

第302条　授权

（a）（1）授权总统获得1986财政年度拨款2.7亿美元、1987财政年度拨款236084000美元，用于执行本章之目的的赠款，以及其他为此目的的行为。

根据这些授权，在1986财政年度和1987财政年度的每个拨款中

（A）59.65%用于联合国开发计划署；

（B）19.30%用于联合国儿童基金会；

（C）国际原子能机构应支付7.20%的款项，但只有在国务卿确认并向国会报告后，上述资金才能转向该机构；

（D）5.44%用于美国国家组织的发展援助方案；

（E）3.51%用于联合国环境规划署；

（F）0.70%用于世界气象组织；

（G）0.70%用于联合国资本发展基金；

（H）0.35%用于联合国南部非洲教育和培训方案；

（I）0.18% 用于联合国妇女十年自愿基金；

（J）0.07%用于《濒危物种国际贸易公约》；

（K）0.70%用于世界粮食计划署；

（L）0.18%用于联合国纳米比亚研究所；

（M）0.12%用于联合国南非信托基金；

（N）0.04%用于联合国酷刑受害者自愿基金；

（O）0.07%用于联合国工业发展组织；

（P）0.55%用于联合国开发计划署打击非洲贫困和饥饿的信托基金；

（Q）0.97%用于国际公约和科学组织的捐款；

（R）0.18%用于联合国人类住区中心（居住点）；

（S）0.09%用于世界遗产基金会。

（2）国会重申支持美洲人权委员会的工作。为了使该委员会更好地履行其确保在本半球内遵守和尊重人权的职能，在1976财政年度拨款中不得少于35.7万美元，在1977财政年度拨款中不得少于35.8万美元，作为对美洲国家组织的捐款，应仅用于为美洲人权委员会提供预算支持。

（3） ＊ ＊ ＊（已于1981年废除）

（b）（1）除根据本法或其他法案可用于该目的的资金外，授权印度总统为印度河盆地开发提供贷款，以执行本条的规定，自1969财政年度开始使用，金额为6122万美元。该授权可保留至资金用完为止。

（2）除可用于此目的的其他资金外，授权向总统拨款用于印度河流域开发，可用于1974财政年度的1450万美元和用于1975财政年度的1450万美元，以及用于1976财政年度开始的2700万美元，该笔款项应一直到支出为止。总统不得行使根据本法第610（a）条或第614（a）条或根据该法令的其他规定授予他的任何特殊授权，将根据本款分配的任何款项转移到任何可用资金中，并与之合并。

（c）执行本章的任何资金均不得捐赠给任何国际组织或任何外国政府或机构，其中包括支付开发或运营此类组织、政府或机构的志愿者计划的费用，除非这些计划与志愿者的选拔、培训有关。

（d）~（h） ＊ ＊ ＊（已于1978年废除）

（i）除了本条另有规定的款项外，还授权总统拨款1976财政年度100万美元和1977财政年度200万美元。上述资金仅可用于国际原子能机构，以用于加强有关的保障和检查，该授权可保留至资金用完为止。

（j）除了本条中为此目的可动用的款项外，还授权总统拨款1989财政年度的300万美元，仅可用于美国对多边和区域药物滥用管制方案的捐款。

在本款授权分配的金额中

（1）200万美元为美国对联合国药物滥用管制基金的捐款；

（2）60万美元用于美洲国家组织美洲药物滥用控制委员会（CICAD）法律发展项目，但该金额在该特定项目捐款总额中所占的比例不得超过该比例，即美国对该财政年度对美洲国家组织预算的捐款占该财政年度对美洲国家组织预算总额的捐款比例；

（3）40 万美元将用于美洲国家组织美洲药物滥用控制委员会执法培训项目，但该金额在该特定项目的捐款总额中所占的比例不得超过该比例，即美国对该财政年度对美洲国家组织预算的捐款占该财政年度对美洲国家组织预算总额的捐款比例。

（k）除了本条另有规定的款项外，还授权总统拨款 2004～2008 财政年度每个年度所需的款项，仅可用于美国对疫苗基金的捐款。

（l）除了本条另有规定的款项外，还授权总统拨款 2004～2008 财政年度每个年度所需的款项，仅可用于美国对国际艾滋病疫苗倡议的捐款。

（m）除了本条另有规定的款项外，还授权向总统拨款 2004～2008 财政年度每个年度所需的款项，以供美国对疟疾疫苗发展计划的捐款，包括适用于卫生适当技术项目（PATH）的疟疾疫苗倡议。

第 303 条　印度河流域开发

该部分略去，不译。

第 304 条　联合国维持和平

＊　＊　＊（已于 1978 年废除）

第 305 条　女性的联合

该部分略去，不译。

第 306 条、第 307 条

该部分略去，不译。

第 4 章

＊　＊　＊（已于 1972 年废除）

第 5 章　意外情况

第 451 条　意外情况

（a）（1）尽管有其他法律规定，在任何意外情况下，总统被授权动用资金来实施本法的任何规定（第 1 章的规定除外），在任何一个财政年度内不得使用超过 2500 万美元的资金。

（2）总统每次行使本款所规定的权限时，都应立即向众议院议长、外交关系委员会和参议院拨款委员会报告。

（b）＊　＊　＊（已于 1981 年废除）

（c）在此之前或之后向外国政府任何官员赠送的任何礼物，均不得使用本款规定的任何款项。

第6章　中美洲民主、和平与发展倡议

第461条　政策声明

（a）国会认为

（1）中美洲的民主建设、恢复和平、生活条件的改善以及依法实施平等司法对美国和美洲国家共同体的利益很重要；

（2）必须有效处理社会和人类进步、经济增长、政治改革和区域安全等相互关联的问题，以确保中美洲实现民主、经济和政治安全。

（b）（1）民主的实现，尊重人权、和平与公平经济的实现主要取决于中美洲人民和政府的合作以及人力和经济资源。联合国大会认识到，美国可以通过连贯的政策，包括长期的援助承诺，为此种和平与民主发展作出重大贡献。该政策应旨在积极支持

（A）民主和政治改革，包括向社会所有成员开放政治进程；

（B）充分遵守国际公认的人权，包括自由选举、新闻自由、结社自由以及消除一切侵犯人权的行为；

（C）领导力发展，包括培训和教育计划以改善公共行政和司法；

（D）土地改革、税制改革，鼓励私营企业和个人主动行动，创造有利的投资环境，遏制腐败存在的地方以及促进平衡贸易；

（E）建立法治和有效的司法制度；

（F）左派和右派都终止极端主义暴力并采取有力行动起诉犯有罪行的人。

（2）第（1）项所述的政策还应促进合理的经济增长和发展，包括控制资本外逃和有效利用外国援助，并遵守经批准的经济稳定和财政责任计划。最后，这项政策应促进以下方面的对话和谈判

（A）基于民主化、减少军备、结束颠覆以及撤离外国军事力量和顾问的目标实现和平；

（B）提供防止暴力和恐吓的安全屏障。

（3）本章的目的是建立法定框架并授权必要的拨款执行本条所述的政策。

（c）因此，国会认为，如果受援国能够证明在实现这些目标方面取得进展并作出承诺，那么美国愿意维持和扩大中美洲的经济和军事援助计划。

第462条　提供援助的条件

应授权总统按照本法和《武器出口管制法》向中美洲国家提供援助，以促进实现第461条规定的目标。总统应规定提供这种援助的条件。总统在执行本条时，应就实现第461条所述目标的进展以及为实现这些目标而提供援助所施加的任何条件与国会协商。

第463条　中美洲和平进程

国会坚决支持（1）孔塔多拉集团采取的举措以及哥斯达黎加、萨尔瓦多、危地马拉、洪都拉斯和尼加拉瓜已商定的目标文件，该文件的目的是争取和平解决该地区的冲突和动荡。

国会发现（2）美国应根据目标文件提供适当的协助和支持，以帮助达成全面和可核查的最终协议，这将确保中美洲的和平与解决持久冲突方案。

第464条　经济援助协调

（a）联合国大会认为，中美洲国家参加有效对话论坛以及对中美洲的政治、经济和社会发展进行持续审查和推进将促进美国和中美洲国家双方之间的合作。

（b）国会认为

（1）总统应与中美洲国家进行谈判，以建立中美洲发展组织（以下简称“组织”），以帮助为中美洲地区的发展提供连续而连贯的方法。

（2）本组织的建立应基于以下原则

（A）参加本组织的国家应向美国、其他捐助方以及中美洲国家开放，这些国家将致力于尊重国际公认的人权，建立民主并通过政策改革鼓励公平的经济增长。

（B）本组织应包括来自公共和私营部门的代表，包括来自劳工、农业和工商界的代表。

（C）本组织应定期开会以执行本款（D）项和（E）项所述的职能，并应由专业秘书处提供支持。

（D）本组织应在以下方面就中美洲国家提出建议

（i）政治、经济和社会发展目标，包括加强民主多元主义和维护国际公认的人类权利；

（ii）调动资源和外部援助需求；

（iii）经济政策和结构改革。

（E）本组织应具有根据本款（D）项发布的建议，监测国家绩效的能力并有能力评估实现这些国家目标的进展。

（F）在切实可行的最大范围内，美国应按照本组织的建议为任何中美洲国家提供双边经济援助。在本组织对该财政年度的建议最终定稿并传达给捐助国之前，在任何一个财政年度中，此类美国援助的支付都不得超过75%。上述对支付的限制应仅适用于在该财政年度的第四季度之前最终确定并传达给捐助国的建议。美国驻本组织代表应敦促其他捐助国同样执行本组织的建议。

（G）主要负责执行本法第1部分的机构管理人或其指定人应代表美国政

府参加该组织，并应在国务卿的持续监督和总指导下在该机构中履行职责。

（c）除第（d）款（2）项另有规定外，总统有权参加本组织。

（d）（1）在国务卿的监督和指导下，主要负责执行本法第1章的机构管理人应准备一份详细的提案以执行本条，并应使众议院外交委员会和参议院外交关系委员会充分了解该提案的进展。

（2）总统应至少在签署前60天将任何协议文本的副本送交众议院外交委员会和参议院外交关系委员会。在这60天内，应按照适用于本咨询委员会第634A条规定的通知程序，与这些委员会进行全面和正式的磋商并进行审查。

第465条　1988财政年度和1989财政年度的授权

（a）除了可用于上述目的的其他款项外，还应将拨款权授予给总统，以向中美洲国家提供非军事援助，其中12亿美元用于1988财政年度和1989财政年度中，该授权可保留至上述资金用完为止。

（b）为了提供第（a）款中所述的协助，总统可根据该款的授权，拨出资金以承担根据本法第1章、《和平队法》、1962年的《移民和难民援助法》、1948年的《美国信息和教育交流法》《互助教育法》、1961年的《文化交流法》《国家民主捐赠法》和1956年的《国务院基本权力法》的义务。

第466条　定义

在本章中，中美洲国家包括伯利兹、哥斯达黎加、萨尔瓦多、危地马拉、洪都拉斯、尼加拉瓜、巴拿马和使这些国家受益的地区计划。

第7章　债务换自然

第461条　定义

就本章而言，以债务换自然是指取消或赎回一国政府的外债，以换取：

（1）政府提供本国货币（包括通过发行债券），仅用于涉及该国环境保护的合格项目；

（2）政府的财政资源或政策承诺采取某些特定的行动，以确保该国境内自然资源的恢复、保护或可持续利用；

（3）第（1）项和第（2）项中资产和行动的结合。

第462条　商业债务交换的援助

（a）授权美国国际开发署署长以必要的条款和条件以赠款的形式向非政府组织提供援助，以便在公开市场上购买外国的贴现商业债务。符合条件的国家/地区的政府，根据与该国政府达成的协议条款，其债务将被取消或赎回，这是以债务换自然交易的一部分。

（b）尽管有其他法律规定，但第（a）款中提及的赠款的受赠人（或任何受赠人）可以保留在美国财政部获得的利息，而无须缴纳给美国财政部，也无须国会进一步拨款。在为批准的计划用途支付这些收益和利息之前，进行任何由此产生的以债务换自然的收益，其中可能包括建立捐赠基金，其收入都将用于此类目的。

第 463 条　符合条件的项目

（a）美国国际开发署署长应设法确保本章所规定的以债务换自然活动支持东道国政府、当地私人保护团体的以下一项或多项活动

（1）恢复、保护或可持续利用世界海洋和大气层；

（2）恢复、保护或可持续利用多种动植物；

（3）公园、保护区的建立、恢复、保护和维护；

（4）健全自然资源管理制度的制定与实施；

（5）制订和支持地方保护计划；

（6）培训计划，以加强保护机构并提高参与保护活动的个人和组织的科学、技术和管理能力；

（7）努力创造知识，增进了解并增强公众对保护的承诺；

（8）设计和实施合理的土地和生态系统管理方案；

（9）促进农业、林业、渔业和流域管理的再生方法。

（b）（1）美国国际开发署署长应与非政府组织合作，查明由于迫在眉睫的威胁而特别需要及时注意的那些领域，以防止丧失独特的生物生命或宝贵的生态系统。

（2）美国国际开发署署长应鼓励尽可能多的合格国家进行此种交换，以向更多政府证明可持续发展的可行性和益处。

第 464 条　合格国家

为使外国有资格参加本章所述的以债务换自然的行为，美国国际开发署署长应确定

（1）东道国致力于实现债务换自然计划或项目的长期可行性；

（2）东道国或私人保护组织已制订一项长期计划，该计划充分规定以债务换自然计划或项目的长期可行性，或者该计划将及时得到准备；

（3）东道国政府机构或地方非政府组织具有对环境问题的承诺和记录能力，以监督以债务换自然计划或项目的长期可行性。

第 465 条　条款和条件

（a）本条所规定的赠款条件应视为由美国国际开发署署长最终批准以债换自然的交换条件。非政府组织证明东道国政府已接受交换条件并且已经达成协议以商定的方式取消商业债务。

(b) 根据本条提供的赠款旨在补充而非替代根据本法或其他法律规定可向外国提供的援助。

(c) 禁止美国政府将接受外国任何土地的所有权或权益作为债务交换的条件。

第466条　撒哈拉以南非洲试点计划

(a) 美国国际开发署署长应与非政府保护组织合作，邀请撒哈拉以南非洲每个国家的政府提交一份清单，列出严重破坏国家资源、威胁人类生存和福祉的地区以及该国领土内未来经济增长或具有生物学或生态重要性的地区。

(b) 美国国际开发署署长应评估每个国家根据第（a）款提交的清单，并应寻求与东道国就恢复和将来可持续利用这些地区达成协议。

(c) (1) 授权美国国际开发署署长根据必要的条款和条件，向非政府组织提供赠款，以在公开市场上购买合格的撒哈拉以南国家的外国政府的贴现商业债务。换取该国政府承诺恢复东道国根据第（a）款确定的自然资源或作出承诺制订可持续利用此类资源计划的交换条件。

(2) 尽管有其他法律规定，但第（a）款中提到的赠款的受赠人（或任何受赠人）可以保留任何收益的利息，而无须将其存放在美国财政部，也无须国会进一步拨款。由此产生的以债务换自然的收益中可能包括建立捐赠基金，其收入将用于此类目的。

第8章　国际麻醉品管制

第481～490条

该部分略去，不译。

第9章　国际灾难援助

第491条　政策和一般权限

(a) 联合国大会认识到美国迅速提供援助以减轻自然灾害和人为灾害造成的人类苦难是美国人民的人道主义关切和传统的重要体现，确认美国愿意为受此类灾难影响的人民和国家的复兴救济提供援助。

(b) 在遵守第492条规定的前提下，尽管有本法或其他法令的规定，总统也有权向任何外国、国际组织或私人志愿组织提供援助。总统可为国际救灾和恢复确定条款和条件，包括防灾备实有关的援助以及国外自然灾害的预测和应急计划。

(c) 总统在执行本条的规定时，应确保美国提供的援助应在最大程度上惠及由于自然和人为灾难而最需要救济和恢复的人。

第 492 条　授权

（a）为执行第 491 条，总统被授权获得拨款：1986 财政年度为 2500 万美元，1987 财政年度为 2500 万美元，该授权可保留至上述资金用完为止。

（b）除了可用于执行本章的其他款项外，在任何一个财政年度，根据本编（除本章外）和一般政策，可能有多达 5000 万美元的拨款用于提供第 491 条规定的援助。

第 493 条　灾难援助协调

总统被授权任命国际灾难援助特别协调员，其职责是促进美国机构以及美国与其他捐助者之间对外国灾难的最大效力和协调。特别协调员的职责包括制订和更新提供救灾的应急计划。

第 494 条　救灾援助

除其他可用于此目的的款项外，总统还被授权拨款 6500 万美元，根据其决定的条款和条件用于巴基斯坦和尼加拉瓜救灾和紧急恢复需要，该授权可保留至上述资金用完为止。

第 494A 条　非洲国家遭受饥荒和旱灾救济

＊　＊　＊（已于 1978 年废除）

第 494B 条　非洲发展计划

＊　＊　＊（重新制定于 1977 年）

第 495 条　塞浦路斯救济和重建

总统有权按照其确定的条件和条件提供援助，以帮助塞浦路斯的难民和其他有需要的人的救济和恢复。除本可以用于此目的的其他可用金额外，授权总统可用于本条的款项为 4000 万美元，该授权可保留至上述资金用完为止。

第 495A 条　危地马拉救济和恢复

＊　＊　＊（已于 1978 年废除）

第 495B 条　意大利的救济和恢复

（a）除为此目的可提供的其他款额外，1976 年财政年度的预算拨款为 2500 万美元，以根据本章的规定提供给意大利地震的救济和恢复援助。本条中拨出的款项将获授权，该授权可保留至上述资金用完为止。

（b）根据第 491 条的规定，1978 财政年度的拨款为 3000 万美元，授权总统根据其确定的条款和条件，用于意大利地震的恢复和重建援助。该授权可保留至上述资金用完为止。

（c）为向意大利人民提供救济和恢复援助而在本款颁布之日之前针对其他拨款或账户产生的债务，可从本款授权的款项中扣除。

（d）（1）国会认识到，美国必须迅速提供援助，以减轻 20 世纪 80 年代末意大利地震造成的人类痛苦。因此，除其他原本可用于此目的的款项外，授权总统拨款，1981 财政年度的金额为 5000 万美元，用于为地震的受害者提供救济、恢复和重建援助。此类援助应根据第 491 条的政策和一般授权，并根据总统决定的条款和条件提供。

（2）该授权可保留至上述资金用完为止。

（3）为了向意大利地震的灾民提供救济、恢复和重建援助而产生的其他拨款或债务，可从发生这些债务后用于本章目的的拨款中扣除。

第 495C 条　黎巴嫩的救济和恢复

该部分略去、不译。

第 495D 条　罗马尼亚救济与恢复

该部分略去，不译。

第 495E 条　土耳其的救济、恢复和重建

要求总统动用根据该法第 492 条提供的资金中的 1000 万美元，为土耳其地震的受害者提供救济、恢复和重建援助。

第 495F 条　非洲恢复和重新安置

（a）国会认识到，美国的援助对帮助非洲发展中国家流离失所者和其他无辜的内乱受害者的长期恢复和重新安置需求是必要的。因此，总统有权按照其确定的条款和条件提供援助，以满足此类受害者长期恢复和重新安置的需求。用于此目的的资金应用于援助非洲政府提供半永久性住房。

（b）出于本条的目的，已授权总统拨款，除为此目的可动用的款项外，1981 财政年度的拨款为 1500 万美元。该授权可保留至上述资金用完为止。

（c）应根据第 491 条的政策和一般权限提供援助。

第 495G 条　加勒比特别飓风救济援助

该部分略去、不译。

第 495H 条　柬埔寨救灾援助

（a）联合国大会认识到，美国必须迅速提供援助，以减轻柬埔寨人民因饥荒和疾病引起的苦难。因此，总统有权按照其确定的条款和条件提供援助，以减轻柬埔寨饥荒和疾病受害者的痛苦。本条提供的援助应用于人道主义目的，并仅限于平民百姓，重点在于提供食物、药品和医疗服务、衣物、临时住所、应急物资和人员的运输以及类似的挽救生命的援助。

（b）根据本条或任何其他法律规定提供的援助，应通过国际机构和私人自愿组织（例如世界救济委员会、世界医疗代表团、卡马服务、世界宣明会、饥饿食品、泰国浸信会、天主教救济服务、乐施会和国际救援委员会）在最大可行的范围内，最大程度地减轻柬埔寨人民因饥荒和疾病造成的痛苦。

（c）（1）总统在根据本条提供援助时，应建立适当的程序，以确保将此类援助送达预期的饥荒和疾病的无辜受害者。此类程序应包括对在柬埔寨境内分发交付的最终用途进行监测。

（2）＊　＊　＊（已于1981年废除）

（d）（1）除可用于上述目的的其他款额外，授权为本条拨款1980财政年度3000万美元，该授权可保留至上述资金用完为止。

（2）在规定拨款执行本条之前产生的旨在减轻柬埔寨人民因饥荒和疾病造成的痛苦，其他拨款义务可从本款第（1）项授权的拨款中扣除。

（3）总统可行使本法第610（a）条的授权（不考虑该条中有关账户增加的20%的限制）将用于执行本条的资金中的3000万美元转移到1980财政年度用于执行本法令其他条款的资金之中。

（4）应优先根据1954年《农业贸易发展和援助法》分配援助，以提供用于执行本条的农产品发展。

（e）应根据并利用第491条提供的政策和一般权限提供本条中的援助。

第495I条　对中美洲流离失所者的援助

（a）（1）联合国大会认识到，美国必须迅速提供援助，以帮助满足萨尔瓦多因冲突而流离失所者的基本人类需求。因此，总统有权根据其确定的条款和条件提供援助，以帮助减轻这些流离失所者的痛苦。本条提供的援助应用于人道主义目的，重点是提供食物、药品、医疗服务和住所，并在可能的情况下实施其他救济和康复活动。联合国大会鼓励在适当情况下使用私人服务、自愿组织和国际救济机构提供援助。

（2）国会了解到，伯利兹对希望在伯利兹定居的海地公民重新定居表现出浓厚的兴趣和意愿。因此，总统有权按照其确定的条款和条件提供援助，以协助伯利兹政府在伯利兹的国家领土上安置海地公民。

（b）出于本条的目的授权总统拨款，除为此目的可动用的款项外，1982财政年度为500万美元，1983财政年度为500万美元。该授权可保留至上述资金用完为止。

（c）应根据并利用第491条规定的政策和一般权限提供本条中的援助。

第495J条　黎巴嫩紧急救济、恢复和重建援助

该部分略去，不译。

第495K条　非洲饥荒援助

该部分略去，不译。

第 10 章　非洲发展基金

第 496 条　撒哈拉以南非洲长期发展援助

(a) 国会发现

(1) 干旱和饥荒给撒哈拉以南非洲人民造成了无数死亡和难以言状的痛苦；

(2) 干旱和饥荒加上荒漠化、政府忽视农业部门和不适当的经济政策等因素，严重影响了撒哈拉以南非洲的长期发展；

(3) 克服非洲最容易遭受干旱和饥荒的最经济有效的方法是通过建立在非洲人民的需求和能力之上，促进持续和公平的经济增长，保护环境并保护个人权利的进程来满足非洲的长期发展需求。

(b) 官方授权

总统有权根据本条所载政策确定的条款和条件，为撒哈拉以南非洲的长期发展提供项目和方案援助。

(c) 援助目的

(1) 本条的援助目的是通过公平、参与、环境可持续、自力更生的经济增长，帮助撒哈拉以南非洲的绝大多数人参与长期发展进程。

(2) 使用援助来鼓励私营部门的发展。根据本条提供的援助，应符合第(1) 项，用于促进经济持续增长、鼓励私营部门发展、促进个人积极性，并帮助减少中央政府在更适合私营部门的领域发挥作用。

(d) 除与本条不一致外，发展援助一般权限和政策的适用范围

(1) 任何法律中对本法第 1 章的任何引用（包括对第 103 ~ 106 条的引用）均应视为包括对本条的引用；

(2) 应根据第 102 条包含的政策提供本条中的帮助。

(e) 私人和志愿组织

(1) 为确保与当地进行协商。美国国际开发署在本条的项目和计划援助规划过程中，应考虑到撒哈拉以南非洲包括妇女在内的农村和城市贫民的地方层面的看法。为了获得这种观点，美国国际开发署应与非洲、美国及其他私人或志愿组织密切协商，这些组织已证明或致力于促进如第（c）款中描述的代表撒哈拉以南非洲长期发展利益的基层活动方面的有效性或承诺。

(2) 私人和志愿组织的定义。在本条中，私人和自愿组织包括（除了传统上被视为私人和自愿组织的实体之外）合作社，信用社，工会，妇女团体，非营利发展研究机构和本地私人的非营利性土著组织。

(f) 项目实施中的地方参与。依据本条作为当地的重点项目，应与包括当

地妇女在内的人民紧密协商并让其参与每个项目的实施。

（g）非洲妇女的参与。美国国际开发署应确保本条规定的发展活动将非洲妇女的参与（包括决策）和融入非洲纳入本条所述的每个关键部门中。

（h）援助类型

（1）解决关键的部门优先重点的项目和计划。本条中的援助应着重于解决第（i）款中描述的长期发展的关键部门优先事项的主要项目和计划。

（2）经济政策改革

（A）计划援助的使用。本条中的援助也可以包括计划援助以促进重塑影响撒哈拉以南非洲长期发展的部门经济政策，如第（c）款所述，主要侧重于改革经济政策以支持第（i）款中描述的关键部门优先事项。

（B）弱势群体的保护。援助政策改革还应包括保护弱势群体（特别是贫困、偏远的女性农民、城市贫困人口以及包括流离失所儿童在内的儿童）和长期环境利益免受改革带来的可能负面影响的规定。

（3）民主化和冲突解决能力。本条中的援助可能还包括项目援助。

（A）加强撒哈拉以南非洲的民主化、善政和强大的公民社会的发展。

（B）加强撒哈拉以南非洲政府、政府间和非政府实体的冲突解决能力。

（4）其他援助。为执行本条而提供的资金应根据第（1）项、第（2）项和第（3）项专门用于援助。

（i）关键行业优先级。如第（c）款所述，长期发展的关键行业优先级如下

（1）农业生产和自然资源。

（A）农业生产。通过农业政策变化、农业研究（包括直接涉及小农户的参与性研究）以及农业的扩展、发展和促进，通过保护和恢复自然资源基础（尤其是粮食生产）的方式增加农业产量。农业营销活动、信贷设施和适当的生产配套以及建设和改善与生产有关的必要基础设施，例如从农场到市场的道路、小规模灌溉和农村电气化。在这一过程中，应重视小农户的作用，促进在农村收入分配中增加公平性。

（B）自然资源基础。主要通过以下方式维持和恢复可再生自然资源基础：

（i）使用适合当地环境、资源和气候条件的适当技术（包括传统农业方法）的小规模、可负担、资源节约、低风险的地方项目，其特点是与当地人民进行密切协商并参与其中的项目设计和实施阶段。应重点向非洲地方政府组织、国际或非洲非政府组织以及美国私人和志愿组织提供赠款。

（ii）支持在国家和区域层面为第（i）项所述类型的项目提供技术和其他支持，并加强非洲国家提供有效扩展和其他服务，以支持食品生产的环境可持

续增长。

(iii) 支持特殊培训和教育努力，以提高撒哈拉以南非洲各国管理其自身环境和自然资源的能力。

(iv) 支持低成本海水淡化活动以增加撒哈拉以南非洲淡水的供应。

(2) 健康。通过建立主要的预防保健体系并最终实现自我维持，改善健康状况，特别强调满足母亲和儿童（包括流离失所儿童）的健康需求。此外，尽管有任何法律规定会限制对外国的援助，但需要在撒哈拉以南非洲地区为医生和其他医疗保健提供者提供培训和培训设施。

(3) 自愿计划生育服务。增加获得自愿计划生育服务的机会，包括鼓励私人、社区和地方政府的倡议。

(4) 教育。提高教育的针对性、公平性和效率，特别强调改善初等教育。

(5) 创造收入的机会。通过支持微型和小型劳动密集型企业的非农就业机会，为城乡失业和就业不足的人提供创造收入的机会。

(j) 某些关键部门的最低援助水平。美国国际开发署的目标是每个财政年度为执行以下各条目标的拨款应达到本章授权拨款的 10%

(1) 第 (i) (1) (B) 项所述的活动，包括农业生产项目。

(2) 第 (i) (2) 项所述的活动。

(3) 第 (i) (3) 项所述的活动。

(k) 有效使用援助。根据本条提供的援助应集中在能够最有效地使用援助以实现第 (c) 款规定的目的的国家，尤其是那些（包括萨赫勒地区）对外部援助需求最大的国家。

(l) 促进区域一体化。在与本条一致的范围内，本条的援助应包括为促进非洲生产结构、市场和基础设施的区域和分区域一体化而提供的援助。

(m) 援助者协调机制。为执行本条而提供的资金可用于援助撒哈拉以南非洲国家的政府提高其在国家、地区和部门的援助者协调机制中有效参与的能力。

(n) 与其他主管部门的关系

(1) 其他机构的协助。本条授予的为撒哈拉以南非洲地区的长期发展提供援助的机构并不旨在排除其他机构的使用。有利于撒哈拉以南非洲地区的中央资助计划应继续根据本法第 1 章提供资金。

(2) 转让权

(A) 本法第 109 条所载的转让权不适用于本条。

(B) 本法第 610 (a) 条中包含的转移授权不得用于转移可用于执行本条的资金，以便允许将其用于执行本法的任何其他规定。

（3）本法第634A条不适用于为执行本条而提供的资金。

（4）货物和服务的采购。为使本条授权的援助能够尽可能有效和迅速地提供，本法第604（a）条以及与货物和服务的采购有关的类似规定不适用于为执行本条而采购的商品和服务。

（o）支持南部非洲共同体项目。

（1）提供援助的权力。在年度《外国运营、出口融资和有关计划拨款法》中为此目的提供资金的范围内，开展本章可用于援助第（2）项中指定的部门项目，这些项目由南部非洲发展协调会议（SADCC）支持，以促进组成该地区机构的成员国的经济发展。

（2）部门。根据本款可以提供援助的部门有：人力发展、农业和自然资源、能源（包括成员国中已经存在的改善的电源利用，并有可能迅速减少这些国家对南非的电力依赖）、工业发展和贸易（包括私营部门的举措/参与）。

（3）与政策和权限的关系。在可行的最大范围内，应按照政策提供本款授权的援助。

第497条　非洲发展基金拨款授权

关于资金的授权可保留至资金全部使用完毕之时。国会认为，应酌情使用本条延长这些资金的有效期限，以提高根据第496条提供的援助质量。

第11章　支持苏联解体后独立国家的经济和民主发展

该部分略去，不译。

第12章　支持南高加索和中亚国家的经济和政治独立

第499条　美国协助促进区域冲突的和解与恢复

（a）援助的目的。本条提供援助的目的包括

（1）建立交战各方之间和解的基础；

（2）促进南高加索和中亚国家受内乱和战争影响地区的经济发展；

（3）鼓励由于内部冲突而动荡的南高加索和中亚国家之间进行广泛的区域合作。

（b）援助授权

（1）总则。为执行第（a）款的目的，总统有权向南高加索和中亚国家提供人道主义援助和经济重建援助，以支持第（c）款中描述的活动。

（2）人道主义援助的定义。在本款中，人道主义援助是指为满足人道主义需求而提供的援助，包括对食物、药物、医疗用品和设备、教育和衣物的

需求。

（c）支持的活动。根据第（b）款可得到援助支持的活动包括

（1）提供冲突受难者的人道主义需求；

（2）促进难民和国内流离失所者返回家园；

（3）协助重建因战争而被破坏的住宅和经济基础设施。

第499A条　经济援助

（a）援助的目的。本条提供援助的目的是促进经济增长和发展，包括在南高加索和中亚进行区域经济合作的必要条件。

（b）协助授权。为了执行第（a）款的目的，总统被授权向南高加索和中亚国家提供援助，以支持该款所述的活动。

（c）支持的活动。除第498条所述的活动外，还可根据本款提供的援助支持活动。

第499B条　基础设施的发展

（a）计划的目的。本条中计划的目的包括

（1）发展南高加索和中亚国家之间区域合作所必需的物质基础设施；

（2）鼓励更紧密的经济关系，并促进消除这些国家与美国以及其他发达国家之间跨境贸易的障碍。

（b）计划的授权。为了执行第（a）款的目的，可以使用以下类型针对南高加索和中亚国家的计划来支持第（c）款所述的活动

（1）进出口银行根据1945年《进出口银行法》完成融资资格审查程序的活动；

（2）进出口银行提供保险、再保险、融资或其他援助；

（3）根据本法第661条提供（与贸易和发展局有关）的援助。

（c）支持的活动。依据第（b）款可能支持的活动包括积极促进美国公司和投资者参与通信、交通基础设施的规划、融资和建设，包括航空运输、公路、铁路、港口设施、航运、银行、保险、电信网络以及天然气和石油管道。

第499C条　边界管制援助

（a）援助的目的。本条提供援助的目的包括南高加索和中亚国家的援助，以确保其边界安全并采取必要的有效控制措施，以防止与大规模毁灭性武器有关的技术和材料（定义见《美国法典》第18章第2332a（c）（2）条）以及非法麻醉品的贩运和恐怖主义的扩散，以遏制和禁止跨国组织犯罪活动。

（b）援助授权。为执行第（a）款的目的，总统有权提供援助南高加索和中亚国家，以支持本款中所述的活动。

（c）支持的活动。可以通过第（b）款提供援助的活动包括协助南高加索

和中亚国家发展维持国家边境警卫、海岸警卫队和海关管制的能力。

第499D条　加强民主、宽容和公民社会的发展

（a）援助的目的。本条提供援助的目的是促进民主政府的机构并为多元化社会的发展创造条件，包括宗教宽容和尊重国际公认的人权。

（b）援助授权。为执行第（a）款的目的，总统被授权向南高加索地区和中亚国家提供以下类型的援助

（1）援助建立民主，包括加强议会体制和实践的方案；

（2）援助发展非政府组织；

（3）援助发展独立媒体；

（4）援助发展法治，强大的独立司法机构以及政治实践和商业交易的透明度；

（5）在民间社会发展的核心技能领域进行国际交流和高级专业培训计划；

（6）援助促进进一步遵守本法第116（e）条规定的公民权利和政治权利。

（c）支持的活动。根据第（b）款可得到援助支持的活动包括旨在促进民主发展的活动。

第499E条　行政部门

（a）政府和非政府组织的援助。根据本章的规定，可以通过政府或非政府组织得到援助。

（b）经济支持资金的使用。除非另有规定，根据第二编第四章划拨用于援助苏联独联体国家的资金可依据本章的规定予以使用。

（c）条款和条件。本章所述的援助应以总统确定的条款和条件提供。

（d）可用机构。本章中为南高加索和中亚国家提供援助的机构是根据《支持自由法案》（《美国法典》第22编第5801条）或其他法案提供此类援助的权限的补充，并且可以使用第11章中适用于提供援助的权限来提供援助。

第499F条　定义

在这一章中

（1）适当的议会委员会是指参议院外交关系委员会和众议院国际关系委员会。

（2）南高加索地区和中亚国家是指亚美尼亚、阿塞拜疆、格鲁吉亚、哈萨克斯坦、吉尔吉斯斯坦、土库曼斯坦和乌兹别克斯坦。

第二编[1]

第1章 政 策

第501条 政策声明

美国国会重申美国通过联合国实现国际和平与安全的政策，因此，除单独或集体自卫外，不得使用武装部队。联合国大会发现，美国和其他友好国家为促进和平与安全所作的努力继续要求采取基于有效自助和互助原则的支持措施。本部分的目的是授权采取共同防御内部和外部侵略的措施，包括应要求向友好国家和国际组织提供军事援助。在提供这种军事援助时，美国的政策仍然是继续作出最大的努力，以在适当的保障措施下实现对大规模毁灭性武器的普遍控制以及包括武装部队在内的普遍管制和裁减军备，以保护遵守国免遭侵犯和入侵。

联合国大会认识到，只要敌对国家继续存在通过采取军事行动的威胁，利用经济压力，通过内部颠覆或其他手段企图使现在处于自由和独立状态的人民处于统治之下，并继续剥夺曾经自由但现在受到这种统治的人民和国家的自由和自治权，世界和平与美国安全就会受到威胁。

国会认为，在美洲国家组织下建立一支国际军事力量将对和平作出重要贡献。因此，在制定这项立法时，国会打算通过促进改善的政治独立性和个人自由氛围来促进世界和平以及美国的外交政策、安全和公共福利，提高友好国家和国际组织的能力，以制止或在必要时战胜侵略，促进安排个人和集体安全，协助友好国家维持内部安全，并在发展中的友好国家创造安全与稳定的环境，更加迅速促进它们的社会、经济和政治进步。联合国大会敦促有能力的所有国家参加一项共同的事业，以实现本部分所述的目标。

联合国大会认为，在执行本部分的工作中，应优先考虑那些处于成为侵略受害者或内部安全受到敌对势力激发或支持的内部颠覆势力威胁的国家的需要。

最后，联合国大会重申完全支持北大西洋公约组织成员在加强政治、军事和经济事务合作方面所取得的进展。联合国大会特别欢迎为促进国防物资的协调采购、研究、发展和生产的多边方案而采取的步骤，并敦促尽可能扩大此类方案，以进一步促进北大西洋地区的防御。

---

[1] 第二编规制的主要内容为军事援助。——审校注

第 502 条　国防物资和服务的利用

向任何国家提供的国防物资和国防服务仅应出于内部安全（包括出于反恐和不扩散目的）的考虑而提供，以进行合法的自卫。允许受援国参加符合《联合国宪章》的区域或集体安排或措施，或以其他方式允许受援国参加联合国为维持或恢复国际和平而要求采取的集体措施或为援助欠发达友好国家的外国军队（或美国武装部队在这些国家的自愿努力）进行公共工程和从事其他有助于此类友好国家经济和社会发展的活动。

国会认为，这种外国军事力量不应仅为公民行动活动而维持或建立，此类公民行动活动不应显著降低军队执行军事任务的能力并与之进行协调，使其成为整个经济和社会发展成果的一部分。

第 502A 条

＊　＊　＊（已于 1996 年废除）

第 502B 条　人权

（a）（1）美国应按照《联合国宪章》规定的国际义务，并遵守美国的宪法惯例和传统，在全世界范围内促进和鼓励对人权和基本自由的尊重，不论种族、性别、语言或宗教。因此，美国外交政策的主要目标应是促进所有国家更多地遵守国际公认的人权。

（2）除本条规定的情况外，不得向一贯严重违反国际公认人权的国家提供安全援助。不向一国的警察、国内情报人员或类似的执法人员提供安全援助，并且不会根据 1979 年《出口管理法》出口用于犯罪控制和侦查工具及设备，除非该国政府以书面形式向众议院议长和外交委员会主席证明存在特殊情况，因此有必要提供此类出口许可。根据本部分第 5 章的规定，无法向一贯严重违反国际公认人权的国家提供援助，除非总统向众议院议长和参议院外交关系委员会主席书面证明指出，存在特殊情况，因此需要提供此类援助。

（3）为促进第（1）项和第（2）项的执行，指示总统以下列方式制定和实施美国的国际安全援助方案，其将促进人权，并通过此类计划避免与剥夺其人民国际公认的人权和基本自由、违反国际法或违反本条或美国其他政策规定的政府被美国承认。

（4）在确定一国政府是否以一贯严重违反国际公认人权的方式行事时，总统应特别考虑该政府是否

（A）根据 1998 年《国际宗教自由法》第 3 条的规定，从事或容忍特别严重的侵犯宗教自由的行为，或（B）在合理的情况下未能采取持续打击特别严重的侵犯宗教自由的行为；

（b）国务卿应在国会民主、人权事务助理国务卿的协助下，向国会转交

一份完整的报告，作为拟议的每个财政年度安全援助计划的介绍材料的一部分。在国际宗教自由大使的协助下，建议接受安全援助的每个国家遵守和尊重国际公认的人权。该报告应酌情包括关于战争罪、危害人类罪和可能构成灭绝种族罪行为的综合信息（定义见《预防和惩治灭绝种族罪公约》第 2 条，并经美国对该公约的批准书以及 1987 年《灭绝种族罪公约实施法》第 2（a）条）。在适用的情况下，该报告应包括有关控制人口的强迫行为的信息，包括强迫堕胎和非自愿绝育。在适用的情况下，该报告还应包括关于侵犯宗教自由的信息，包括特别严重违反宗教信仰自由的行为（如 1998 年《国际宗教自由法》第 3 条的定义）。该报告还应说明实施法外施刑、酷刑或其他严重侵犯人权行为的国家情况，包括美国采取或将采取鼓励在该国结束这种做法的行动。

本条下的每份报告还应包括

（i）在适当情况下，说明该国政府武装部队、政府支持的准军事人员或其他武装团体对 18 岁以下个人进行强制性招募和征募的性质和范围，以及前述人员参加此类团体的情况、直接参与敌对行动的性质和程度。

（ii）该国政府采取何种措施（如果有的话）用以消除此种做法。

（iii）其他国务卿认为适当的、与该政府招募和征募 18 岁以下的个人为士兵有关的信息。

根据本条提交的每份报告均应列出联合国人权委员会每个成员在委员会年度会议上针对上一年度特定国家和主题决议的投票情况。在确定特定国家政府是否属于第（a）（3）款的规定以及在准备本条要求的任何报告或声明时，应考虑到

（1）包括非政府组织，例如红十字国际委员会在内的适当国际组织的有关调查结果；

（2）政府允许任何此类组织对涉嫌违反国际公认人权行为进行无阻碍调查的范围内进行合作的程度。

（c）（1）应参议院外交关系委员会或参议院外交事务委员会的要求，国务卿应在收到援助请求后的 30 天内，向两个委员会转交一份由民主、人权和劳工事务助理国务卿协助编写的关于该国的声明

（A）有关该国遵守和尊重人权与基本自由的所有可用信息以及接受国政府在此方面的具体做法。

（B）美国采取的步骤

（i）在该国提倡尊重和遵守人权，不鼓励采取任何与国际公认的人权不相干的做法；

（ii）公开或私下提请注意美国为该国提供的任何安全援助，并使其采取

任何与国际公认的人权不相干的做法。

（C）国务卿认为，尽管提出援助请求的国家有涉嫌违反国际公认人权行为，但

（i）存在特殊情况，必须继续向该国提供安全援助。需说明此种情况以及应继续提供此种援助的范围（取决于国会根据本条可能施加的条件）；

（ii）根据所有事实判定提供这种援助符合美国的国家利益。

（D）委员会或众议院可能要求的其他信息。

（2）（A）参议院应根据1976年《国际安全援助和武器出口管制法》第601（b）条的规定，审议根据第（1）项提出的援助请求。

（B）在该法第601条中使用的“证明”一词，就本条而言，是指参议院根据本款第（1）项提出的请求方案。

（3）如果根据本款第（1）项要求就某个国家提供声明，但在收到该请求后30天内仍未按照要求提供声明，则不得提供任何安全援助。

（4）（A）如果根据本款第（1）项提供关于某个国家的声明，则国会之后可随时通过一项联合决议，终止、限制或继续为此国家提供安全援助。如果通过此种联合决议，则应视情况终止、限制或继续提供这种协助。

（B）任何此类决议都应根据1976年《国际安全援助和武器出口管制法》第601（b）条的规定在参议院中审议。

（C）该法案第601条中“证明”所指的即是根据本款第（1）项提供的声明。

（d）就本条而言

（1）严重违反国际公认人权的行为包括酷刑或残忍、不人道或有辱人格的待遇或处罚，无须指控和审判的长期拘留，因绑架和秘密拘留而使人失踪以及其他公然剥夺生命、自由或人身安全的权利；

（2）“安全援助”指

（A）本编第2章、第4章、第5章、第6章或第8章的援助；

（B）根据《武器出口管制法》销售国防物资或服务、信贷延期（包括参与信贷）和贷款担保；

（C）根据《武器出口管制法》第38条向外国的武装部队、警察、情报或其他内部安全部队出口防御物品或国防服务的有效许可证。

（e）尽管有其他法律规定，但根据本法第一编授权拨出的资金也可用于向在人权方面有重大改进的任何国家提供援助。

（f）在分配本法和《武器出口控制法》授权分配的资金时，总统应考虑受援国人权记录的重大改进，除非这种分配与其他法律规定相抵触。

（g）每当适用本条第（e）款或第（f）款的规定时，总统都应向国会报告，然后动用资金。报告应具体说明所涉国家、拟提供援助的数量和种类以及提供援助的理由，包括描述该国人权记录中已取得的重大进步。

（h）（1）本条第（b）款要求的报告应包括以下内容

（A）根据2000年《贩运受害者保护法》第103条所定义的国家/地区的严重人口贩运性质和程度进行描述。

（B）严重人口贩运受害者的原籍国、过境国或目的国政府为打击此种贩运所作的努力进行评估。评估应涉及以下内容

（i）该国政府当局是否参与、提供便利或纵容这种贩运；

（ii）该国参与打击此种贩运的活动的政府机构；

（iii）该国政府为禁止政府官员参与、提供便利或纵容此种贩运而采取的措施，包括对所涉官员进行调查、起诉和定罪；

（iv）该国政府为禁止其他个人参与此种贩运活动而采取的措施，包括对涉及严重贩运人口形式的个人进行调查、起诉、定罪、刑事和民事处罚，以及这些处罚在减少或消除此类贩运方面的效力；

（v）该国政府为协助此种贩运的受害者而采取的措施，包括努力防止受害者进一步受到贩运者、政府官员或其他人的伤害，提供驱逐出境的救济和提供人道主义救济，包括提供精神和身体保健以及庇护；

（vi）该国政府是否正在与其他国家的政府合作以应要求引渡人口贩运，或此种合作在何种程度上与该国的法律不符或与该国签署的引渡条约相抵触，不论该国政府是否正在采取一切适当措施来修改或替代此类法律和条约，都允许此种合作；

（vii）该国政府是否正在协助对跨国贩运网络进行国际调查以及是否通过其他合作努力打击严重的人口贩运形式；

（viii）该国政府是否拒绝起诉因被贩运而遭受严重贩运的受害者，并避免对这类受害者采取其他歧视性待遇；

（ix）该国政府是否承认严重贩运人口行为损害受害者的权利并确保他们可以诉诸司法。

（C）国务卿认为适当的与人口贩运有关的其他信息。

（2）美国外交使团人员在为第（1）项的目的汇编数据和进行评估时，应与人权组织和其他适当的非政府组织进行磋商。

第2章　军事援助

第503条　总权力

（a）总统被授权可以按照其确定的条款和条件向任何友好国家或国际组织提供军事援助，只要总统认为通过这种协助将加强安全、促进世界和平，就可以通过以下方式提供此类援助

（1）从任何来源获取并提供（通过贷款或赠款）任何国防物品或服务；

（2）指派或详细说明美国武装部队的成员以及国防部的其他人员，以执行非战斗性质的职责；

（3）将可能决定向受援国提供援助的本条拨付或以其他方式提供的资金转移到根据第21条和本条购买国防物资和服务的资金所用账户中，用于履行受援国根据该法支付的销售付款义务。根据本项转移的资金或根据《武器出口管制法》第23条以无偿方式提供的资金全额支付的销售定价应排除美国武装部队薪金成本（海岸警卫队除外）。

（b）除总统根据第（a）款确定的其他条款和条件外，只有在以下情况下，才可以据此借用国防物资

（1）除资金短缺外，还有其他真正的理由以贷款方式而不是赠款方式提供此类物品。

（2）有合理的预期，除非随后再续借，否则此类条款将在贷款期结束时归还给提供贷款的代理机构。

（3）贷款期限为固定期限，不超过5年，在此期间，美国可以出于任何原因撤回该条款。

（4）根据第（c）款在军事援助拨款中收取的款额，向提供贷款的机构偿还该笔贷款。

（5）该贷款协议规定

（A）如果在借用时国防物资受到损坏，则其借用的国家或国际组织需向美国补偿恢复或更换国防物资的费用；

（B）如果国防物资在借出时丢失或毁坏，借用该物资的国家或国际组织需向美国支付与该物资的重置成本（减去任何折旧价值）相等的金额。

（c）（1）如果根据本条借用国防物资或服务的任何贷款，则在该物资或服务处于启用状态的任何财政年度，应从军事援助拨款中扣除费用，贷款额基于

（A）在该财政年度中，与该笔贷款有关的自付费用；

（B）该物资借出时在该年度发生的折旧。

（2）本款的规定不适用

（A）美国政府在本款生效之日前同意借出的任何特定国防物资或服务；

（B）使用根据本法拨付的军事援助资金获得的任何国防物资或服务。

第504条　授权

（a）（1）授权总统执行为本章的目的，获得拨款：1986财政年度为8.051亿美元，1987财政年度为8.051亿美元。

（2）根据本条拨付的款项的授权将保留至拨款用完为止。

（b）为了确保向外国提供军事援助的效率，总统应制定计划和预算程序，以便军事援助计划可与国防部的其他活动和计划直接竞争，以获得财务支持。

第505条　资格条件

（a）除总统可能要求的其他规定外，不得以赠款方式向任何国家提供国防物资或相关培训或其他国防服务，除非该国已同意。

（1）未经总统同意，不得

（A）允许该国官员、雇员或代理人以外的任何人使用此类国防物资或相关培训或其他国防服务；

（B）通过礼品、销售或其他方式转让或允许该国的任何官员、雇员或代理人转让此类国防物资或相关培训或其他国防服务；

（C）使用或允许使用此类国防物资或相关培训或其他国防服务。

（2）其将维持此类国防物资或相关训练或其他国防服务的安全性，并提供与美国政府对此类国防物资或相关训练或其他国防服务基本上相同的安全保护。

（3）根据总统的要求，其会允许美国政府代表对此类国防物资的使用、相关培训或其他国防服务进行连续观察和审查，并向其提供必要的信息。

（4）除非总统同意其他处置方式，否则其将以美国认为符合美国最大利益的方式使用或处置此类国防物资、相关训练或其他国防服务。

（b）在任何财政年度内，都不得以赠款的形式向任何国家提供超过300万美元的国防物资，除非总统确定

（1）该国符合《联合国宪章》的宗旨和原则；

（2）此类国防物资将被该国用来维持其自身的国防力量或自由世界的国防力量；

（3）该国正在采取与其政治和经济稳定相一致的一切合理措施，以发展其国防能力；

（4）该国增强自我国防能力对美国的安全至关重要。

（c）总统应定期减少并以有序的程序，考虑其他有关因素，包括事先的

承诺，准予终止对任何国家提供进一步的国防物资或国防服务，只要根据总统的判断，其有足够的财富使其能够维持和装备自己的军事力量，而又不会给经济造成不适当的负担。

（d）（1）如果该国根据本法，1954 年《共同安全法》或任何之前的外国援助法获得国防物资或国防服务的提供，则本章规定的任何援助和交付都应按以下规定终止：

（A）订立的任何协议规定此类物资或服务只能用于比本法第 502 条授权的用途更受限制的目的，则不得用于未经该协议授权的目的；

（B）未经总统同意，将自备物资或服务转让给受援国的官员、雇员或代理人，或允许任何人使用此类物资或服务；

（C）未能维持此类物资或服务的安全性。

（2）（A）如果总统作出上述决定并以书面形式向国会声明，或者如果国会以联合决议方式认定，则应根据本款第（1）项终止提供援助。

（B）总统应在收到信息后立即向国会报告本款第（1）项所述的违法行为。

（3）根据本款第（1）项，对该国的援助应终止，直到出现以下情况为止

（A）总统确定侵权行为已停止；

（B）有关国家已向总统保证，此种违法行为不会再次发生。

（4）不得使用本法第 614（a）条中包含的权力来放弃本条中有关进一步提供援助的规定。

（e）在考虑批准将任何武器、武器系统、弹药、飞机、军用船、军舰或其他战争工具转让给另一个国家的请求时，除非请求转让的外国政府同意非军事化，否则总统不得根据第（a）（1）款或第（a）（4）款同意转让美国军需物品清单上的任何重要国防物资。此类国防物资在转让前，受援助的国家需向美国政府提供书面承诺：未经事先征得总统的同意，其不会将此种国防物资转让给其他外国或个人。

（f）从 1974 年 7 月 1 日起，不得以赠款方式向任何国家提供国防物资，除非该国已同意处置任何武器、武器系统、弹药、飞机、军舰的销售净收益将支付给美国政府，以及可用于以该国货币支付美国政府的所有官方费用，包括与该国根据共同教育计划参加的国际教育和依据 1961 年《文化交流法》开展文化交流活动的所有费用。对于在 1985 年之前交付的国防物资，总统可以免除将所得款项净额支付给美国政府的要求，如果他认为这样做符合美国的国家利益。

（g）（1）美国的政策是不得向任何外国政府提供本章规定的援助，如果

其法律、法规、官方政策或政府惯例阻止任何美国人民（根据1954年《国内税收法》第7701（a）（30）条的定义）参加本章规定的国防物资或国防服务。

（2）（A）无论是在美国还是外国，履行本章规定职能的机构在雇用或指派人员参加任何此类职能的履行时，均不得考虑任何外国政府的排他性政策或基于种族、宗教、国籍或性别的惯例；

（B）任何该机构为执行本章规定的任何职能而订立的合同均应包含一项规定，即任何人、合伙企业、公司或其他根据该合同履行职能的实体均不得在雇用或指派人员（无论是在美国还是外国）参加任何此类职能的履行时，考虑任何外国政府基于种族、宗教、国籍或性别的排他性政策或惯例。

（3）*该项省略，不译。*

（4）（A）应参议院外交关系委员会或众议院外交事务委员会的要求，总统应在收到该要求60天内，在民主、人权和劳工事务助理国务卿的协助下，针对提出援助请求的国家向上述两个委员会发表声明，其中说明

（i）当此类政策或惯例基于种族、宗教、国籍或性别时，有关该国家政府的排他性政策或惯例的所有可用信息并防止任何此类人参与涉及提供本章规定的任何援助或第5章规定的任何教育和培训的交易；

（ii）美国对此的回应以及回应的结果；

（iii）总统是否接受任何此类政策或做法。

（Ⅰ）如存在特殊情况，有必要继续进行此类援助或教育培训，则应描述此类情况以及应继续进行此类援助或教育培训的程度（根据本条规定视国会的情况而定）；

（Ⅱ）从所有事实来看，继续此种援助或教育培训符合美国的国家利益；

（iv）该委员会可能要求的其他信息。

（B）如果根据本款（A）项要求应提供有关援助或教育培训的声明，但在收到请求60天内未作出，则该援助或教育培训应暂停。

（C）（i）如果根据本款（A）项提交有关援助或教育培训的声明，则国会之后可随时通过联合决议终止或限制此类援助或教育培训。

（ii）参议院应根据1976年《国际安全援助和武器出口管制法》第601（b）条的规定，审议任何此类决议。

（iii）该法第601条中的“证明”所指的即是本款（A）项的声明。

第506~517条

该部分略去，不译。

第 518 条

＊ ＊ ＊（已于 1996 年废除）

第 519 条

＊ ＊ ＊（已于 1996 年废除）

第 520 条

＊ ＊ ＊（已于 1996 年废除）

第 3 章　外国军售

第 521 条　涉及国防物资和服务的销售计划的管理

＊ ＊ ＊（已于 1968 年废除）

第 522 条　库存销售

＊ ＊ ＊（已于 1968 年废除）

第 523 条　采购销售

＊ ＊ ＊（已于 1968 年废除）

第 524 条　偿还款

该部分略去，不译。

第 525 条　保证金

＊ ＊ ＊（已于 1968 年废除）

第 4 章　经济支持基金

第 531 条　职权

（a）国会认识到，在特殊的经济、政治或安全条件下，美国的国家利益可能需要其他国家的经济支持。在这种情况下，总统有权按照其确定的条款和条件向国家和组织提供援助，以促进经济或政治稳定。总统应在可行的最大范围内根据本法第一编第 1 章的政策方向、宗旨和计划提供援助。

（b）国务卿应负责本章下的经济支持计划的政策决定和理由，包括确定某一国家是否有经济支持计划以及每个国家的计划金额。

（c）作为向国会提交的外国援助年度报告的一部分，主要负责执行本章的机构应提供资金用途和目的的详细说明。这些材料应包括但不限于有关现金赠予转移的金额和种类、提供的预算和国际收支支持的金额和种类以及援助项目的金额和种类的信息。

（d）＊ ＊ ＊（已于 1998 年废除）

（e）为执行本章而拨出的款项可用于经济计划，但不得用于军事或准军事目的。

第 532 条　拨款授权

（a）为执行本章的目的，授权总统拨款

（1）1986 年财政年度的 20.15 亿美元，1987 年财政年度的 20.15 亿美元，用于以下签署《戴维营协定》的国家——以色列和埃及；

（2）1986 财政年度的 17.85 亿美元和 1987 财政年度的 17.85 亿美元，用于根据本章为第（1）项所指国家以外的受援国或目的援助。

（b）授权可保留至上述资金用完为止。

第 533 条　紧急援助

（a）在执行本章规定的资金中，1986 年财政年度的 7500 万美元和 1987 财政年度的 7500 万美元可在本章规定的紧急状态下用于紧急用途。

（b）尽管有本章或拨款法的任何规定（包括一项联合决议，其中包括连续拨款），用于执行本条的每笔资金支出不得超过用于执行本章的资金总额的 5%。

第 534 条　司法制度

（a）总统可根据本条向包括国家和地区机构在内的国家和组织提供援助，以加强拉丁美洲和加勒比地区国家的司法制度。

（b）根据本条提供的援助只能包括

（1）支持继续进行法律教育的专业培训、奖学金和交流。

（2）加强检察和司法能力以及为司法案件参加者提供保护的方案。

（3）（A）加强在司法或检察控制下履行调查和证明职能的专业能力的方案；

（B）协助制定学术指导和课程的计划，以培训执法人员；

（C）旨在提高执法机构的行政和管理能力的计划，特别是其与职业发展、人员评估和内部纪律程序有关的能力；

（D）通过多边或区域机构以改善刑事机构和罪犯的矫正；

（4）加强专业组织，以促进对成员的服务以及律师在司法、道德标准执行和法律改革中的作用。

（5）增加法律材料和出版物的可获得性。

（6）举办研讨会、会议、培训和教育计划，以改善司法制度，并加强对法治和国际公认人权的尊重。

（7）法律法规和程序的修订和现代化。

（c）在任何一个财政年度可用于执行本条的资金都不得多于 2000 万美元。

（d）除非众议院外交事务委员会和参议院外交关系委员会至少提前 15 天获悉拟议援助的金额和性质并根据本法第 634A 条的规定重新编制计划，否则根据本条的规定，没有义务提供援助资金。

（e）国防部人员和美国武装部队成员不得参加本条规定的训练。在为执行本条而提供的资金中，1991 财政年度可提供不超过 1000 万美元的资金来执行本条第（b）（3）款的规定。本部分的授权将于 1991 年 9 月 30 日失效。

第 535 条　对弱势南非人的经济支持

*　*　*（已于 1993 年废除）

第 5 章　国际军事教育和训练

第 541 ~ 550 条

该部分略去，不译。

第 6 章　维持和平行动

第 551 条　总权力

总统有权按照其确定的条款和条件，向友好国家和国际组织提供援助，以执行维持和平行动以及其他为维护联合国的国家安全利益而执行的计划，此类援助可能包括偿还国防部根据《联合国参与法》第 7 条产生的费用，但除非通过本条获得特别授权，在任何一个财政年度内此类偿还都不得超过 500 万美元。

第 552 条　拨款授权

（a）为执行本章的目的，授权总统获得拨款：1986 财政年度为 3700 万美元，1987 财政年度为 3700 万美元。

（b）授权可保留至上述款项使用完毕为止。

（c）如果总统确定由于不可预见的紧急情况而根据本章提供的援助超出原本可用于该援助的资金数额，但提供援助对美国的国家利益至关重要，则总统可以

（1）行使本法第 610（a）条的授权，将可用于执行本编第 4 章的资金转移给本章使用，而无须考虑该章所包含的 20% 的增加限制，在任何一个财政年度，如此转移的总额不得超过 1500 万美元；

（2）如果总统还确定此种不可预见的紧急情况需要根据本章立即提供援助，则指示从美国政府任何机构的库存和资源中提取总价值都不超过 2500 万美元的商品和服务。

（d）授权总统可以拨款以偿还根据第（c）（2）款提供的商品和服务。

第 553 条　中东特别需求基金

*　*　*（已于 1980 年废除）

第 553 条　支配权力

除非有相反的明确规定，否则任何法律中对本法第一编的任何引用均应视为包括对本章的引用，而任何法律中对本法第二编的任何引用均应被视为排除对本章的引用。

第 554 条　支持联合国维持和平行动所产生的费用

（a）美国成本。总统应每年都向联合国秘书长提供有关美国国防部在上一年为支持联合国安全理事会根据 1998 年《国防部拨款法案》第 8079 条提交国会所有费用的数据。

（b）联合国会员国费用。总统应要求联合国汇编和公布有关联合国会员国为支持此类决议而发生的费用的信息。

第 7 章　以色列的空军基地建设

该部分略去，不译

第 8 章　反恐援助

第 571 条　总权力

尽管有其他法律限制向国外提供援助（本法第 502B 条和第 620A 条除外），总统有权按照其确定的条款和条件向外国提供援助，以增强其执法人员的能力，以阻止恐怖分子和恐怖组织从事轰炸、绑架、暗杀、劫持人质和劫机等国际恐怖主义行为。此类援助可能包括培训服务，与炸弹检测和处置、人质情况管理、人身安全有关的设备和其他商品的提供，以及与侦查、威慑和防止恐怖主义行为，解决恐怖主义事件以及逮捕与恐怖主义行为有关的人的其他事项。

第 572 条　目的

根据本章进行的援助项目应设计为

（1）通过提供培训和设备来遏制和打击恐怖主义，提高友好国家的反恐技能；

（2）在共同关注的领域提供具体援助，以加强美国与友好国家政府的双边关系；

（3）通过与外国政府分享现代的、人道的和有效的反恐技术，增加对人权的尊重。

第 573 条　限制

（a）只要总统认为与本章的目的保持一致并促进本章目的的实现，就可根据其确定的与本法令相符的条款和条件，授权美国政府任何机构免费向符合条件的外国提供服务和商品。但执行本章规定的费用必须由该国家预先支付其美元价值（第644（m）条）。依照《武器出口管制法》提供给这些国家的信贷和担保贷款的收益，不得用于此类付款。本章规定的收款应记入提供此类服务和商品的机构当前适用的拨款、账户或资金，并且应可用于授权使用此类拨款、账户或资金的目的。

（b）根据本章将向外国政府提供援助的决定以及提供援助性质的决定应与民主、人权和劳工事务助理国务卿协商。

（c）（1）只有在与反恐援助直接相关的情况下，才可根据本章规定提供武器和弹药；

（2）在任何一个财政年度内，根据本章提供的所有设备和商品的价值（以原始购置成本计）都不得超过该财政年度可用于执行本章资金的30%。

（d）本章不适用于美国政府机构在其他权限下为此目的进行的信息交流活动。

（f）＊ ＊ ＊（已于1996年废除）

第574条　拨款授权

（a）授权总统执行本章获得拨款：2001财政年度为7200万美元，2002财政年度为7300万美元，2003财政年度为6420万美元。

（b）该授权可保留至上述拨款用完为止。

第575条　管理权力

除非有相反的明确规定，否则任何法律中对本法第一编的任何提及均应视为包括对本章的提及，而任何法律中对本法第二编的任何提及均应被视为排除对本章的引用。

第577条

＊ ＊ ＊（已于1985年废除）

第9章　不扩散和出口管制援助

第581条　目的

在本章下提供援助的目的是通过支持以下活动的开展，制止核武器、化学武器和生物武器以及常规武器的扩散——

（1）通过提供侦查、阻吓、监测、阻止和反扩散的培训和设备，增强友好国家的防扩散和出口管制能力；

（2）通过在至关重要的国家安全利益领域提供具体援助，加强美国与友好国家政府的双边关系；

（3）完成《自由支持法》（《美国法典》第22编第5853条、第5854条）

第503条和第504条规定的活动和目标，而不必考虑这些条款仅限于苏联的独立国家；

(4) 促进与防扩散有关的多边活动，包括与国际组织的合作。

第582条 授权援助

尽管有其他法律规定（本法第502B条和第620A条除外），总统有权按照其决定的条款和条件提供协助，以执行本章的目的。此类援助可能包括培训服务，与侦查、阻吓、监测、阻止、防止或反扩散有关的资金、设备和其他商品的提供，建立有效的防扩散法律和法规，以及拘捕这些参与此类武器扩散行为的人。

第583条 禁止运输

(a) 分配资金。总统在根据本章提供援助时，应确保此类援助的支出不少于拨款资金的1/4，以增强友好国家侦查和阻止与扩散有关的能力。

(b) 对于存在与扩散有关的货物频繁过境的任何友好国家，国务卿都确定在提供援助时给予优先权。

第584条 国际防扩散出口管制培训

(a) 一般授权。总统有权按照与本章一致的条款和条件（在可行的情况下，在有偿的基础上）提供外国适当的军事和文职人员教育和培训，通过参加美国举办的特殊教学课程来增强此类人员的防扩散和出口管制能力。

(b) 课程的管理。国务卿应全面负责本条规定的国际防扩散教育和培训计划的制定和实施，可以酌情利用美国其他部门和机构推荐人员用于教育和培训，并管理特定的教学课程。

(c) 目的。根据本条进行的教育和培训活动应是

(1) 具有技术性质，强调检测、阻吓、监视、阻止和制止扩散的技术；

(2) 旨在鼓励美国与友好国家之间建立有效和互利的关系并增进了解；

(3) 旨在提高友好国家最大程度地利用其资源的能力，从而促进此类国家自力更生的能力。

(d) 对某些国家的优先权。在根据本条选择接受教育和培训的人员时，应优先考虑国务卿确定为与扩散有关的货物经常过境的国家的人员。

第585条 限制

本法第573条第(a)款和第(d)款中的限制适用于本章。

第586条 拨款授权

(a) 拨款。授权总统获得执行本章的拨款：2003财政年度为1.62亿美元。

(b) 资金的可用性。尽管有其他法律规定（第502B条和第620A条除

外），但总统也可以使用根据第（a）款提供的资金。

（c）拨款的处理。2002 年《外国业务、出口融资和相关程序拨款法》“不扩散、反恐怖主义、排雷及相关程序”和第（d）款所描述的苏联独立国家账户应视为根据本章提供的资金。

（d）涵盖的活动。（c）款所指的活动是

（1）不扩散与裁军基金的援助；

（2）对苏联独立国家的科学技术中心的援助；

（3）出口管制协助；

（4）根据《1961 年对外援助法》（第 22 章第 2295 条等）或《自由支持法》（第 22 章第 5801 条等）第一编第 11 章的出口管制和边境援助。

第三编

第 1 章　总　则

第 601 条　鼓励自由竞争企业和私人参与

（a）美国国会认识到自由竞争企业在实现经济进步、发展，生产、生活水平提高中起至关重要的作用。因此宣布，美国的政策是鼓励其他国家努力增加国际贸易量，促进私人主动性和竞争性，鼓励发展和利用合作社、信用合作社以及储蓄和贷款协会，以阻止垄断行为，提高其工业、农业和商业的技术效率，并加强自由工会；鼓励美国企业通过在国外的私人贸易和投资，私人参与根据该法实施的计划（包括在实施运输过程中最大程度地利用私人贸易渠道），为欠发达友好国家的经济实力作出贡献，以及就本款涵盖的事项交换意见和技术信息。

（b）为了在最大范围内鼓励和促进私人企业参与实现本法的任何目的，总统应

（1）安排寻找并吸引私营企业注意欠发达国家和地区的投资和发展机会；

（2）建立有效的系统，以获取有关非政府组织参与发展过程的活动和机会的充分信息，并在根据本法执行的计划的规划、指导和执行中利用此类信息，在美国非政府机构不断发展的活动中采取行动，并与这类方案进行协调；

（3）加快贸易协定谈判程序，包括税收协定，其中应包括鼓励和促进私人投资流向参与本法案下援助项目的友好国家和地区及享有投资公平待遇的规定。

（4）为符合国家利益，寻求其他国家或地区遵守所有商业贸易和税收条

约，并根据本法或其他授权采取一切合理措施，以确保遵守本法并协助美国公民因任何国家或地区违反此类条约采取或施加的措施而使他们遭受的损失或从他们那里收取的款项获得公正的赔偿；

（5）在切实可行的最大范围内通过私人渠道进行援助，并在切实可行的范围内结合当地的私人或政府参与，包括根据第122条授权向任何个人、公司或机构提供的贷款；

（6）采取适当步骤，阻止根据本法获得援助的国家采取国有化、征收、征用、没收私人投资的所有权或控制权以及歧视的或其他行动，这些活动会转移在这些国家创造新财富、就业和生产力所必需的可用资源，并损害对这些国家的稳定经济增长和发展至关重要的新的私人投资；

（7）在可行的情况下尽可能利用美国私营企业的服务（包括但不限于工程等技术领域的专家和顾问的服务）；

（8）在可行的情况下，尽可能以成本加激励费合同的基础，利用美国私营企业的服务提供必要的技能，以在欠发达友好国家或地区开发和运营特定的援助项目或计划，不鼓励私人投资，而是在可行的最早时间提供适当的机会，以将该项目或计划中的股权转让给私人投资者。

（c）（1）为了执行本条的规定，特设立一个外国援助私人投资咨询委员会，由美国国际开发署署长不时选出的美国顶尖商业专家组成。理事会成员听从署长安排，后者应指定一名成员担任主席。

（2）根据行政长官的要求，理事会有责任就本法规定的计划和活动的某些方面向署长提出建议，在这些方面，私营企业可以发挥作用，并应与署长联络，使特定的私人企业参与此类计划和活动。

（3）在本款中咨询委员会的成员履行职能时不得因其服务而得到任何报酬，但有权根据《美国法典》第5编第5703条对他们因履行其职责而产生的旅费和其他费用进行补偿。

（4）咨询委员会的费用应由署长从根据本法可获得的资金中支付。

（d）国会认为，美国国际开发署应继续在最大程度符合国家利益的前提下鼓励美国公司利用工程和专业服务（包括但不限于任何公司、合伙企业或其他协会）或此类美国公司的下属公司参与由本法授权的基金资助的资本项目。

（e）（1）国会认为，在执行本法第一编规定的程序时，必须作出更大的努力，以根据竞争性选拔程序授予合同。所有此类合同均应基于竞争性选择程序进行租赁，但在少数情况下，只有主要负责管理本法令第一部分的机构的采购法规允许使用非竞争性程序。

（2） ＊ ＊ ＊（已于1981年废除）

第602条　小型企业

（a）在切实可行的范围内，并在最大程度上与本法的目的相一致，总统应协助美国小型企业公平参与商品、国防物资和服务（包括国防服务）供应，这些商品、国防物资和服务（包括国防服务）由根据该法提供的资金资助

（1）通过促使美国的供应商特别是小型独立企业，尽可能早地获得有关拟用此类资金资助的采购信息；

（2）通过向根据本法获得援助的国家和地区的潜在购买者提供有关由美国小型独立企业生产的商品、物品和服务的信息；

（3）提供额外的服务使小型企业有更好的机会参与提供由此类资金资助的商品、物品和服务。

（b）在总统指定的美国政府机构中应设有一个由小型企业特别助理领导的小型企业办公室，以协助执行第（a）款的规定。

（c）国防部长应确保向美国的供应商特别是小型独立企业提供有关国防部根据第（b）款作出购买的信息。

第603条　美国船只运输

使用根据本法或1954年《农业贸易发展和援助法》（经修订的《美国法典》第7编第1691条）提供的外币购买或从中获得的外币购买国外商品与国防物资的海上运输以及根据该法转卖新鲜水果及其产品不受1936年《商船法》（修订后的《美国法典》第46编第1241条）第901（b）条或任何其他与悬挂美国国旗船只的商品海上运输有关的法律的管辖。

第604条　采购

（a）（1）总统可将根据本法提供援助的资金用于采购

（A）仅在美国、受援国或发展中国家。

（B）在任何其他国家/地区，但仅在以下情况下

（i）美国、受援国或发展中国家不存在提供此类援助需要的商品或服务的类型或种类。

（ii）总统根据具体情况确定有必要在该其他国家/地区进行采购

（Ⅰ）不可预见的情况，例如紧急情况；

（Ⅱ）提高美国援助资源的使用效率，包括避免损害外国援助目标。

（2）就本款而言，发展中国家不应包括先进的发展中国家。

（b）根据本法提供的资金不得用于以高于美国现行市场价格的价格购买任何大宗商品。

（c）根据1954年《农业贸易发展和援助法》的规定，总统应在切实可行

的范围内以促进本法为目的，仅在美国范围内批准用于援助的任何农业商品或产品的采购，除非该品种在美国不可获得或数量不足以满足该法规定的受援国的紧急需求。

（d）在购买美国的商品以提供援助时，应根据第二次世界大战爆发前通行的正常贸易惯例以竞争方式提供此类商品的海上保险。前提是受援助国根据法规、法令、规则或条例，不得歧视任何获准在美国任何州开展业务的海洋保险公司。

（e）当用于援助的商品的国内价格低于一般市场价格时，不得将根据本法动用的资金用于在美国境外购买任何农产品或产品，除非需要购买的农产品或产品不能合理地在美国生产，以实现采购商品的特定援助计划目标。

（f）在任何商品进口计划下，任何经授权用于执行本法第一编的资金均不得用于向供应商付款，除非该供应商的代理机构已向负责执行本法第一编的主要负责机构证明包括但不限于对其提供的商品及其状况的说明，并且该代理机构应根据此类信息，批准该商品符合本法规定的条件并适合融资。

（g）（1）根据本法授权拨款的资金不得用于从先进发展中国家购买建筑或工程服务，如这些国家或地区在国际市场上已具备建筑服务或工程服务的竞争力。

（2）第（1）项不适用于以下先进发展中国家

（A）根据本法第一编第 1 章或第二编第 4 章正在接受直接经济援助的国家；

（B）如果该国拥有自己的外国援助计划，该计划为采购建筑或工程服务提供资金，允许美国公司参与竞争。

第 605 条　保留和使用某些项目和资金

（a）无论何时，只要总统认为符合美国的最大利益，或者同时通过决议要求保留某些项目或资金，为实施本法而采购的任何商品和国防物资，都应由总统决定代替其保留、处置的美国政府机构，或在补偿时予以转移或使用，以供外国或国际组织使用。为防止此类商品或国防物资变质或浪费，或为保护其有用性，在必要时可以处置如此保留的任何商品或国防物资，而无须考虑与处置美国政府拥有的财产有关的法律规定。从任何处置或转移中变现的资金，应归还至用于购买此类商品或国防物资的相应拨款、资金或账户，或当前用于相同的一般目的的拨款、资金或账户。

（b）当根据本法将商品作为偿还的援助转让给美国政府时，可以将这些商品再次用于促进本法的目的实现。

（c）因根据本法第一编授权进行的交易未遵守本法的要求、美国政府适用的规章制度或美国政府的任何规定而变现的资金，根据本法第一编授权签订的任何协议或合同，都应恢复为用于资助此类交易的相应拨款、资金或账户，或恢复为当前可用于该交易的拨款、资金或用于相同的一般目的的账户。

（d）由受援国或国际组织归还的不再需要的、归还给美国政府并由美国政府出售、转让或处置的国防物资而变现的资金应记入各自的拨款中，用于采购此类国防物资的拨款、资金或账户，或当前用于相同的一般目的的拨款、资金或账户。

第 606 条　专利和技术信息

（a）当根据本法提供援助时

（1）未经所有者的授权在美国境内实施美国政府颁发的专利所涵盖的发明或发现；

（2）受（A）法律保护且（B）由美国政府或其所有者、员工或代理人在违反所有者限制的前提下持有的信息，所有者享有法律救济权，但本条中另有规定的除外。

除了依据本条第（b）款，专利和技术信息所有者在美国地方法院或在美国联邦法院起诉美国政府需在提出诉讼因由后的 6 年内提出索赔。在任何此类诉讼中，美国政府均可针对私人提出任何辩护。《美国法典》第 28 编第 1498（a）条的最后一段应适用于本条所涵盖的发明和信息。

（b）在对美国政府提起诉讼之前，有关美国政府机构的负责人可以解决并支付在本条第（a）款所述情况下引起的任何索赔。除非索赔人完全满意所接受的金额，否则不得根据本款支付任何索赔。

（c）如果在美国制造此类药品或药物涉及使用美国未到期的专利或由美国未到期的专利所涵盖，而该专利先前并未因有管辖权的法院的判决而被认定为无效，则需根据本法拨付资金支付赔偿，除非该产品的制造得到该专利所有人的明确授权。美国政府不得用于购买在美国境外生产的任何专利药品或医药产品。

第 607 条　提供服务和商品

（a）只要总统确定与第一编的目的相符并在本法的范围之内，美国政府的任何机构都有权提供服务和商品。在向友好国家、国际组织、美国红十字会和在美国国际开发署注册并批准的自愿性非营利性救济机构的资金垫付或偿还的基础上（包括外国自愿性非营利性救济机构），这种预付款或补偿款可记入有关机构当前适用的拨款、账户或资金中并应可使用。

在以下情况下，批准使用此类拨款、账户或资金：

（1）在提供此类服务和商品的财政年度结束后的 180 天内根据本条收到

的预付款或偿还款。

（2）根据本条执行的协议收取的预付款或偿还款，在此等服务和商品交付的财政年度结束后的180天内，将不会完成偿还的款项：条件是，此类协议要求按照1945年《进出口银行法》第2（b）（1）（B）条规定的现行利率支付利息，并偿还自提供服务的协议签订之日起的利息。在任何一个财政年度中，本款可用的资金不得超过由本法第一编第1章规定该财政年度中授权使用的总资金中的100万美元，并且只能在拨款法所规定的范围内使用。

（b）当美国政府的任何机构根据本条规定以预付款或有偿方式提供服务时，该机构可与个人签订合同以在国外或在美国进行个人服务，以进行此类服务或替代该机构指派的提供此类服务的美国政府官员或雇员。就由公务员制度委员会执行的任何法律而言，此类人均不得视为美国政府的雇员。

（c）（1）除第（d）款另有规定外，不得根据本条、第608条或为促进本法第1编的目的而提供政府拥有的多余财产，除非在将此类财产运往指定国家使用（或转让，如果该财产已经在该国家/地区）之前，负责执行第一编的机构已批准了此类运输（或转让），并作出了书面决定

（A）需要所要求数量的这种财产，并且该财产适合所请求的目的；

（B）关于指定最终用户的身份和责任及其有效使用和维护该财产的能力；

（C）此类财产的残值、可使用性和外观不会对美国的国家形象造成不利影响，并可以证明包装、装箱、装卸、运输和其他附属费用的成本合理，并且剩余价值至少等于这些成本的总和；

（d）如果国务卿作出书面决定需要支持根据本法第一编开展的活动且旨在加强国外的环境保护，根据本条或第608条，国务卿可以通过授权负责海洋和国际环境与科学事务的助理国务卿转移到第（a）款所述的任何友好国家、国际组织、美国红十字会或其他自愿性非营利救济机构的美国政府拥有的多余财产

（1）该财产数量和属性，并且该属性适合于该目的；

（2）关于指定最终用户的地位和责任及其有效使用和维护该财产的能力；

（3）此类财产的残值、可使用性和外观不会对美国的国家形象造成不利影响，并可以证明包装、装箱、装卸、运输和其他附属费用的成本合理，并且剩余价值至少等于这些成本的总和；

第608条　预先取得财产

该部分略去，不译

第609条

* * *（已于1998年废除）

第610　账户间转账

（a）当总统认为为了执行该法而有必要时，可将不超过该法授权的可用资金的10%（根据第一编第2章第4条和《武器出口控制法》第23条提供的资金除外）转入并与基于该法的任何规定所提供的资金合并（根据本法第二编第2章提供的资金除外），并且可以用于此类资金的任何目的。

（b）基于本条以及第451条、第506条和第614条的拨款不得用于增加根据第636（g）（1）条和第637条的拨款，或用于其他通常由拨款资助的活动的融资。

（c）总统根据第653条通知国会其打算向任何国家提供军事援助的资金都可以转移到其根据该条通知国会的其他资金中，并与之合并。

第611条　完成计划和成本估算

（a）基于本法第一编第1章、第二编第2章或第二编第4章获得的任何援助拨款，不得签署超过50万美元的义务的协议或给予超过50万美元的赠款。

（1）如果此类协议或赠款需要进行实质性的技术或财务规划，则必须完成为进行此类援助所需的工程、财务和其他计划，以及对提供此类援助给美国政府造成的费用的合理估计。

（2）如果此类协议或赠款需要受援国采取国内立法行动，则必须合理地预期受援国及时完成此类立法行动以使该协议或赠款的目的有序完成。

（b）根据本条第（a）款要求制定的任何水资源或相关土地资源建设项目或计划，应包括根据规定的原则、标准和程序在切实可行的范围内进行收益和成本的估算。

（c）在切实可行的最大范围内，与本条第（a）款所规定的任何协议或拨款相关的在美国境外进行的所有施工合同，均应以竞争性方式订立。

（d）本条第（a）款不适用于仅提供工程、财务和其他计划的任何协助。

（e）除了本条的其他要求外，任何根据本法第一编第1章、第二编第2章授权预算估算的资本援助项目提供的援助费用均不得超过100万美元。除非主要负责管理该法第一编的机构负责人收到并考虑该项目所在国家/地区的此类机构证明该国家（财政和人力资源）具有有效维护和利用该项目的能力，其中尤其要考虑该国先前对美国援助的项目的维护和利用情况。

第612～614条

该部分略去，不译。

第615条　合同授权

该法中有关资金拨款的规定应解释为在任何拨款法中都给予授权，在规定的授权拨款额范围内签订合同。

第 616 条　可用资金

除本法另有规定外，应根据每个财政年度的授权和拨给总统的预算来执行本法的经费。

第 617 条　终止费用

(a) 通常情况。根据本法和《武器出口管制法》拨款提供的资金，自该法终止援助之日起，可能仍需承担不超过 8 个月的义务，以支付必要的清盘费用。与此类终止有关的义务一直持续至相关拨款资金用尽为止。尽管有任何限制资金支出的法律规定，但在终止援助的生效日期之前根据此类法授权获得的资金仍可用于支付与结束此类终止计划有关的必要支出。为了确保此类援助的有效性，有序终止计划的此类费用可能包括债务和支出，或用于在其原籍国以外的学习或参加培训课程的学生完成培训或学习。

(b) 对承包商的责任。为了根据特殊合同的救济标准公平地解决解除合同后的义务，总统有权将美国政府签订的合同或其他义务作为一项合同或义务，承担由此而产生的所有责任。美国与第三国承包商之间的任何合同在援助终止之后都可根据该法获得援助。

(c) 终止费用。经总统确认或根据任何法律规定，已证明尚有提供援助的资金可用，应继续可用，并可承担由合同终止所引起的任何必要费用。

(d) 担保计划。根据本法或其他法案要求终止本法或其他法案的援助，不得解释为要求终止在本法生效日期之前订立的担保承诺。

(e) 与其他规定的关系。除非另一法律明确规定不适用，否则本条的规定应适用于根据任何法律终止援助的规定。

第 618 条　结算收据的使用

* * *（已于 1978 年废除）

第 619 条　对新独立国家的援助

* * *（已于 1978 年废除）

第 620 条　禁止提供援助

(a) (1) 根据本法，不得向古巴现任政府提供任何援助。作为执行和实施前述政策的另一种手段，总统被授权对美国和古巴之间的所有贸易建立和维持全面禁运。

(2) 除非总统认为出于美国的利益必要，否则不得根据本法向古巴任何政府提供任何援助，古巴也无权获得向美国出口古巴糖的任何配额，或根据美国任何法律获得其他利益直到总统确定该政府已按照国际法标准采取适当措施，以遣返美国公民以及不少于 50% 由美国公民拥有的实体。

（b） * * *（已于1981年废除）

（c）在以下情况下，不得向任何对美国公民或个人负有债务的任何国家的政府提供商品或服务援助

（i）该美国公民或个人已经用尽可用的法律补救措施（包括仲裁）；

（ii）该政府未拒绝或否认债务；

（iii）该债务在该政府或任何前任政府的受控实体通过任何方式直接或间接提供的无条件担保下产生。

（d）在该国企业将与美国企业竞争的情况下，不得根据本法第一编第1章的规定以贷款的形式向该国提供任何以协助该国生产企业的建设或运营的援助，除非该国家同意其将建立适当的程序，以保证在贷款期限内该设备的年生产量不供出口美国使用或消费。如果受援国未履行该协议，则总统有权建立必要的进口管制措施，以执行该协议。总统确定对受援国的豁免符合美国国家安全利益时，可免除根据本条施加的限制。

（e）（1）在1962年1月1日当日或之后，总统根据本法或其他法案应暂停提供援助的国家或地区：

（A）已对美国公民实际拥有不少于50%以上份额的任何公司、合伙企业或协会拥有的财产进行国有化、征收或没收或控制。

（B）已采取措施废除与任何美国公民或美国公民实际拥有不少于50%以上份额的任何公司、合伙企业或协会之间签订的合同或协议。

（C）已对美国公民实际拥有不少于50%以上份额的任何公司、合伙企业或协会施加或执行歧视性的税款或其他罚则，或限制性的维护或运营条件，或已采取其他行动导致国有化、没收或以其他方式控制财产，且该国家/地区的政府机构或政府部门未能在合理时间内（采取此类行动后不超过6个月的时间）将争端提交给美国外国索偿解决委员会，在收到该委员会报告后不超过20天的情况下未采取适当措施（包括仲裁），以履行该国在国际法上对此类公民或实体的义务或以未能以可兑换外汇全面、充分地补偿该财产，或没有采取旨在减轻此类税收、征税或条件（视情况而定）的措施。在上述情况下，应暂停对该国的援助，除非总统采取适当的措施，确定并证明继续对该国的援助对美国的国家利益十分重要，否则不得对任何国家放弃本款的规定。前述证明应立即报告国会。

根据总统的要求（在（A）项、（B）项或（C）项提及的此类行动后的70天内）：

（1）特此授权美国外国索偿解决委员会（根据1954年第1号重组计划，第68号法令第1279条成立），有权评估被征收、被国有化、被征用的财产，

或扣押或采取上述歧视性的其他行动，并在提出索偿要求后的90天内向总统提交咨询报告。除非得到总统的授权，否则该委员会不得向拥有该财产的公民或企业发布其咨询报告。为使该委员会能迅速履行本款规定的职能，本法特此授权拨出一定数额的款项，供该委员会不时地使用，该授权可持续至相关款项支出完毕为止。

（2）尽管有其他法律规定，但在主张所有权或其他权利的情况下，美国任何法院均不得以国家行为原则为由裁定财产权由包括外国在内的任何一方（或通过该国家主张的一方）根据（或追溯到）1959年1月1日之后没收或其他侵夺的行为符合国际法原则，包括赔偿原则和本条中的其他规定。在不违反国际法原则的任何情况下，本条均不适用

（A）根据国际法或根据在该时间之前真实出具的、期限不超过180天不可撤销的信用证所获得的所有权或其他财产权的主张；

（B）在任何情况下，总统认为美国的外交政策利益要求在特定情况下都适用国家行为原则。

（f）（1）根据本法（修订后的第214（b）条），不得向任何共产主义国家提供援助。除非总统发现并立即向国会报告：

（A）此类援助对美国的国家安全至关重要，否则不得根据本法所载的任何授权放弃这一限制；

（B）受援国不受国际共产主义控制；

（C）此种援助将进一步促进受援国摆脱国际共产主义的影响。

在本款中，共产主义国家一词包括但不限于中华人民共和国、古巴共和国和越南社会主义共和国。

（2）尽管有本款第（1）项的规定，在总统决定并向国会报告，援助对美国的国家利益至关重要的情况下，总统可以在其确定的期限内从本款以及引用该款的其他规定中删除某一个国家。国会认为，在考虑授权向不适用本款的国家提供援助时，尤其要权衡的因素之一是有关国家是否有尊重国际公认的人权，促进建立真正的民主制度的证据。

（g）尽管有其他法律规定，但也不得根据本法向该国的任何政府、政治分支机构或部门提供将用于补偿所有者被征用或被国有化财产的货币援助。任何以此为目的使用过这种援助的政府，在向美国适当返还款项之前，均不得向该政府提供本法所规定的进一步援助。如果总统决定根据将促进美国国家利益的土地改革计划向政府（政府的政治分支机构或部门）提供货币援助以补偿该国国民，则该禁令不适用。

（h）总统应制定规章并制定程序，以确保不以某种与美国的最大利益背

道而驰的方式在第（f）款所指的属于共产主义国家的国家或地区使用美国的外国援助。

（i） ＊ ＊ ＊（已于1981年废除）

（j）总统应考虑根据本法或其他法案终止对任何允许或没有采取适当措施防止以暴民行动破坏位于该国的美国财产或未采取适当措施以防止再次发生破坏，并为此类损破坏提供足够赔偿的国家提供援助。

（k）未经国会的明确批准，不得根据本法向任何国家/地区提供用以建造生产性企业且美国提供的援助总价值超过1亿美元的援助，除非上述情况属于国会在介绍材料中描述的在埃及建造生产性企业的援助。除非本法第506条另有规定，否则从1966年7月1日起美国提供的军事援助将不会超过1亿美元。本法或其他法案的任何规定均不得解释为授权总统放弃本款的规定。

（l）总统应考虑拒绝根据本法向1966年12月31日后未能与总统针对第234（a）（1）条（A）项规定的不可兑换和（B）项规定的没收或控制的特定风险提供投资担保计划达成协议的欠发达国家提供援助。

（m） ＊ ＊ ＊（已于1981年废除）

（n） ＊ ＊ ＊（已于1977年废除）

（o）在确定是否根据本法提供援助时，应考虑将在国际水域进行捕捞的行为、对美国渔船进行扣押或对其施加处罚或制裁的任何国家从受援国中排除。

本款的规定不适用于美国加入的国际协议苛以国际义务约束的情况。

（p） ＊ ＊ ＊（已于1974年废除）

（q）在超过6个日历月的期限内，不得根据本法向任何违约国家提供援助。违约国家是指根据本法向该国提供贷款的本金或利益未按期返还给美国，除非该国履行该贷款的义务，或者总统确定向该国提供援助符合美国国家利益，并且将这种决定通知参议院议长和外交关系委员会议长。

（r）根据本法授权提供贷款的任何部分即该贷款的本金或利息在本款颁布之日或之后受援国未偿还的，均不得免除受援国偿还部分债务的责任。

（s）（1）为了限制军备竞赛和尖端武器的扩散，并确保将用于经济发展的资源不用于军事目的，总统在根据本法向任何国家提供发展贷款、联盟贷款或支持援助之前，都应考虑根据1954年《农业贸易发展和援助法》（修订）进行销售之前

（A）专门用于军事目的的受援国的军事装备购买预算；

（B）受援国或购买国利用其外汇或其他资源购买军事装备的程度。

（2）总统应每年向众议院议长和参议院外交关系委员会报告其执行本规

定的行为。

（t）不得根据本法或其他法案，向与美国断绝外交关系或此后与美国断绝外交关系的任何国家或地区提供援助，也不得根据1954年《农业贸易发展和援助法》进行销售。与美国断绝外交关系或此后断绝外交关系的国家，除非

（1）已与该国恢复外交关系；（2）视情况提供这种援助或进行销售的协议在谈判并达成之时，可能已与该国恢复外交关系。

（u）根据修订的1961年《对外援助法》向任何国家提供或继续提供援助的决定中，应考虑该国对联合国会费义务的履行情况；如果该国基于《联合国宪章》第19条第1款的规定而对任何此类义务负有责任，则总统应向参议院外交关系委员会和众议院议长提供报告，阐明有关国家政府提供履行义务的保证，以支付其所有欠款或对造成经济上无法提供这种保证的特殊情况作出充分解释。

（v） * * *（已于1974年废止）

（w） * * *（已于1978年废止）

（x）（1）向土耳其政府提供的所有军事援助、所有国防物品和服务的销售（无论是现金、信用证、担保或任何其他方式），以及与向土耳其政府运输武器、弹药和战争工具有关的所有许可证（包括与此相关的技术数据），应在本节颁布之日暂停生效，但如总统决定并向国会提交报告，证明土耳其政府遵守了1961年《对外援助法》《对外军售法》以及在塞浦路斯的军事问题取得了倾向达成协议的实质性进展，在1978年财政年度，总统可暂停本节和《武器出口管制法》第3（c）节中有关现金销售和根据该法案延长信贷和担保的规定，以采购总统认为保证土耳其履行其作为北大西洋公约组织成员国的防务责任所必要的国防物品和国防服务，但在1978年财政年度，根据该法出售给土耳其的国防物品和国防服务的总值，无论是现金还是信贷和担保，不得超过1.75亿美元。上述暂停生效需满足下列条件：土耳其遵守塞浦路斯停火协议，不增加其在塞浦路斯的军事力量或平民人口，并且不向塞浦路斯转让美国提供的任何武器、弹药或战争工具。本款第一句但书所要求的决定应根据具体情况，就每一笔现金出售、每一笔使用信贷的批准和每一笔对土耳其担保的使用的批准作出。每一项此类决定应向国会报告，并应附有支持总统决定的理由的完整陈述，以及包含1975年10月6日法案第2（c）（4）条（A）~（D）项规定信息的声明。如果涉及美国军需品清单上重要作战装备的销售，而《武器出口管制法》第36（b）条的国会审查规定不适用，总统不得签发要约或批准使用信用证或担保书（视情况而定），直至本款第一句所要求的报告提交国

会之日起30天期限结束为止。

（2）总统应在本款颁布后60天内，并在接下来的60天期限结束之时，向国会提交一份报告，说明在这段期间内谈判解决塞浦路斯冲突的进展情况。

（y）（1）除第（2）项规定的情况外，总统应从根据本法或任何其他法案提供的金额中扣除一笔金额，该金额等于该国或该国任何实体提供的核燃料及相关援助和信贷的总值，在上一财政年度向古巴提供援助。

（2）第（1）项规定的在一个财政年度内不向一个国家提供援助的要求不适用于古巴，如果古巴

（A）批准了《不扩散核武器条约》或《特拉特洛尔科条约》，并且古巴遵守了这两项条约的要求；

（B）在古巴批准该条约后不迟于两年内已经开始谈判并遵守国际原子能机构的全面保障监督措施；

（C）纳入并遵守国际公认的核安全标准。

（3）国务卿应每年编写并向国会提交一份报告，说明任何国家或国家的任何实体在上一年向古巴提供的核燃料和有关援助和信贷的数额，包括这些燃料、援助或信贷每次转让的条件。

第620A～620I条

该部分略去，不译。

第2章　行政规定

第621条　行使职能

（a）总统可以通过其直接指示的美国政府机构或官员行使本法赋予他的任何职能。任何此类机构的负责人或官员都可能会不时颁布为执行此类职能所需的规则和规定，并可能授权委托执行任何此类职能的权力，包括将此类职能重新授予其下属的权力。根据本法提供技术援助时，此类机构的负责人或此类官员应在切实可行的范围内以合同方式，利用私营企业提供的商品、专业服务和其他服务。在教育、卫生、住房或农业等领域使用其他联邦机构的设施和资源，尤其是当这些设施特别或独特地适合于技术援助、与私营企业没有竞争并且可以在不过度干扰国内程序的情况下获得。

（b）总统应发布并执行法规，确定何人有资格获得根据本法提供的资金。在确信调查结果表明某人或其下属的行为可能构成侵占援助资金后，可在此类调查过程中让其暂时停职，直到完成调查和由此产生的司法诉讼程序为止。在向该人提供听证会的机会后，他可能会被再次延长任职期限，但延长的任职期

限不得超过 3 年。

导致取消任职资格的原因包括

（1）在利用本法提供的资金进行援助交易中提供或接受有关的贿赂或其他非法付款或信贷；

（2）在利用本法提供的资金进行援助采购或合同签订、履行的过程中存在欺诈行为；

（3）在利用本法提供的资金进行援助交易中以其他方式表现出缺乏诚信的行为。在上述情况下恢复任职资格均应遵守总统指示的条件。根据本款被拒绝或中止任职资格的人，应有权要求对其任职资格进行复查，但复查的频率不得多于每两年一次。

第 621A 条　加强管理实践

（a）联合国大会认为，通过应用高级管理决策、信息和分析技术（例如系统分析、自动数据处理、收益成本研究和信息检索）可以更有效地利用美国的外国援助资金。

（b）为满足这一需要，总统应建立一种管理制度，其中包括美国外国援助的目标和计划的定义；发展并实现这些目标的定量指标；通常考虑使用以实现这些目标的方法；将计划和项目的实际结果与预期的结果进行比较的方法。该系统应向政府机构和国会提供与此类目标和结果相关的机构资源、支出和预算预测信息，以帮助评估计划绩效，审查预算要求以及确定计划优先级。

（c）＊　＊　＊（已于 1978 年废除）

第 622 条　与外交政策的协调

（a）本法所载的任何内容均不得解释为妨害国务卿的职权或职能。

（b）总统应规定适当的程序，以确保在美国外交使团团长的领导下，驻在每个国家的美国政府代表之间都进行协调。外交使团团长应确保此类代表在军事援助（包括公民行动）以及军事教育和培训计划方面的建议与政治和经济考量相协调。美国外交使团团长的评论应附有此类建议。

（c）在总统的指导下，国务卿应负责经济援助、军事援助以及军事教育和培训计划的持续监督和总体指导，包括但不限于确定是否应提供军事援助（包括公民行动）或确定针对一个国家的军事教育和培训计划及其价值，其目的是使此类计划在国内外资源有效地融合在一起，从而最好地服务于美国的外交政策。

第 623 条　国防部长

（a）在根据本法第二编获得援助的情况下，国防部长应主要负责

（1）确定军事最终需求；

（2）以允许其与服务计划整合的方式采购军事装备；

（3）受援国对最终产品使用的监督；

（4）对外国军队及相关文职人员的培训进行监督；

（5）军事物品的运输和交付；

（6）在国防部内履行与提供军事援助、教育和培训有关的其他职能。

（b）在采购、交付和分配军事装备方面应确定优先事项。

第624条　法定人员

（a）总统可在征求参议院的建议和意见后任命主要负责执行本法第一编机构中的12名官员。

（1）＊＊＊（已于1964年废除）

（2）＊＊＊（已于1964年废除）

（3）＊＊＊（已于1964年废除）

（b）在本条第（a）款规定的限制范围内，总统可以确定补偿标准，并可以指定根据该款所规定的职权任命任何官员的头衔。如果一名或多名上述官员不能履职、死亡、辞职或残疾，总统就可以确定本条第（a）款规定的官员之间的继任顺序。

（c）在参议院的建议和同意下，总统任命担任第642条第（a）款废除的任何法律原授权的任何职位，并且在根据第621条第（c）款和第（d）款的规定将该职位移交时，总统可在主要负责执行本法第一编的机构成员中任命担任该职位的人，无须参议院采取进一步行动。

（d）＊＊＊（已于1978年废除）

（e）除本条另有规定的人员外，总统还应在参议院的建议和同意下任命一名人员，以协调安全援助计划。

（f）＊＊＊（已于1994年废除）

（g）＊＊＊（已于1981年废除）

第625条　人员的雇佣

（a）美国政府根据本法执行职能的任何机构或办公室均有权雇用总统认为必要的人员，以执行本法的规定和宗旨。

（b）在美国雇用执行本法第一编或协调第一编和第二编的人员时，在不违反法律规定的情况下，可以任命、补偿或遣散不超过101人，而其中的任何人员获得的补偿金都不得高于《美国法典》第5编第5332条规定的一般时间表第15级所规定的数额。被任命担任上述任何职位的美国政府官员和雇员都有权从该职位撤职后被恢复到任命时其担任的原职位，或恢复到具有相同职等和薪水的职位。此类职位应是由法律授权、由总统任命填补，并应由《美国法典》第5编第5108条授权的职位。

（c）在美国受雇执行第一编或全部或部分取代第二编的人员中，不超过8名的人员可获得比《美国法典》第5编第5332条规定的第15级更高的薪酬，但不得超过该表中第18级的最高薪酬。此类职位应是由法律授权、由总统任命填补并应由《美国法典》第5编第5108条授权的职位。

（d）为了在美国境外履行本法规定的职能，总统可雇用或指派个人或授权未获授权使用外交人员的美国政府机构雇用或指派官员或雇员。前述人员应根据1980年《对外服务法》第402条或第403条或《美国法典》第5编第53章规定的任何标准获得补偿。除非总统另有规定，否则受外交部雇用或指派、期限超过30个月的个人应有权获得《对外服务法》第310条规定的福利。

（e）＊＊＊（已于1981年废除）

（f）根据本法为对外援助特定项目提供的资金，应视为包括为美国政府机构（主要负责执行本法第一编及第二编的机构）雇用的人员提供补偿。

（g）＊＊＊（已于1981年废除）

（h）尽管有其他法律规定，但根据该法履行职责的美国政府官员和雇员不得从外国接受任何补偿或其他利益。总统可以与这些国家作出安排，以偿还美国政府或其他机构分担执行此类职能的费用。

（i）在切实可行的情况下，最大程度地将在国外执行本法的官员和雇员分配到其具有特殊能力（例如适当的语言和实践经验）的国家和职位。

（j）＊＊＊（已于1981年废除）

（k）＊＊＊（已于1980年废除）

第626条　专家、顾问和退休人员

（a）根据《美国法典》第5编第3109条的规定，专家、顾问或组织可以雇用个人来执行本法规定的职能。如此受雇的雇员可以按照不超过《美国法典》第5编第5332条规定的总计划向雇员支付最高的日薪补偿。可以按照不时修订的政府差旅条例规定的适用标准，向其支付实际差旅费和每日津贴，以代替生活费。与专家、顾问签订雇佣合同，雇用的专家和顾问的人员数目不得超过10人，雇用的具有专门研究和发展援助经验的退休军事人员数目不得超过10人，雇用的具有广泛政治和军事专门经验的退休军事人员数目不得超过5名，每年可续签。

（b）根据本条第（a）款雇用的为专家或顾问服务的个人，不应视为符合《美国法典》第5编第1014条的规定，雇用或担任职务或职位。

（c）根据《国防法》第710（b）条的规定，美国政府的任何机构均可雇用经验丰富和能力卓越的人员来辅助执行本法规定的职能。

第 627 条　外国政府人员

当总统确定为了促进本法时，美国政府任何机构的负责人均可被授权指派任何官员或雇员在外国政府或外国政府机构任职。但接受该外国政府或外国政府机构的任何职位不涉及宣誓效忠该国政府或接受该国政府给予的补偿或其他利益。

第 628 条　国际组织人员

当总统确定与本法的目的相一致并为促进本法的目的时，美国政府任何机构的负责人都有权指派其机构的任何官员或雇员前往国际组织任职。被指派的官员或雇员服务于该国际组织的国际人员或作为其成员或向此类组织提供任何技术、科学、专业建议或服务或与该国际组织合作。

第 629 条

该部分略去，不译。

第 630 条

该部分略去，不译。

第 631 条　国外使团

（a）为了执行本法，总统可在美国以外的国家或地区派遣维持特殊任务的工作人员。每个承担此种特别任务的工作人员均应在所属特派团负责人的指导下开展工作。

（b）负责执行本法第一编目的的每个特派团团长或总参谋长都应由总统任命，尽管根据其他法律，总统可以酌情罢免。特派团团长或总参谋长有权获得 1980 年《对外援助法》规定的补偿和津贴，但不得超过 1980 年《对外援助法》第 102（a）（3）条所定义的授权执行官的补偿和津贴标准。

（c）总统可以任命或者指派不是美国政府雇员的任何美国公民担任发展援助委员会或后续委员会主席。尽管有其他法律规定，但总统也可自行决定终止此种任命或指派。发展援助委员会或后续委员会主席可享受 1980 年《对外援助法》规定的补偿和津贴，但不得超过该法第 102（a）（3）条所定义的授权执行官的补偿和津贴。就《美国法典》第 5 编第 81 章、第 83 章、第 87 章和第 89 章而言，发展援助委员会或后续委员会主席应被视为美国政府的雇员。总统还可以根据酌情决定权，向根据本法规定的在美国以外设立的特别职位的负责人或工作人员提供根据本法可获得的其他利益和津贴。

（d）在可行的情况下，尤其在较小规模的援助计划中，应根据有关法律规定，在美国外交使团团长的指导下，由该团的主要经济官员管理该团。

第 632 条　机构间的分配和补偿

（a）总统可将用于执行本法目的的资金的任何部分分配或转移给美国政

府的机构，包括美国政府向其预购商品、国防物资、军事教育和培训或服务（包括国防服务）的国家或国际组织。此类资金应根据本法授予的权限或在管辖分配或转移此类资金的美国政府机构的授权下用于授权用途的债务和支出。

（b）美国政府履行本法规定职责的任何官员都可以利用以下服务（包括国防服务）和设施或从中购买商品、国防物资或军事教育和培训，由美国总统任命的美国政府任何机构经该机构负责人的同意，可以在财政部账簿上将本款分配给任何此类机构的资金建立单独拨款账户。

（c）美国政府任何机构购买的用于执行本法第一编目的的任何商品、服务或设施都应从可用于执行该部分的资金中向该机构进行补偿或偿还，此类偿还或付款应按重置成本或在法律要求的情况下按实际成本支付。如果是国防部采购的用于执行第一编第 8 章的服务，则国防部提供此类服务所产生的额外费用也可予以补偿。任何此类偿还或付款的金额均应记入当前的拨款、资金或账户中，可以采购类似商品、服务或设施的替代品。除此类拨款、资金或账户外，不得使用其他账户偿还或付款。

（d）除非另有规定，否则应从本法第二编规定的可动用的资金中偿还美国政府机构用于第二编的目的提供或通过其提供的任何援助支出。偿还金额应等于国防物资或国防服务的价值（如本法第 644（m）条所定义）（美国武装部队成员的薪水除外）或提供的其他援助，加上根据本法第二编开展的援助行动所产生或发生的费用（美国武装部队的薪水以及未退休的平民退休金和其他福利费用的估算）。偿还金额应记入该机构当前适用的拨款、资金或账户。

（e）根据本法提供援助时，可以在美国政府任何机构的账簿上建立账户，也可以根据美国财政部长批准的条件在美国的银行机构中建立账户：

（1）可以据此出具承兑书，构成美国政府的可记录债务，并且根据修订后的 1940 年《债权转让法》，可以转让根据该承兑书应得的款项。

（2）受援国或机构、组织或个人在出示合同、发票或其他适当文件后可从中付款或从中取款。以前述方式设立的账户提供的资金支出应在美国政府资金支出所需的标准文件中予以说明，前提是此类商品、国防用品、军事教育和培训服务的支出（包括国防服务）或在美国境外采购的设施只能按照美国总审计长批准的标准进行核算。

（f）华盛顿州进出口银行根据本条第（a）款或 1954 年《共同安全法》（修订）第 522（a）条向其分配的资金所产生的抵免额，在确定银行没有达到经修订的 1945 年《进出口银行法》（《美国法典》第 12 编第 635e 条）第 7 条规定的限制范围内的贷款和担保时不得考虑。

（g）可在任何财政年度内，在用于执行本法第一编规定的任何拨款或账户可用资金的范围内支出、收取援助费用。自该财政年度结束时起，此类费用应最终计入适用的拨款、资金或账户，并适当计入最初用于融资目的的拨款、资金或账户，进一步规定，对于主要负责执行第一编需要支出的会计费用将与机构在提供援助时产生的费用，不需要在适用的、资金或账户中支付。

第 633 条　法律的豁免

（a）只要总统确定为了促进本法，即可执行本法授权的职能，而不需要考虑其他法律对合同修改以及美国政府资金支出作出的此类规定（修订后的 1951 年《重新谈判法》除外，见《美国法典》附录第 1211 条之后）。

（b）根据本法第二编授权执行的职能，可以不考虑修订后的 1939 年 11 月 4 日联合决议（第 54 号法令第 4 条）所作的规定。

（c）尽管有《美国法典》第 10 编第 3544（b）条和第 8544（b）条的规定，可以将国防部人员的分配委托给任何民政部门以执行本法［参见《美国法典》第 10 编第 973（b）条］。

第 633A 条　提供信息

该部分略去，不译。

第 634 条　年度报告

（a）为了使国会和美国人民对美国外交政策以及美国政府向其他国家和国际组织提供援助的有效性获得更好、更多的了解，发展协调委员会的主席应在每年 2 月 1 日之前准备并向国会转交本款所述的报告，作为对外援助年度介绍材料的一部分。

该报告应包括

（1）（A）对所有对发展中国家的发展有重大影响的美国政策和计划进行全面、协调的审查，包括但不限于双边和多边援助、贸易、债务、就业、粮食、能源、技术、人口、海洋、环境、人类住区、自然资源以及参与与发展有关的国际机构；

（B）根据本法第一编第 1 章的政策目标，评估此类政策和计划对发展中国家贫困人口福祉的影响，其中包括增加预期寿命和识字率，降低婴儿死亡率和出生率以及粮食生产和就业的增加。此种评估应包括对本法第一编第 1 章中的直接惠及穷人计划的评估；

（C）评估此类政策和计划对美国经济状况的影响，包括但不限于就业，工资和工作条件。

（2）美国政府以任何方式向所有外国和国际组织提供或作出的按类别和按国家划分的所有外国援助和担保的美元价值

（A）从 1946 年截至需要提交该报告的前一个财政年度；

（B）上一个财政年度的报告；

（C）提交该报告前一个财政年度的债务；

（D）提交报告财政年度的计划；

（E）提出报告后下一个财政年度的提议；

（F）由美国国际开发署管理的、没有竞争选择程序的、金额超过 10 万美元的任何合同以及如此行事的原因。

（3）按国家划分的先前接受外国援助贷款国家对美国的还款情况摘要。

（4）根据 1954 年《农业贸易发展和援助法》规定的信贷条件而进行每项农产品销售的状况、尚未清偿的债务，以及之前根据 1945 年《进出口银行法》作出或参与其中的贷款、合同、保险保证或信贷延期所涉及的每笔交易的状态、尚欠清偿的债务或潜在债务；但该报告应单列本款中所列的，金额超过 100 万美元的任何贷款、合同、销售、授信、延期或其他交易。

（5）（A）根据该法获得援助的每个国家的偿债能力状况；

（B）美国对这些国家给予的所有形式的债务减免，以及对每个此类国家所给予的具体债务减免的详细说明及其目的；

（C）考虑到美国给予的债务减免，从美国流向这些国家的净援助的情况摘要。

（6）由经济合作与发展组织成员国家的每个政府提供的所有官方发展援助、安全援助、国际灾难援助、难民援助和国际麻醉控制援助的美元价值。

（7）第（6）项所述的每种援助在

（A）第（6）项所指的每个国家的国民生产总值以及此类国家政府预算的占比；

（B）第（6）项所述的每种援助的每个国家的人均贡献占比。

（8）截至上一财政年度的 9 月 30 日，每个国家在不支付美元的情况下购入的所有外币金额。

（9）发展协调委员会根据本法第 640B（f）条进行的运作。

（10）美国在上一财政年度向每个外国组织和国际组织提供的军事援助、军事教育和培训以及任何其他根据本法提供的国防物资和服务的总价值和金额。

（11）关于上一财政年度少数民族资源中心活动的信息。

（12）其他与美国政府进行对外援助计划有关的信息。

（b）就本条而言

（1）对外援助是指美国政府根据本法或其他法案向外国组织或国际组织提供的任何有形或无形物品，包括但不限于任何培训、服务或技术咨询、由美国政府拥有的任何不动产、私人或混合财产、任何农产品、美元以及外国的任何货币；

（2）美国政府提供的援助包括但不限于通过赠款、贷款、销售、信贷或担保方式提供的外国援助。

第 634A 条　程序变更通知

（a）为了执行本法或《武器出口管制法》第 1052 条而拨出的任何资金，均无义务承担无正当理由或超出其规定限额的活动、计划、项目、物质援助费用，除非参议院外交关系委员会，提前 15 天通知国会众议院外交事务委员会，并经众议院拨款委员会同意，否则将在任何财政年度根据本法或《武器出口管制法》由国会承担义务。每当提议的重新规划的援助计划金额超过 100 万美元时，并且在本财政年度中根据本法第 653（a）条对某个国家的债务提议总额超过 500 万美元时，此类提议应具体说明（1）此类提议的性质和目的，以及（2）在债务发生时，可能以其他方式承担此类资金返还的国家。

（b）本条中的通知要求不适用于以下项目的重新规划

（1）本法第一编第 1 章规定的可用于开展活动、计划或项目的资金没有超过该财政年度应向国会批准的用于该活动、计划或项目的金额的 10%；

（2）本法第一编第 8 章或第二编第 5 章规定的可用援助资金金额少于 25000 美元的国家。

（c）总统应将关于国际事务预算职能中资金的任何重新规划通知参议院外交关系委员会主席和众议院外交委员会主席。重新规划与总统通知拨款委员会的相同程度和条件的对外援助，参议院外交关系委员会主席和众议院外交委员会应在各自管辖范围内授权。本款的要求是对其他通知要求的补充，而不是代替其他通知要求。

第 634B 条　报告分类

根据本法提交的报告中包含的所有信息均应为公开信息。但在此类报告中需要总统特别决定的任何信息，如公开，显然会损害美国安全的除外。

补充报告应在报告发送时一并转交国会。

第 635 条　一般授权

（a）除本法另有明确规定外，根据本法提供的援助可以赠款、现金、信贷或其他还款条件（包括外币还款或通过转账至美国政府的其他条件）的形式提供，以最适合实现本法的目的为原则，并应尽可能强调贷款而不是赠款。

（b）总统可与任何个人、公司或其他人士、友好的政府或政府机构（无论在美国境内还是境外）以及国际组织进行贷款、垫付和赠款，与之订立协议、合同，或在本法的限制范围内与之进行促进本法目的的交易。

（c）国会认为，总统在促进实现该法的宗旨时，应在切实可行的最大范围内使用在美国国际开发署注册并获得其批准的自愿性非营利组织的服务和设施。

（d）为了促进本法，总统可以通过礼物、遗赠、遗产、赠予或其他方式提供任何形式的金钱、资金、财产、服务用于援助。

（e）（1）授权美国政府的机构为雇用的外国参与者支付任何健康和意外保险费用。为该美国政府机构的援助计划提供技术信息和协助的参与者不在上述外国参与者的范围内。

（2）授权美国政府的任何机构为该机构雇用的外国雇员支付健康和意外保险的费用，而这些雇员出于培训或其他公务目的而不在国外工作的除外。

（f）如果根据《移民与国籍法》（修订）第101（a）（15）条获得其他非移民资格，则在国务卿和司法部长颁布的条例规定的时间和条件下根据本法提供任何技术信息和协助计划的外国人都可以被允许进入美国。

（g）总统根据本法提供贷款时

（1）可以签发信用证和承兑；

（2）可以收集或贴现给他或由他承担的任何债务，以及他应承担的任何法律或衡平法权利，并由其确定，将这些义务或权利转交给司法部长提起诉讼或托收；

（3）可以根据他确定的条款和条件收购和处置任何财产，包括证明债务或所有权的任何票据（前提是不能直接购买股票证券，尽管可以通过其他方式，例如通过行使转换权，通过执行留置权、质押或其他方式偿还先前发生的债务），并保证以任何此类票据付款；

（4）可以决定用于提供此类贷款的资金的债务和支出的性质和必要性，以及产生、允许和支付的方式，但须遵守专门适用于美国政府公司的法律规定；

（5）应维持一套完整的账目，并由总审计署根据《政府公司控制法》（修订）对适用于商业公司交易的原则和程序进行审计。

（h）合同或协议规定了本法第一编、第二编第1章和第2章可用的资金支出承诺，可以根据国会的未来行动，随时延长不超过5年。

（i）因投资担保业务而引起的索偿纠纷可在当事方同意的情况下，按总统指示的条款和条件进行仲裁。即使有其他法律规定，根据此类和解协议或仲裁裁决所支付的任何款项都具有最终决定性。

（j）《美国法典》第18编第955条的规定不适用于阻止任何人，包括个人、合伙企业、公司或协会代为参加或参与根据本法产生的任何操作或交易，或获取与根据本法产生的任何运营或与交易相关的任何义务。

（k）与大学、学院或其他教育机构签订的，用以执行第一编授权计划的任何费用型合同或协议（包括赠款）都可以按照直接可支配费用总额或部分所适用的预定固定百分比，支付上述大学、学院或其他教育机构的可支配间接费用。

（l）主要负责执行本法第一编的机构管理人员可以使用在该编提供的资金来进行援助，并且对该机构没有进行实地考察办公室的国家或地区的活动进行计划和管理监督。

（m）（1）为美国国际开发署（在此款中称为代理机构）设立了周转基金（在本款中称为基金）。在没有财政年度限制的情况下，该基金应可用于以下方面的个人和非个人服务、设备和用品费用

（A）国际合作行政支持服务；

（B）使用美国政府信用卡的返利。

（2）基金的资本应由以下各项组成

（A）署长确定的与基金的职能有关的此类物资、设备和其他资产的公允价值；

（B）使用美国政府信用卡的返利；

（C）为提供资本减去相关负债而提供的任何拨款。

（3）应使用提供的服务、设备或供应品的预付款对基金做出偿还或贷记。预付款来自本基金的拨款和本局、其他联邦机构以及本法第607条授权的其他来源，其费率将涵盖运营总费用，包括年假和折旧的计提，处置本基金所持有的财产收入或因财产损失或损坏而支付的款项以及适用于基金运作的回扣，偿还退款和其他贷项，均可存入基金。

（4）在每个财政年度结束时，代理机构的管理人都应从基金中转出美国财政部的杂项收据，其金额应由管理人确定超出基金的需求。

（5）可以通过邮递、活动或代理机构从该基金的营运资金中返还该供应品和设备的现值，并将其收益记入当前适用的拨款中。

第636条　资金使用规定

（a）用于本法或根据本法的拨款（第二编除外），从其他拨款中分配给美国政府任何机构，用于与本法目的直接相关的职能并且为其他目的提供给主要负责执行第一编的机构的资金，应用于

（1）在美国的建筑物的租金以及此类租赁财产的修理、改造和改善费用。

（2）与本法的拨款目的有关的出席会议的费用，包括（尽管有《公共法》（《美国法典》第31编第673条）第9条的规定）与会议和与受雇于本条规定

的人员有关的支出。

（3）与个人签约以在国外提供个人服务。根据公务员制度委员会执行的任何法律，不得将这些个人视为美国政府的雇员。

（4）飞机的购买、维护、操作和租赁。前提是，仅可按照拨款法或其他法案的规定购买用于行政目的的飞机。

（5）购买和租用乘用车：除非拨款法或其他法案另有规定，在美国以外地区用于行政用途的乘用车只能更换性购买，只能以相同数量的乘用车和成本交换、出售或更换现有乘用车。更换成本包括交换免税额在内，且每一次更换的成本不得超过满足美国总务管理局规定的美国制造三级车标准的中等型号轿车或旅行车的当前美国市场价格（或者，如更换的乘用车是一辆右舵驾驶的车辆，价格可是当前美国市场价格的 120%）。上述乘用车只能由在美国境外设立的联合国特派团或工作人员的负责人使用。根据第 631 条进一步规定，除主要负责执行本法第一编的机构负责人公务使用的乘用车外，只有在拨款法或其他法案有明确规定的情况下，才可购买乘用车在美国境内使用。

（6）娱乐活动（在任何一个财政年度中不得超过 25000 美元，除非拨款法或其他法案另有规定）。

（7）在不考虑《美国法典》第 31 编第 543 条、第 3651 条的情况下，交换资金和通过交换产生的损失。

（8）娱乐性以外的机密性质的支出（在任何一个财政年度中，都不得超过 50000 美元，除非拨款法或其他法案另有规定）。需证明该支出的金额。认为不宜指明其性质的，应由主要负责执行本法第一编的机构负责人或他指定的人员作出说明，并且每一份这样的证明均应被视为足以证明其中所含金额的凭证。

（9）为在国外使用而购置的公务车辆或飞机的保险。

（10）在美国境外租借或租借的办公室、建筑物、场地和住所，包括居住人员的住所，不得超过 10 年，并为此预先付款；对美国政府拥有或租用或可供美国政府在美国境外使用的财产的维护、装饰、必要的维修、改进和变更；上述情况下燃料、水和公用事业的成本。

（11）将参与根据本法第一编进行的任何援助计划的外国参与者运送至其先前的住所以及护理和处置遗体的费用或在此类人离开家园时可能因其参加援助计划而死亡的家庭成员，可以使用本款涵盖的资金予以支付。

（12）购买制服的费用。

（13）向参与根据本法第一编进行的任何援助计划的外国参与者提供每日津贴，以代替其生活在其居住地点位于美国以外的其他国家时的生活费用，其费用不超过政府旅行条例规定的标准。

（14）依照1980年《对外服务法》（《美国法典》第22编第3901条及以下）的权限使用。

（15）在美国以外使用的冰和饮用水。

（16）环境科学服务管理局特派人员的服务以及为向环境科学服务管理局提供此类服务的人员。除其他授权的人员外，还可指定不超过20名行政人员。

（17）＊　＊　＊（已于2002年废除）

（b）为本法目的提供的资金可用于补偿、津贴和人员旅行费用，包括主要为执行本法而服务的外国服务人员，包括遵守其他法律的规定，以及在美国境外用于采购供应和服务以及用于其他行政和经营目的（人员补偿除外）的支出，而无须考虑此类法律和管辖义务的规定以及为实现本法可能需要的美国政府的资金支出。

（c）尽管有其他法律规定，但根据本法可用于以下用途的美国境外援助的资金不得超过600万美元（本法的其他机构可用于此类用途的资金之外）

（1）供从事本法授权活动的人员使用的基本生活区、办公空间和必要的辅助设施；

（2）供从事本法所授权活动的人员、美国政府人员及其家属使用的学校（包括宿舍和寄宿设施）和医院。

此外，尽管有其他法律，根据本法提供的援助资金也可用于装备、人员、经营和维护此类学校和医院。

（d）根据本法的规定，用于向在美国境外建立或将要建立的学校提供援助的资金不得超过250万美元，可以在任何财政年度中，按照认为适当的条款和条件进行拨付。这种行为将有利于对本法授权的人员的家属和美国政府的家属进行教育，将更加经济或最符合美国的利益。

（e）根据本法获得的资金可用于支付在任何州或地方政府机构、公共部门根据本法第625（d）（2）条雇用或分配的美国公民人员的培训费用（通过互换或其他方式）或私人非营利机构、贸易、劳工、农业或科学协会或组织或商业公司；尽管可能不涉及人员调换或机构可能未进行培训，但可以使用《公共法》（《美国法典》第7编第1881条）的规定执行上述授权。根据《美国法典》第5编第5533条，此类培训不应被视为雇佣或就职。在美国政府机构负责人认为适当的情况下授权此类培训的机构，可以由私人或公共机构进行培训，并由任何学员接受，也可以由该机构的当前适用拨款接受并归功于该机构。

（f）根据第一编第1章提供的资金可用于支出（根据本法第637（a）条规定的费用除外），以协助履行农业贸易发展署第一编第1章规定的职能以及

1954 年修订的《援助法》(《美国法典》第 7 编第 1691 条),以及修订的《拉丁美洲发展法》(《美国法典》第 22 编第 1942 条),主要由负责第一编或第二编的机构执行,由根据第一编第 2 章第 4 条设立的公司根据 1954 年《农业贸易发展和援助法》(修订)进行的贷款活动。

(g) 为本法第二编或《武器出口管制法》提供的资金可用于

(1) 由主要负责执行第二编的机构以赠款或销售方式提供国防物资、军事教育和培训,国防物资、军事教育和培训以及国防服务所产生的行政、特殊和运营费用(不超过任何财政年度的 30 万美元);

(2) 根据《美国法典》第 5 编第 5702 (c) 条的规定,补偿与外国军事人员和有关文职人员的定向访问有关的军事官员的实际费用;

(3) 维修、修理、改造美国哥伦比亚特区或其他地区的设施,以训练外国军事人员和相关文职人员,而无须考虑联邦修正法律第 3733 条的规定(《美国法典》第 41 编第 12 条)或其他法律条款要求此类公共合同具有特定的授权或特定的拨款。

(h) 总统根据本法执行各项计划时,应采取一切适当措施,以确保

(1) 根据本法获得援助的国家以当地货币缴纳费用,以支付与此类程序结合提供的合同和其他服务;

(2) 以美国拥有的外币支付此类合同和其他服务的费用。

(i) 尽管有本法第 640 条或本法的其他规定,但为实施本法而提供的任何资金均不得用于资助购买、销售、长期租赁、交换或担保销售机动车辆,除非美国制造的机动车辆有此类规定。当存在特殊情况时,总统有权放弃本条的规定,以执行本法。

第 637 条 行政费用

(a) * * *(已于 1978 年废除)

(b) 根据本法授权拨出的用于行政费用的款项是正常情况下发生的行政费用。

第 638 条 排除

该部分略去,不译。

第 639 条 饥荒或灾害

* * *(已于 1975 年废除)

第 639A 条 救灾援助

* * *(于 1975 年重新制定)

第 639B 条 非洲发展计划

* * *(于 1975 年重新制定)

第 640 条　军事销售

＊ ＊ ＊（已于 1968 年废除）

第 640A 条　虚假主张和不合格商品

该部分略去，不译。

第 640B 条　协调

（a）总统应建立协调制度，以协调影响美国在低收入发展中国家的利益的美国政策和计划。为此，总统应设立一个发展协调委员会，就协调影响发展中国家发展的美国政策和方案（包括双边和多边发展援助方案）向他提出建议。发展协调委员会应包括主要负责执行本法第一编的机构负责人、国务院、财政部、商务部、农业部、能源部和劳工部的主席和代表、总统办公厅及其他行政部门和机构。发展协调委员会应就有关双边和多边发展援助在多大程度上集中在哪些影响发展中国家大多数人民生活的职能部门的关键问题，向总统提出建议，包括食物生产，农村发展与营养，人口规划与卫生，以及教育、公共管理和人力资源开发。

（b）总统应规定适当的程序，以确保以下各项之间的协调

（1）美国政府的各个部门和机构在国外的外交事务中均设有代表；

（2）在美国外交使团团长的指示下，美国政府在每个国家均设有代表。

总统应将其在本款的行动通知国会。

（c）本法授权的计划应在国务卿的外交政策指导下进行。

（d）＊ ＊ ＊（已于 1978 年废除）

（e）第（a）款所提述的任何部门或机构的负责人，可应部门主席的要求，临时将该部门或机构的任何雇员分配担任委员会的工作人员。

（f）为执行第（a）款的目的，委员会应

（1）就各种发展问题进行研究；

（2）针对每个此类部门或机构制定发展问题的实施策略；

（3）监测和评估每个此类部门或机构发展活动的结果；

（4）安排这些机构和部门之间的信息和研究交流。

（g）＊ ＊ ＊（已于 1981 年废除）

第 640C 条　运输差异

该部分略去，不译。

第 3 章　杂项规定

第 641～667 条

该部分略去，不译。

第四编

美洲企业计划

第701条　目的

本部分的目的是通过以市场为导向的改革和经济增长以及采取相关行动促进减债来鼓励和支持改善拉丁美洲和加勒比人民的生活、投资改革、基于社区的保护和环境的可持续利用，以及儿童生存和发展。该基金将通过本部分的减债业务管理来支持这些目标，这些国家应拥有民选政府、符合投资改革和其他政策条件。

第702条　定义

就本部分而言——

（1）管理机构是指本编第708（c）条规定的实体；

（2）美洲框架协议是指本编第708条规定的美洲框架协议；

（3）美洲基金是指本编第707（a）条规定的美洲基金企业；

（4）适当的国会委员会是指外交事务委员会、众议院拨款委员会和外交关系委员会以及参议院拨款委员会；

（5）受益国是指在其中行使本编第704（a）（1）条授权的合格国家；

（6）合格国家是指总统根据本编第703条指定的国家；

（7）美洲企业委员会或董事会一词是指根据1954年《农业贸易发展与援助法》第610条设立的委员会；

（8）设施是指根据该法第601条在财政部设立的美国设施企业。

第703条　符合条件的资格

（a）要求。一个国家如有资格从本部分获得该基金的利益，必须是满足如下条件的拉丁美洲或加勒比海国家：

（1）政府是民主选举产生的；

（2）政府未曾多次为国际恐怖主义行为提供支持；

（3）政府在国际麻醉品管制事务上没有合作的伙伴；

（4）其政府（包括其军事或其他安全部队）的行径没有一贯严重侵犯国际公认人权的情况；

（5）已经获得批准或在特殊的情况下，在以下方面取得重大进展

（A）国际货币基金组织的安排、扩展的基金安排或结构调整机制或增强结构调整机制下的安排或在特殊情况下，由基金监督的计划或同等安排，除非

总统决定（与美洲委员会企业咨询后），可以合理地预期这样的安排或计划（或其等效项目）会对社会或环境产生重大不利影响。

（B）酌情从国际复兴开发银行或国际开发协会提供结构性或部门性调整贷款，除非行长决定（在与美洲企业委员会协商后）合理预期的调整结果对社会或环境具有重大的不利影响；

（6）与美洲开发银行贷款一起进行重大的投资改革，或者正在实施或朝着开放投资制度取得重大进展；

（7）在适当的情况下，已与其商业银行贷款人就令人满意的融资计划达成协议，包括适当地减少债务或偿还债务。

（b）资格确定。总统根据本条第（a）款确定一个国家是否有资格根据本部分领取津贴。总统应在作出任何正式决定之前至少提前 15 日通知有关国会委员会其打算将一个国家指定为合格国家的意图。

第 704 条　减少某些债务

（a）减免债务的权力。

（1）根据本法第一编，本法第二编第 4 章规定的国家或以前的外国经济援助立法，由美联储向符合条件的国家提供的优惠贷款，总统可减少截至 1992 年 1 月 1 日未偿还的对美国（或美国任何机构）的欠款。

（2）拨款要求。本条规定的授权只能按照拨款法事先规定的数额或程度行使。

（3）某些禁令不适用。

（A）就任何限制国家援助的法律规定而言，根据本条规定的债务减免均不应被视为援助；

（B）尽管有本法第 620（r）条和 1975 年《国际发展与粮食援助法》第 321 条的规定，仍可行使本条的授权。

（b）债务减免的实施。

（1）总统根据第（a）款进行的任何债务减免均应在融资机构的指导下，通过将新的债务换成自第（a）（1）款规定的日期起未偿债务而实现；

（2）债务交换。融资机构应将符合本条规定的协议，通知有资格的国家/地区，由负责执行本法第一编的主要负责机构将新的债务换成旧债务。在该机构的指示下，应取消旧的债务，并为该国建立新的债务义务，主要负责执行本法第一编的主要负责机构应对其账目进行调整以反映债务的减少。

第 705 条　偿还本金

（a）付款的货币。根据本法第 704（b）条产生的每项新债务的本金应以美元偿还。

（b）存入付款。新债务的本金应存入为偿还这些债务的本金而建立的美国政府账户中。

第 706 条　新债务的利息

（a）利率。受益国根据本法第 704（b）条发行的新债务应以优惠利率承担。

（b）付款货币

（1）当地货币。如果受益国签订《美洲框架协议》，则应以受益国的当地货币支付利息，并将其存入美洲基金。此类利息应为受益国的财产，直至根据第 707（d）条支付该利息为止。这些当地货币应用于《美洲框架协议》规定的目的。

（2）美元。如果受益国尚未签订《美洲框架协议》，则应以美元支付利息，并将其存入为偿还新债务产生的债务的利息而建立的美国政府账户中交换。

（c）已支付的利息。如果受益国在新发行的债务首次到期日之后签订《美洲框架协议》，则已为该新债务支付的任何利息均不得再存入美国为该国设立的美洲基金。

第 707 条　美洲基金企业

（a）建立。应要求每个签订《美洲框架协议》的受益国建立一家美洲基金企业，以根据本法第 706（b）（1）条以当地货币收取款项。

（b）出于任何法律规定，不应将存放在美洲基金企业中的当地货币视为援助。

（c）投资在美洲基金企业中存入的资金应进行投资直至支付。此类投资的任何回报都可以由美洲基金企业保留，无须存入美国财政部，也无须国会进一步拨款。

（d）支出仅根据《美洲框架协议》分配美洲基金企业的资金。

第 708 条　美洲框架协议

（a）权限。国务卿经与适当的政府官员协商，有权与任何符合条件的国家就该国美洲基金企业的运营和使用订立《美洲框架协议》。在协商此类协议时，国务卿应根据本法第 709 条与美洲企业理事会协商。

（b）与符合条件的国家/地区达成的协议应

（1）要求该国家/地区建立美洲基金企业；

（2）要求该国根据第 706（b）（1）条向美洲基金企业支付利息；

（3）要求该国迅速从美洲基金企业向第（c）款所述的管理机构付款；

（4）在适当的情况下，力求维持美洲基金以美元计算当地货币资源的价值；

（5）根据第（d）款，具体说明可使用美洲基金款项的目的；

（6）包含用于执行协议条款的合理条款。

（c）代理机构。

（1）总统从每个受益国的美洲基金企业拨付的资金应由该国法律下的机构管理。

（2）组成。管理机构应由以下人员组成

（A）由美国政府任命的一名或多名个人。

（B）由受益国政府任命的一名或多名个人。

（C）代表以下各方面的个人

（i）受益国的环境非政府组织；

（ii）受益国的儿童生存与儿童发展非政府组织；

（iii）受益国的当地社区发展非政府组织；

（iv）受益国的科学或学术组织或机构。

管理机构的多数成员应为（C）项所述的个人。

（3）责任。管理机构

（A）应从合格的受赠者（根据第（e）款确定）接收赠款援助的建议，并根据《美洲框架协议》中商定的优先事项，向符合条件的接受者赠款；

（B）负责管理由美洲基金企业资源资助的计划和监督赠款活动；

（C）应每年接受独立审计师按照普遍接受的审计标准进行财务报表审计；

（D）应按照美国总审计长要求向美国总审计署代表授予与美国基金企业运作相关的账簿和记录的访问权限；

（E）每年都应提交一份年度计划，以供美洲企业理事会审查；

（F）每年都应将其在上一年进行的活动的报告提交给美洲企业委员会主席和受益国政府。

（d）合法活动。美洲基金的赠款应用于

（1）将自然资源的保护和可持续利用与当地社区发展联系起来的活动；

（2）儿童生存和其他发育活动。

（e）赠款接收人。美洲基金企业提供的赠款应提供给

（1）受益国的非政府环境、自然保护、儿童生存和发展以及土著人民组织；

（2）其他适当的地方或区域实体；

（3）在特殊情况下，受益国政府。

（f）审查更大的拨款。从美洲基金企业获得的任何超过10万美元的拨款，

都应由美国政府或受益国政府表决。

(g) 资格标准。如果某国不再符合总统根据本法第703(b)条确定的第703(a)条规定的资格要求，则不可从美洲基金企业获得利益。只有在总统确定该国符合第703(a)条中规定的资格要求之前，才可将该国定为非政府组织。

第709条 美洲企业局

就本部分而言，美洲企业理事会应

(1) 就美国框架协议的谈判向国务卿提供建议；

(2) 与(A)受益国的政府协商，确保(B)受益国的非政府组织，(C)该地区的非政府组织(如果适用)，(D)环境，(E)科学，儿童生存和儿童发展以及受益国的学术领袖，为每个美国基金企业确定一个合适的管理机构；

(3) 审核每个管理机构的计划、运营和财务。

第710条 年度大会报告

根据1954年《农业贸易发展和援助法》(《美国法典》第7编第1738条)第614条提交的年度报告应包括对每份《美洲框架协议》的描述，以及对管理机构依据《美国框架协议》所提供的任何赠款的描述。

第五编 减少拥有热带森林的发展中国家的债务[1]

---

[1] 该法案的第5编标题是“减少拥有热带森林的发展中国家的债务”。这部分也被称为《1998年热带森林保护法》，包含第802~813条。此处略去不译。——审校注

对外援助（官方发展援助目标）法（2015）

第12章[1]

本法规定英国实现占国民总收入0.7%的官方发展援助目标，规定对官方发展援助的有效性作出独立核查，以及其他相关目的。

［2014年3月13日］

1. 自2015年实现联合王国0.7%的目标的义务

（1）外交大臣有责任确保英国在2015年及以后的每个日历年达到占国民总收入0.7%（在本法中称为"0.7%的目标"）的官方发展援助目标。

（2）在本法中联合王国在任何一年中是否已达到0.7%的目标应根据年度报告确定的数额来确定（特别是根据2006年法案附录第1条第（h）款规定的百分比）。

（3）在本法中

"2006年法案"是指《对外援助（报告和透明度）法（2006）》；年度报告是指根据2006年法案第1部分提交的年度报告。

2. 如0.7%的目标未达到，则有义务向议会作出说明

（1）如在2016年或之后的任何日历年提交给议会的年度报告表明在报告年度内未达到0.7%的目标，则外交大臣必须在提出报告后合理可行的时间内尽快向议会提交符合第（3）款和第（4）款的说明。

（2）如果2015年及以后的日历年提交议会的年度报告表明，报告年度实现0.7%的目标，但

（a）根据2006年法案第1条第（4）款，报告被随后的年度报告修改，

（b）修改的结果表明报告年度没有达到0.7%的目标，

外交大臣必须在提出后一份报告后，在合理可行的时间内尽快向议会提交一份符合第（3）款的声明。

（3）根据第（1）款或第（2）款提交的声明必须解释在报告年度没有达到0.7%目标的原因，如果相关，则提及下列一项或多项因素的影响：

（a）经济情况，特别是国民总收入的任何重大变化；

（b）财政情况，特别是实现目标对税收、公共开支和公共开支可能产生

[1] 初译人员：黄斯雅，广东外语外贸大学2018级国际法专业研究生。

的影响；

（c）发生在英国以外的情况。

（4）根据第（1）款所作的说明还必须包括外交大臣已采取的、确保英国在报告年度后的日历年实现0.7%的目标措施。

（5）在“报告年度”中，与年度报告有关的期间为12个月，即2006年法案第1条第（2）款所界定的最新相关期间，其中根据该法附录第1条第（h）款列入的信息与之有关。

3. 对议会负责

（1）确保关于第1条责任落实的唯一手段是第2条规定的向议会说明的义务。

（2）因此，第1条中的义务尚未或将不会得到履行的事实并不影响任何人作为或不作为的合法性。

4. 废除2006年法案中的第3条

2006年法案第3条（要求每份年度报告都包括对预期实现0.7%的目标的年份评估）被废除。

5. 官方发展援助的独立评价

（1）外交大臣必须对英国提供的官方发展援助货币价值与援助目的之间关系的独立评估作出安排。

（2）外交大臣必须在每份年度报告中列入关于他或她将如何履行第（1）款下的义务的说明。

6. 简称、生效时间和范围

（1）该法案可被称为《对外援助（官方发展援助目标）法（2015）》。

（2）该法自2015年6月1日起生效。

（3）该法适用于整个联合王国。

对外援助（报告和透明度）法（2006）

第 311 章

本法要求外交大臣每年报告国际援助的总支出以及此类援助细目，特别是在实现支出占国民总收入 0.7% 的官方发展援助目标方面取得的进展，要求此类报告包含有关国家支出、低收入国家支出比例以及援助支出的有效性和国际援助的透明度信息，并用于相关目的。

［2006 年 7 月 25 日］

年度报告

1. 年度报告：一般规定

（1）外交大臣有义务每年根据本法的规定向议会提交有关国际援助的报告（即年度报告）。

（2）在本法中，相关期间是指

（a）在信息通常是基于日历年制作的情况下，12 个月是指截至 12 月 31 日的期间。

（b）在其他情况下，12 个月是指截至 3 月 31 日的期间。

（3）遵循本条第（5）款的规定，年度报告应在每年 3 月 31 日后的合理时间内提交各议会。

（4）年度报告可以修改上一次年度报告中的任何内容。

（5）本法的任何规定均不得解读为阻止将年度报告与外交大臣提交议会的其他报告合并。

2. 统计报告

每份年度报告必须包含本法附录中列出的信息。

3. 联合国 0.7% 支出目标的进展

已废除。新规定参见《对外援助（官方发展援助目标）法（2015）》第 12 章第 4 条、第 6（2）条。

4. 援助效益和千年发展目标 1 ~ 7

（1）每份年度报告必须包含外交大臣对以下事项的评估：

（a）在实现千年发展目标 1 ~ 7 方面总体取得了的进展。

（b）英国在多边援助方面实现千年发展目标 1 ~ 7 方面的有效性。

（c）英国在向不少于 20 个根据指定标准选择的国家予以双边援助方面实

现千年发展目标1~7方面的有效性。

(ca)《国际发展法(2002)》第1条第(1A)款和第3条第(2)款为实现千年发展目标3采取的措施。[1]

(d) 在推广无条件援助方面取得的进展。

(2) 在本条中

(a) 千年发展目标1~7指的是联合国大会2001年9月6日文件A/56/326附件中所载的目标1~7,该文件标题为"执行《联合国千年宣言》的路线图:秘书长报告"。这些目标可能不时予以修正或修改。

(b) 无条件援助是指属于第(3)款的援助。

(3) 符合以下条件的援助属于无条件援助:

(a) 对受援助国家使用该援助从何处购买商品或服务不附加限制条件,如果有限制条件的话,受援助国家可以使用该援助向经济合作与发展组织的所有成员国以及从任何来源获得援助的基本所有国家购买商品或服务。

(b) 援助的提供者已在合理可行的范围内确保在购买过程中不会对从其购买商品或服务的国家产生任何比(a)项所述更多的重大障碍。

5. 政策一致性和千年发展目标8

(1) 外交大臣应在每份年度报告中加入他认为适当的对政府部门在以下方面采取的政策和计划的执行效果的一般或具体意见:

(a) 促进英国以外国家的可持续发展;

(b) 英国以外国家的贫困减少。

(2) 这些意见应包括关于实现千年发展目标8的意见,特别是在以下方面的进展:

(a) 以规则为基础的、非歧视性的开放式贸易体系的发展及低收入国家贸易机会的扩展;

(b) 以规则为基础的、非歧视性的开放式金融体系的发展;

(c) 低收入国家的债务减免进展。

(3) 在本条中,"千年发展目标8"是指第4(2)(a)条中提到的文件附件中列出的目标8,该目标可能会不时予以修正或修改。

6. 透明度

(1) 外交大臣应在每份年度报告中加入他认为恰当的意见,考察各政府部门在以下方面对透明度促进的贡献:

(a) 提供援助;

---

[1] 本款为经英国《对外援助(性别平等)法(2014)》修订、补充后的内容。——译者注

（b）提供援助的使用。

（2）外交大臣应在每份年度报告中特别包括有关以下方面进展的意见：

（a）指明未来的援助分配；

（b）确保援助支持明确确定的发展目标，并在提供目标和接受援助的目标之间达成一致；

（c）促进更好地管理援助，包括防止与援助有关的腐败；

（d）确保改进对援助使用情况的监测。

杂项和最后规定

7. 年度报告中所用术语的解释及含义

（1）在本法中，凡是提及英国提供的援助都是指政府部门提供的援助。

（2）如果年度报告使用具有特殊含义的术语，则必须包括对这些术语的解释或定义。

（3）特别是每份年度报告必须包括以下术语的解释或定义：双边援助、国民总收入、人道主义援助、低收入国家、多边援助、官方发展援助、部门。

8. 费用

费用应从议会提供的款项中支付：

（a）外交大臣因本法而产生的任何支出；

（b）根据其他法案增加的可归因于本法的增加的款项支出。

9. 简称和生效日期

（1）本法可称为《对外援助（报告和透明度）法（2006）》。

（2）第1~6条应自本法通过之日起3个月后生效。

附　录

第2条　年度报告中应包含的信息

年度报告必须包含最近一个报告期间以及紧邻最近一个报告期间之前的4个期间中的每个期间的以下信息：

（a）英国提供的双边援助数额；

（b）英国提供的多边援助数额；

（c）（a）项和（b）项中每笔金额中包含的债务减免数额；

（d）（c）项金额中所包含的已取消出口抵免数额；

（e）英国提供的双边官方发展援助数额；

（f）英国提供的多边官方发展援助数额；

（g）英国向其提供援助的机构提供的多边官方发展援助总额中的估算

份额；

(h) (e) 项和 (f) 项中提到的数额的总数，以及该数额占联合王国国民总收入的百分比；

(i) (a) 项数额中提供给低收入国家的比例和数额。

1. (1) 第1条 (a) 项中的每个相关期间的数额也应分解为：

(a) 按地区；

(b) 按国家；

(c) 按部门。

(2) 年度报告还必须根据本条第 (1) 款 (b) 项显示每个国家的数额，每个完整数额中都包括人道主义援助的金额。

2. 第1条 (b) 项中提到的每个有关期间的数额还至少应参照通过以下方式提供的援助加以细分（但可以进一步细分）：

(a) 欧洲共同体；

(b) 世界银行集团；

(c) 联合国及其机构；

(d) 其他多边组织。

3. (1) 第1条 (e) 项中提到的每个相关期间的数额也应按国家/地区细分。

(2) 年度报告还必须说明在第1条 (e) 项中提到的每个相关期间提供给低收入国家的金额比例以及数额。

4. (1) 在切实可行的范围内，第1条 (g) 项中提到的每个相关期间的数额也应按国家细分。

(2) 年度报告还必须说明第1条 (g) 项中提到的每个相关期间的数额中提供给低收入国家的金额比例以及数额。

5. 根据第2条第 (1) 款 (b) 项和第4条第 (1) 款在每个国家的年度报告中所包括的数额也应标示 (a) 项和 (e) 项中规定的占全部数额的比例。

6. 如果在编写报告时尚无（或尚未提供）该期间的数据，则该法的任何规定均不要求在任何相关期间内包含该信息。但是，如果以后可以获取相关数据，则必须将其包含在之后编写的第一份年度报告中。

7. 如果年度报告中包含英国在任何数额中的估算份额的数字，则年度报告中必须包含确定估算份额的说明。

国际发展法（2002）[1]

第1章

此法是为了向联合王国以外的国家提供援助而制定的，就国际金融机构和英联邦奖学金委员会作出规定，并用于上述相关目的。

［2002年2月26日］

第1部分　援　助

提供援助

1. 发展援助

（1）如果大臣确信提供援助很可能有助于减少贫困，大臣就可以向任何个人或机构提供发展援助。

（1A）适用本条第（1）款提供发展援助之前，大臣应当优先考虑可能有助于减轻贫困，并以可能有助于减少两性之间不平等的方式提供发展援助。[2]

（2）在本法中，发展援助是指为以下目的而提供的援助：

（a）促进英国以外的一个或多个国家的可持续发展，或

（b）改善一个或多个此类国家人口的福利。

（3）就第（2）款（a）项而言，可持续发展包括大臣经谨慎考虑，可能对一个或多个国家的人口产生持久利益的发展。

（4）在本法案中，大臣是指外交大臣或财政大臣。

2. 英国海外领土的发展援助

在不符合本法第1条第（1）款要求的情况下，如果援助国提供给1981年《英国国籍法》（c. 61）（英国海外领土）附录6所载的一个或多个地区，外交大臣就可以向任何英国海外领土的个人或机构提供发展援助。

3. 人道主义援助

（1）为减轻英国以外一个或多个国家的人口因自然灾害、人为灾难或其他紧急情况造成的影响，外交大臣可向任何个人或机构提供援助。

---

[1] 初译人员：黄斯雅，广东外语外贸大学2018级国际法专业研究生。

[2] 本款为经英国《对外援助（性别平等）法（2014）》修订、补充后的内容。——审校注

（2）在根据本条第（1）款提供援助之前，外交大臣在考虑提供援助的优先性时应该顾及他国受灾难或紧急情况影响的人口因性别不同而导致的需求差异。[1]

4. 额外权力

（1）大臣可以准备或促进行使以下适用的权力：

（a）与任何人或机构订立协议（包括提供援助的协议）；

（b）进行其他活动。

（1A）在第（1）款中，适用的权力是指

（a）如果大臣为外交大臣时，本法第1条、第2条或第3条规定的权力；

（b）如果大臣为财政大臣时，本法第1条的规定权力。

（2）大臣可以

（a）通过捐献或其他方式支持为一个或多个相关目的而存在（全部或部分）的任何组织；

（b）向旨在（全部或部分）用于一个或多个相关目的的任何基金捐款；

（c）促进或协助任何个人或团体增进对全球贫困以及减轻贫困的认识，如果大臣认为该行为可能有助于减少贫困。

（3）本条第（2）款不影响第（1）款的一般适用性。

（4）第（2）款中的相关目的是指

（a）如果大臣为外交大臣

（i）为本法第1条第（2）款（a）项或（b）项或第3条所述的目的；

（ii）为与该目的大致相对应的目的。

（b）如果大臣为财政大臣

（i）为本法第1条第（2）款（a）项或（b）项所述的目的；

（ii）为与该目的大致相对应的目的。

援助形式

5. 援助的含义

（1）在本法中，援助是指任何形式或任何性质的援助，包括：

（a）财政或技术援助；

（b）包含物资供应的援助。

（2）在本条第（1）款中，技术援助包括：

（a）以人员、培训或提供研究成果的形式提供专有技术的援助；

---

[1] 本款为经英国《对外援助（性别平等）法（2014）》修订、补充后的内容。——审校注

（b）以奖学金形式提供的援助。

6. 经济援助

（1）根据本法，可以提供以下经济援助：

（a）以助学金或借款的方式；

（b）以担保的形式；

（c）由大臣收购公司的证券。

（2）在任何情况下均可以提供不止一种形式的经济援助。

（3）在本条中，公司包括任何法人团体，无论其在何处注册；与公司有关的证券是指股份（包括股票）、债券和其他证券，无论是否构成对公司资产的抵押。

（4）本条受本法第7条第（3）款（某些财政援助需要获得财政部批准）的约束。

（5）如果公司的证券被财政部收购，则该证券视为由时任财政部构成人员持有。

7. 提供援助的条件

（1）根据本法，大臣可以根据确定的条款和条件（如果有）提供援助。

（2）除财政援助外，援助可以是

（a）免费提供；

（b）按照大臣确定的付款条件提供。

（3）外交大臣根据本法提供财政援助（非赠款）时，必须按照财政大臣批准的条件进行。

（4）批准可以实行个案审批或同类案件一次性审批。

8. 与第三方的协议

（1）根据本法的有关规定，授予大臣以向任何人或机构提供援助或开展任何援助活动的权力，包括订立以确保提供此类援助协议的权力，或（视情况而定）由一个或多个人进行的援助活动。

（2）协议可规定大臣向根据协议提供设施的人付款。

（3）在本节中，有关规定是指

（a）如果大臣为外交大臣，为第1～4条；

（b）如果大臣为财务大臣，为第1～4条。

9. 法定机构的权力

（1）附录1中提到的每个法定机构都可以为以下目的订立和执行协议：

（a）促进英国以外的一个或多个国家可持续发展；

（b）改善一个或多个此类国家/地区人口的福利；

（c）减轻自然灾害、人为灾难或其他紧急情况对一个或多个国家人口的影响。

（2）法定机构根据本条订立的协议（授权协议）不得规定该机构提供财务援助。

（3）法定机构在签订授权协议之前必须获得外交大臣的同意。

（4）外交大臣可对以下目的表示同意

（a）有关法定机构是苏格兰机构或在本法第 10 条第（1）款（b）项规定的机构，并且只得到苏格兰大臣的批准；

（b）如果有关法定机构是威尔士国民议会以外的威尔士机构，并且只得到威尔士国民议会的批准。

（5）可以根据本款作出命令，对附录 1 进行修订，对附录 1 所列法定机构进行增补或删除。

（6）第（5）款赋予的权力在下列情况下可以行使：

（a）如是与苏格兰机构有关的任何命令，则由苏格兰大臣行使；

（b）如是本法第 10 条第（1）款（b）项中法定机构有关的任何命令，则由外交大臣经苏格兰大臣同意后行使；

（c）如是与威尔士机构有关的任何命令，则由威尔士国民议会行使；

（d）在其他情况下，则由外交大臣行使。

10. 苏格兰机构、威尔士机构等的含义

（1）根据本法第 9 条

（a）苏格兰机构是指一个法定机构，其所有职能均满足以下要求：

（i）在苏格兰行使或与苏格兰有关；

（ii）与保留事项无关（1998 年苏格兰法令（c. 46）所指的）。

（b）除具有其他职能外，机构还具有本条中满足（a）项（i）和（ii）的要求的职能。

（2）根据该条，威尔士机构是指以下法定机构：

（a）其职能仅在或主要在威尔士行使或行使的职能与威尔士有关；

（b）根据本条，未由外交大臣依命令指定为排除的法定机构。

（3）根据第（2）款作出命令之前，外交大臣必须咨询威尔士国民议会。

第 2 部分　杂项和一般事项

国际金融机构

11. 多边开发银行

（1）本条适用于英国政府在本条生效之时或以后必须向多边开发银行付

款的情况。

（2）根据本条，多边开发银行是指以全世界或世界任何地区的经济发展为目标之一的国际金融机构。就该银行而言，有关付款是指

（a）初始认购或对银行资本存量的其他初始出资，有关设立和运营该银行的国际协议要求该银行的成员支付；

（b）成员根据任何安排向银行进一步支付的款项。

（3）大臣可以

（a）代表英国政府，支付

（i）相关付款；

（ii）如果已经支付，维持其价值所需的任何付款。

（b）支付款项以赎回由其发行或产生，由银行根据协议或安排接收的任何无息票据和不可转让票据或其他义务。

（4）本条第（3）款仅适用于为本条目的并经以下命令的付款：

（a）由财政大臣批准；

（b）由外交大臣批准并经财政大臣同意。

（5）除非已向下议院提交命令草案并获得下议院的批准，否则不得根据第（4）款作出命令。

12. 国际金融机构的豁免和特权

（1）女王陛下可通过理事会颁令作出她认为合理的规定，以使建立国际金融机构协议的任何相关规定生效。

（2）下列规定是相关的，如果其涉及地位、豁免或特权：

（a）国际金融机构；

（b）其理事、董事或执行董事或候补理事或董事；

（c）其官员或雇员。

（3）根据本条规定，以下为国际金融机构：

（a）国际复兴开发银行；

（b）国际金融公司；

（c）国际开发协会。

（4）除非已向议会提出该命令的草案并获得下议院的批准决议，否则不得建议女王陛下会同枢密院根据本条作出命令。

（5）外交大臣可根据命令修订第（3）款，对当时在此列出的机构进行增补或删减。

（6）本条不影响 1968 年《国际组织法》（c. 48）或任何其他法所赋予的权力。

13. 英联邦奖学金委员会

（1）在英国，英联邦奖学金委员会（以下简称“委员会”）将继续存在。

（2）委员会由以下机构组成：

（a）主席；

（b）由外交大臣任命的不少于9名、不超过14名其他成员。

（3）其中必应有不少于4名成员被任命为高级学术职位。

（4）附录2对委员会具有效力。

14. 委员会的职能等

（1）委员会的职责是：

（a）在前来英国的人士中挑选英联邦奖学金和研究金计划的接受者。

（b）安排：

（i）接受者前往16～19个学院或英国其他适当机构的继续教育部门或高等教育部门；

（ii）在授予奖学金期间，监督接受者的工作情况。

（c）在英国选拔以下人士作为以下奖金的候选人：

（i）研究金计划；

（ii）在英国以外的国家授予。

（d）履行外交大臣可能指派给委员会的其他职能。

（2）委员会在履行其职责时必须遵守外交大臣给予他们的任何指示。

（3）外交大臣不得就选择或拒绝某人获得奖项或作为其候选人提供任何指示。

（4）根据本条第（1）款（a）项选定的人必须是英联邦公民或受英国保护的人（根据1981年《英国国籍法》（第61章）的定义），除非外交大臣出于特殊原因且经委员会批准作出另外决定。

（5）外交大臣可以

（a）作出本条第（1）款（a）项所述的奖金决定；

（b）补充本条第（1）款（c）项所述的奖金决定。

（6）在本条中委员会的含义与第13条相同。英联邦奖学金和研究金计划是指1959年7月在牛津举行的英联邦发展会议提出的同名计划。继续教育部门：

（a）就英格兰和威尔士而言，具有1992年《继续教育和高等教育法》（c.13）第91条所赋予的含义。

（b）就苏格兰而言，包括：

（i）根据1992年《继续教育和高等教育法（苏格兰）》（第37条）第36

条的规定，设有管理委员会的继续教育学院；

（ii）由教育当局保护的继续教育学院，行使其继续教育职能，以提供 1980 年《苏格兰教育法》（c.44）第 1（5）（b）（ii）条所指的继续教育课程；

（iii）1980 年《苏格兰教育法》第 135 条所指的中央机构。

高等教育部门是指：

（a）就英格兰和威尔士而言，具有 1992 年《继续和高等教育法》第 91 条所赋予的含义；

（b）就苏格兰而言，具有 1992 年《继续教育和高等教育法（苏格兰）》第 56（2）条所赋予的含义

联合王国包括海峡群岛和马恩岛。

杂项废除

15.《1980 年海外发展与合作法》中废除的条款

《1980 年海外发展与合作法》（c.63）的以下规定停止生效：

（a）第 3 条（与海外企业有关的未成功的探索性支出）；

（b）第 7 条（亚洲开发银行）；

（c）第 8 条（国际银行向殖民领地提供贷款的担保）。

一般规定

16. 财务规定

（1）应从议会提供的款项中支付：

（a）外交大臣因本法而发生的任何支出；

（b）外交大臣为履行本法规定的担保所需要的任何款项；

（c）依其他法案，可归因于本法的增加性金钱支付款项。

（2）大臣收到的任何款项，应以下列方式存入合并基金：

（a）依据本法作出的贷款的利息或偿还而获得的款项；

（b）依据本法处置获得的任何证券，或该证券的股息或其他付款；

（c）依据本法第 7 条提供的除财政援助外的其他援助付款。

（3）在本条中，证券的含义与第 6 条中的含义相同。

17. 解释

（1）在本法中，援助具有第 5 条中给出的含义；国家包括任何领土或地区；发展援助的含义是第 1 条中给出的含义；大臣的含义是第 1 条中给出的含义。

18. 就本法而言，提及一个国家的人口时包括该国未来的人口及人口的任何部分（现在或将来）。

19. 命令

（1）本法授予发布命令的任何权力均可通过法定文书行使。

（2）外交大臣根据本法赋予的权力作出的法定文书，除根据第 11 条第（4）款或第 20 条第（2）款作出的命令外，均可根据议会两院的决议予以废除。

（3）苏格兰大臣根据第 9 条第（5）款赋予的权力制定的法定文书，可根据苏格兰议会的决议予以废除。

20. 相应的修订和废除

（1）附录 3（相应的修订）生效。

（2）附录 4 所指明的成文法则在指明的范围内被废除。

21. 简称、职称和范围

（1）本法可援引为《国际发展法（2002）》。

（2）本法自外交大臣根据命令指定之日起生效。

（3）附录 5（与本法实施有关的过渡性和准备性规定）生效。

（4）附录 3 所载的任何修订或附录 4 所载的废除条款的效力适用范围同其立法时相关条款的适用范围。

（5）基于此，本法的效力范围延伸至北爱尔兰。

附录

附录 1

第 9 条　适用第 9 条的法定机构

英国旅游局；

卫生局；

地方卫生委员会；

根据 2006 年《国家卫生服务法》、2006 年《威尔士国家卫生服务法》或 1978 年《苏格兰国家卫生服务法》建立的国家卫生服务信托（c. 29）；

特殊健康管理局；

特殊健康委员会；

威尔士国民议会。

附录 2

第 13 条　联邦奖学金委员会

成员的任期

1.（1）委员会的成员根据其任命条件任职和撤职；

英国

（2）成员可通过提交书面通知向外交大臣辞职；

（3）停止任职后，有资格再次获委任。

程　序

2.（1）委员会的法定人数为6人。

（2）委员会任何法律程序的有效性均不受以下因素的影响：

（a）任何成员的任命有任何缺陷；

（b）任何空缺。

委员会

3.（1）委员会可任命委员协助他们履行职责；

（2）委员会可包括非委员会成员的人；

（3）委员会可将其任何职能有限制条件或无限制条件地委派给委员。

财政拨款

4.（1）委员会的开支，由外交大臣在财政大臣的同意下批准，可以由外交大臣支付。

（2）为此，费用包括支付给以下人员的旅费和其他津贴：

（a）委员会或委员会的任何成员；

（b）由委员会选任顾问的人。

年度报告

5.（1）委员会必须在每年9月30日之后尽快向外交大臣提交一份报告，说明在截至该日的12个月内履行职责的情况；

（2）外交大臣必须将报告的副本提交议会两院。

附录3　相应修订（略）

附录4　废除（略）

附录5

第20条　过渡性条款和规定

命　令

1.（1）根据《1980年海外发展与合作法》（第63条）（1980年文本）第6条（国际开发银行和国际开发协会）的任何命令，在紧接该法生效之前生效。在该时间之后，本法应具有效力。

（2）本款不影响1978年《解释法》（c. 30）第17（2）（b）条（保留关于废除和重新制定某项规定的从属立法）。

担　保

2. 废除《1980 年海外发展与合作法》并不应妨碍根据该法案第 8 条提供（或视为给予）的任何保证在本法生效后继续有效；

根据《1980 年海外发展与合作法》第（7）款和第（9）款，该款提供（或按给定方式对待）的担保应继续有效。

3. 人员

在本法生效之前根据《1980 年海外发展与合作法》第 10 条任命的人员（任命可在海外担任公职的军官）应在该法生效后继续按照该条任职。

4. 与公共服务就业有关的协议

本法对《1980 年海外发展与合作法》的废止不会阻止根据该法第 12 条订立的任何协议在本法生效后继续有效。

5. 本法生效后，在本法废止的成文法中所包含的任何保留或过渡性规定均不影响本法的继续执行。

立法变更

《国际发展法（2002）》是最新的立法，所有已知变更将于 2018 年 7 月 1 日或之前生效。某些变更可能会在将来生效。所作的更改已显示在立法内容中，并带有批注。

加拿大官方发展援助责任法[1]

【S. C. 2008，c. 17，2008 年 5 月 29 日表决通过】

在加拿大参议院和众议院的建议和同意下，女王陛下颁布如下。

标　题

1 该法案被命名为《加拿大官方发展援助责任法》

立法目的

2（1）该法的立法目的是确保加拿大提供的所有对外官方发展援助均以减少贫困为重点目标。该目的与加拿大的价值观、外交政策以及《巴黎宣言》中的有效援助部分的原则相一致。同时，这一目标也有利于可持续发展、民主进程的进步以及促进国际人权标准的制定。

2（2）加拿大官方发展援助应完全根据以下提及的价值导向加以界定。

解释说明

定　义

3 下列定义适用于本法。

加拿大价值观是指与全球公民、性别平等和环境可持续发展等相关的价值观。

民间社会组织指非营利组织或由政府决定管理结构的慈善组织。其中包括但不限于已登记注册的慈善机构、非官方的发展组织、社区团体、妇女团体、宗教团体、行业团体、工会、自助团体、社会运动团体、商业协会、联盟、人权组织和宣传团体。

主管部长是指国际发展部长、财政部长、外交部长或其他与官方发展援助相关的部长。

民主包括但不限于《公民权利和政治权利国际公约》所定义的公民权利和政治权利。

国际机构是指以减少全球贫困或提供人道主义援助等为目标的任何组织机构。

国际援助是指由政府提供的，具有促进国际发展、国际金融机构、国际发展研究和促进全球和平与安全进程并具备应对海外危机等用途的资金。

国际人权标准是指加拿大加入的国际人权公约和国际习惯法之中的人权

---

[1] 初译人员：吴小瑶，广东外语外贸大学 2019 级法律硕士研究生。

标准。

部长是指国际发展部长或由总督按照本法的立法意图委任的其他部长。

官方发展援助是指以下国际援助：

（a）其主要目标是促进发展中国家的经济发展和提高福利待遇，根据相关法律规定，可以至少提供25%的赠款，以符合第4条的相关规定；

（b）可用于减轻加拿大以外的自然灾害或人为灾害等紧急情况的援助。

官方发展援助

4（1）主管部长只能在以下三种情况提供官方发展援助：

（a）利于促进减少贫困；

（b）利于减缓贫困人口的困难；

（c）符合国际人权标准。

（1.1）尽管有第（1）款的规定，但官方发展援助仍可用于减轻加拿大以外的自然灾害或人为灾害等紧急情况。

协　商

4（2）主管部长应至少每两年与政府、国际机构和加拿大民间社会组织协商一次，并且认真考虑它们的意见和建议后，再形成第（1）款所述的相关意见。

捐助款项的计算

4（3）通过加拿大政府公布的数据，计算加拿大官方发展援助的数额时，主管部长和总督应该注意使官方发展援助符合本条第（1）款和第（1.1）款的标准。

没有限制的情况

4（4）本法中的任何条款都不得解释为限制国际发展研究中心[1]的资助和活动。

报　告

向议会报告

5（1）总理或主管部长应在每个财政年度结束后的1年内向议会报告情况；在议会没有安排听取报告的情况下，总理或主管部长应在众议院开会的前5天，将报告环节安排于会议议程。该报告的内容包括：

（a）在上一年的财政年度中，加拿大政府用于官方发展援助的总金额；

（b）列举概括根据本法进行的任何活动或倡议；

（c）在遵守布雷顿森林体系以及相关协议的前提下，加拿大政府开展的

[1] 国际发展研究中心（International Development Research Center）。——译者注

能够实现本法案立法意图的活动；

(d) [废除，见 2018，c. 27，s. 658]

(e) [废除，见 2013，c. 33，s. 193]

统计报告

(2) 部长应在每个财政年度结束后的 1 年内，发布加拿大官方发展援助相关支出的统计报告。

(3) [废除，见 2018，c. 27，s. 658]

(4) [废除，见 2018，c. 27，s. 658]

2008，c. 17，s. 5；2013，c. 33，s. 193；2018，c. 27，s. 658.

生 效

6 该法在获得女王陛下同意之日起 30 日内生效。

注：该法于 2008 年 6 月 28 日生效。

未生效的修订条例

—2018，c. 27，s. 656

656 在《加拿大官方发展援助责任法》中，废除了第3条中“官方发展援助”的定义。

—2018，c. 27，s. 657

657 该法案在第3条后增加了以下内容：

规章条例

3.1 为了实现该法的立法意图，总督可以制定相关的规章条例，以完善“官方发展援助”的相关表达。基于此，总督必须考虑相关的事情。特别是由经济合作与发展组织中的发展援助委员会制定的“官方发展援助”的最新定义。

2017 年澳大利亚外交政策白皮书（节译）[1]

1. 澳大利亚的援助：为繁荣与稳定投资

澳大利亚发展援助的对象是集中于印度洋－太平洋海域的周边国家。该计划的目的是通过可持续的经济增长与减少贫困两种途径，促进国家利益的发展。我们与合作伙伴共同致力于通过增加对私营部门及人类发展的援助以实现联合国可持续发展目标。澳大利亚的发展援助是澳大利亚对全球繁荣与稳定作出贡献的重要组成部分。

我们鼓励创新、鼓励私营部门引导经济增长和有利于就业的政策与项目。我们的援助旨在帮助合作伙伴国家提高治理能力、改善教育与健康领域的问题以及增强合作伙伴国家在农业、渔业和水资源利用方面的效率。我们帮助发展中国家建立基础设施从而使其具备贸易的条件与能力。我们促进性别平等，因为消除性别差距与人均收入的提高有着密切的关系。

我们认为，仅依靠经济的增长无法保证长足的繁荣与稳定。这是我们关注减少贫困和促进弱势群体（包括妇女和残疾人）参与经济建设与社会生活的原因。

我们发展援助计划的成功同样离不开解决其他障碍。我们与我们的合作伙伴推出了解决性别不平等、应对全球气候变化、加强对自然灾害侵袭后的恢复能力等项目。为了解决这些全球性的危机和矛盾，澳大利亚政府决定每年将增加人道主义帮助和其他资助至 5 亿美元。

我们确保我们的投资款项是基于综合性的效绩评估而作出的。我们会通过澳大利亚援助年度报告向公众公开展示我们的成果。

在分配发展援助时，我们将采取四项原则：

（1）这是否符合我们的国家利益？

（2）这会促进包容性增长和减少贫困吗？

（3）是否需要利用合作伙伴的资金？

（4）能否带来有利的结果和经济上的价值？

---

[1] 初译人员：吴小瑶，广东外语外贸大学 2019 级法律硕士研究生。

表1 2017～2018 年澳大利亚官方发展援助（ODA）

澳大利亚官方发展援助总额	约 39 亿美元
澳大利亚对非洲和中东的发展援助数额	2.275 亿美元
澳大利亚对南亚和西亚的发展援助数额	2.839 亿美元
澳大利亚对东南亚和东亚的发展援助数额	8.830 亿美元
澳大利亚对非洲东海岸的发展援助数额	0.261 亿美元
澳大利亚对拉丁美洲和加勒比地区的发展援助数额	0.059 亿美元
澳大利亚对太平洋地区的发展援助数额	10.978 亿美元
澳大利亚向联合国、英联邦、其他国际组织和多边机构支付数额	6.610 亿美元
澳大利亚向不属于特定的区域给与人道主义帮助和其他官方发展援助数额	7.273 亿美元
澳大利亚对印度洋－太平洋地区的发展援助数额占比	90.8%

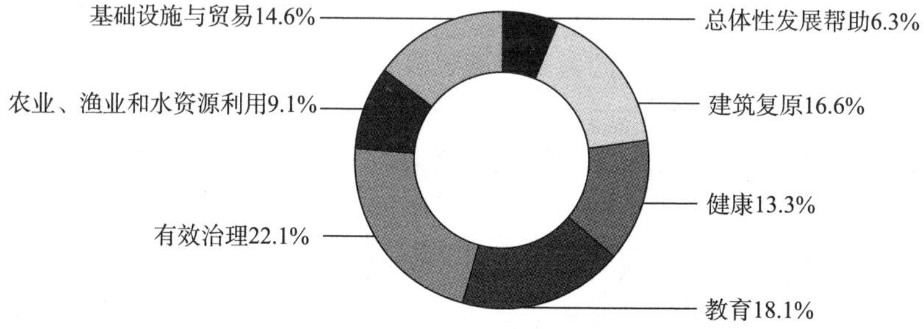

图1 澳大利亚官方发展援助投资重点

数据来源：澳大利亚外交和贸易部门《2017～2018 年澳大利亚对外援助预算总结》

＊根据相关机构与项目的统计，澳大利亚官方发展援助的流向主要如图 1 和表 1 所示。其中，政府相关部门与全球项目的花费支出也包含在内。

＊＊印度洋－太平洋地区的发展援助占比不包括以下数据：向联合国、英联邦、其他国际组织和多边机构支付的金额；向其他地区提供的人道主义帮助和其他发展援助的数额。

2. 外交政策伙伴

国家与地区

澳大利亚联邦政府致力于在关乎其国家与领土等国际问题上与其他国家建立紧密的合作伙伴关系，并且与合作伙伴共同促进贸易、投资、旅游和教育等领域的发展。另外，我们将合力扫除恐怖主义、打击跨国组织犯罪等有关安全威胁。

事实上，很多大型的、国际化的亚洲城市与地区自身便是国际事务的参与者。例如，东京、首尔、北京、上海、广东、江苏、山东和浙江具备超过大部分G20成员的经济总量。这些省份、城市与澳大利亚的州、城市有着正式的联系和紧密的商业关系。联邦政府鼓励和支持各州和地区与其他地区建立亚国家－国际关系。例如，澳大利亚－中国－省级领导论坛便是一个典型的例子。

国内政策与外交政策在全球范围内是紧密互动的。因此，与州和地区政府的密切合作有利于我们的贸易与投资的联系以及有利于履行我们的国际义务。在遵守条约的前提下，州与地区的政策会影响我们的国际义务，例如在贸易和应对气候变化等领域。确保联邦政府、州和地区政策与我们的国际义务相适应，这是维护我们的利益和声誉至关重要的环节。

商　业

在气候变化和可持续发展等全球性问题上，很多企业是主要的参与者，应将企业目标与社会、环境和经济目标相联系。企业能够影响政策，推动国际标准的设立并且将澳大利亚与国际市场、科技和创意联系起来。私营企业不仅是我们国内繁荣的推动力，也是奠定澳大利亚的国际地位以及促进其行使广泛国际影响力的重要基础。

政府将继续与商界领袖、行业团体和中小型企业（包括澳大利亚的区域性与农村地区的中小型企业）进行广泛接触，并且将其列入澳大利亚的国际议程。商界不仅是国内经济改革的重要倡导者，也是政府在制定对外贸易和对外投资相关政策的重要支持者。澳大利亚商界领袖在亚太经济合作组织中的商业顾问委员会和G20中的商业小组等区域性和多边的商业组织中承担着重要的角色。这能够帮助扩大澳大利亚在国际舞台上的影响力和确保我们的政策方针最大限度地维护澳大利亚的利益。

澳大利亚总理和高级部长带领首席执行官代表团前往澳大利亚的主要市场，以求促进澳大利亚的商业利益。澳大利亚贸易委员会定期组织商业特派团在世界各地来回穿梭以求增加商业机会，特别是中小型企业的商业机会。此外，为了增加本国的商业贸易和投资的机会，澳大利亚的官员还与本国的议员和海外的商会密切合作。

发展伙伴

我们与包括非政府组织、私人企业和多边机构在内的广泛伙伴进行合作，从而帮助扩大澳大利亚发展援助计划的影响力。非政府组织因其特别的性质与功能，能够帮助我们发挥对外援助计划的影响力，从而促进区域内的繁荣与稳定，所以，非政府组织是我们重要的合作伙伴。非政府组织能够为我们带来与当地沟通交流的机会，带来对当地贫困现象全面且深入的认识，并且其具备的专业技能。同时，非政府组织能够接触到在其他情况下难以接触的弱势群体，例如那些刚经历自然灾害侵害的群体。非政府组织在解决气候变化或可持续发展等问题的多边议程上同样有着不可小觑的贡献。因此，非政府组织经常成为澳大利亚官方代表团中的一分子。

与私营企业的合作能够扩大澳大利亚发展援助计划的影响。事实上，私营企业是发展中国家的经济增长、财政收入增加和创造就业机会的主要来源。我们通过商业伙伴关系平台等项目，在多个部门（例如农业发展部门、水资源管理部门和医疗健康部门）中实施积极的改革措施。通过企业之间分享资产、网络和专业知识，我们能够在援助计划中实现更好的结果。

在我们与联合国以及多边开发银行等多边机构的合作中，我们的政府能够发挥影响力、专业技能和召集力。在一定程度上，我们的多边伙伴帮助我们实现了单凭一己之力无法实现的结果。例如，澳大利亚与亚洲开发银行共同出资、共同设计、共同建造横跨湄公河的曹兰大桥。这座桥一旦建造完成，每天将能够为 17 万名道路使用者提供便利。同时，这座桥还能将湄公河三角洲的人员与市场和东南亚其他地区连接起来，促进其交融互通。

同时，与其他政府的合作伙伴关系也可以帮助我们的发展援助计划取得更好的成效。在孟加拉国，我们与英国以及全世界最大的非政府组织建立了合作伙伴关系，从而通过提供教育、技能训练以及生活援助，帮助弱势地区获得更加自立、自强的条件与能力。

侨　民❶

澳大利亚是一个移民国家。澳大利亚政府认为我们的民族多样性是澳大利亚的国家优势，因此，我们认为所有的侨民不分出身、不分种族，均平等地享有澳大利亚法律所确认的权利以及平等地获得澳大利亚法律的保护。

侨民群体具备与其他国家有关的联系、语言技能以及文化同源等条件，而这些条件能够帮助澳大利亚加深与其他国家的联系。例如，他们能够提供海外市场与风俗习惯的相关信息，从而促进澳大利亚的商业贸易与海外投资。同时，通过侨民也可以改变澳大利亚在国际舞台上的形象。事实上，澳大利亚的侨民因为经常汇款给位于发展中国家的亲属，从而为发展中国家的发展提供了帮助。同时，侨民具有知识和关系网络，能够加深澳大利亚对其他国家发展状况与人道主义问题的了解。澳大利亚政府致力于与侨民合作，以求改善澳大利亚的形象与声誉，促进贸易与投资。我们可以适当请求侨民为澳大利亚的发展援助计划提供支持与帮助。

---

❶ 澳大利亚认为，侨民包括移民到澳大利亚的群体及其后代，以及那些虽然居住在澳大利亚但是与原籍国家或者其家庭保持深厚联系的群体。——审校注

软实力

软实力是指有能力通过自身的吸引力和想法影响他人的行为或思维。同时，软实力也对我们的外交政策有着重要的影响。澳大利亚的软实力是基于一些持久的优势而产生的。这些优势是我们的民主政治、多元化的社会、强大的经济力量、有吸引力的生活方式以及世界级的机构。同时，全球化以及技术的进步特别是互联网和社交媒体的发展，继续改变着澳大利亚运用软实力的方式。

政府意识到，在全球化进程中，个人和非政府行为者在对澳大利亚有重大意义的问题上有着不可小觑的作用，且能够影响最终的结果。同时，数字通信的存在为非政府行为者与民族国家以前所未有的速度大规模地影响公众对事情的态度以及看法。

在有关全球国家软实力的调查排名中，澳大利亚位列前茅，是一个具有强大软实力的国家。澳大利亚的民主政治、法治、强大的经济力量、优质的教育、前沿的尖端科技、对多元文化和环境的保护等成为澳大利亚强大软实力的重要源泉。这些因素为澳大利亚吸引来自全球各地的人才和资源有着必不可少的作用。这些因素能够使澳大利亚人和澳大利亚的机构在国际舞台上更加自信、更加让人信服地发出声音。澳大利亚致力于解决区域和全球的挑战与问题，这无疑展示了澳大利亚具有国际影响力的大国风采。澳大利亚与发展伙伴的关系也帮助澳大利亚扩大了针对国际事务的参与面，并扩大了澳大利亚的国际影响力。澳大利亚令人羡慕的生活方式反映出高质量的生活标准、城市和政府服务的卓越以及世界领先的环境保护水平。澳大利亚在创新与创意产业方面具备优势。澳大利亚的迷人景色是各地游客向往的景致，旅游产业为澳大利亚带来实质的经济效益。游客到澳大利亚的海岸欣赏自然美景的同时，还能够向他们展示澳大利亚的世界级产品、充满活力的经济和多元开放的社会，以彰显澳大利亚的国际影响力。

政府致力于推销澳大利亚的商业、教育和文化名片。澳大利亚将会发展更加强大的国家品牌，以此巩固澳大利亚作为具有国际竞争力的投资目的地、游客旅游的最佳选择、高水平教育的提供者、提供优质产品和服务并值得信赖的出口商的声誉。这将有利于完善澳大利亚涉及面更广泛的贸易投资政策，从而为澳大利亚的重要经济伙伴创造更多的利好因素。

数字化参与对于吸引、建立和鼓励澳大利亚外交政策目标的帮助有着越来越重要的影响。更广泛地说，数字化参与是支持一种更开放和更具协商性的政府形式。在这种形式中，政府既可以传达自己的信息，又可以听取群众不同的观点。数字通信平台同样可以帮助澳大利亚监测国际事态的变动发展，以及追踪对澳大利亚政策的观点和看法。通过数字媒体，澳大利亚可以针对相关的问题进行辩论、了解澳大利亚的利益，并且改进危机管理和提高领事服务的质量，例如，可以通过数字媒体及时公布注意信息。政府将会继续对公共服务进行投资，以确保澳大利亚的公共服务具有相关的数字化技能。这包括招聘具有技术专长的人员，以及对员工进行投资，使其具备他们工作所需要的数字化技能。在澳大利亚的数字媒体中，还会增加除英语之外的语言文字的使用。澳大利亚将继续鼓励积极利用社交媒体发布澳大利亚的海外帖子。与此同时，无论新兴媒体还是传统媒体在对澳大利亚的政策散步扭曲或不真实的信息时，澳大利亚都需要制定消除误解的措施，以确保真实的声音能够被听到。

澳大利亚的制度、机构和专业知识是澳大利亚软实力的重要影响因素。通过分享澳大利亚经济改革的经验、可持续的发展和监督管理制度，澳大利亚可以为其他国家应对自身的挑战提供相关的经验与帮助。这使澳大利亚能够与合作伙伴相互协作，解决共同的问题，并促进相关标准的制定和监督管理方法，以求鼓励更多的澳大利亚公司参与其中。在金融、老年人与医疗保障以及水资源利用管理的领域，澳大利亚的机构与标准最具有优势。世界经济的不断变化为澳大利亚在制定全球标准方面提供了进一步的空间。澳大利亚提供有效的发展计划也提升了自身的声誉，并有助于展示澳大利亚在教育、卫生和科学等领域的专业知识。

澳大利亚对教育、培训和学术交流的承诺将仍然是其软实力的核心。这些交流彰显了澳大利亚的国际影响力，加强了人与人之间的联系以及相互理解。澳大利亚将继续欢迎成千上万的国际学生的到来（见图 2）。

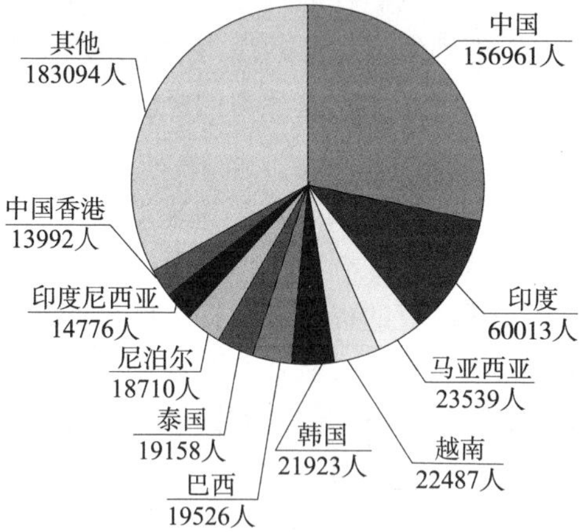

图 2　2016 年澳大利亚的外国留学生分布

数据来源：澳大利亚教育与培训部门。

澳大利亚政府帮助发展中国家的领导新秀进行教育培训已经有60多年了。从20世纪50年代的科伦坡计划到今天的澳大利亚政府奖学金，超过8万人获得了澳大利亚政府奖学金并在澳大利亚学习。澳大利亚政府每一年都会在该奖学金项目中投入大约3.2亿美元，以资助3500项奖学金项目、研究金和短期课程。

澳大利亚当前面对的挑战是确保资助资金（通常是能够维持几年的数额）能够真正用在来自印度洋-太平洋地区及其他地区的优秀人才身上。为此，政府推出一个新的澳大利亚政府奖金框架，将获奖人与私营部门和政府的领导人联系起来。这些奖学金、研究资助和工作调动补助同样能够树立澳大利亚在提供教育和研究方面的卓越声誉。

在过去的50年里，澳大利亚总共接纳了超过250万国际学生留澳学习。许多外国政府和商界领袖其中包括国家元首、部长和首席执行官，都曾在澳大利亚学习，并且了解我们机构运行的模式、价值观和世界观。这对于澳大利亚来说，无疑是一项重要的资产。这些曾经留澳学习的国际学生以及在海外学习的澳大利亚人，一并组成属于澳大利亚的全球校友社群。我们建设全球校友社群的战略促进了澳大利亚的发展，也促进了我们的国家利益。通过线上社区以及学习的机会，政府正在努力与澳大利亚的高校进行合作，以保持校友与澳大利亚之间以及校友彼此之间的联系。

新科伦坡计划

新科伦坡计划（NPC）是澳大利亚政府致力确保的一项具有变革性的倡议。在新科伦坡计划下，成千上万的澳大利亚年轻人前往印度洋-太平洋地区学习和实习。这无疑建立了与区域内机构以及个人之间的联系。

新科伦坡计划是澳大利亚致力于向邻国学习的重要证明，正如我们知道印度洋-太平洋地区的学生将从其在澳大利亚求学、研究的经历中获益一样。澳大利亚政府希望这项计划能够持续推行，使之成为澳大利亚年轻人生活和工作中的一项习惯。因此，要长期且持续地进行新科伦坡计划。

澳大利亚政府每年都将会为新科伦坡计划中的10000名学生提供5000万美元的资金。到2018年，我们将资助3万多名澳大利亚本科生在印度洋-太平洋地区学习和实习（见表2）。印度洋-太平洋地区的国家竭尽所能地支持新科伦坡计划的实施。澳大利亚的工商界以及很多外国企业都是该计划的重要合作伙伴。我们将通过新科伦坡计划中学生间的联系，建立新科伦坡计划的校友网络。

表 2　新科伦坡计划按照地区招收的学生（2014～2018 年）

国家或地区	招生人数（人）	国家或地区	招生人数（人）
巴布亚新几内亚	128	日本	2337
不丹	208	瑙鲁	10
巴基斯坦	1	斯里兰卡	530
东帝汶	449	所罗门群岛	354
东南亚国家联盟（印度尼西亚不计算入内）	8267	萨摩亚	315
斐济	805	汤加	115
韩国	1007	图瓦卢	22
基里巴斯	69	瓦努阿图	388
库克群岛	106	新喀里多尼亚	82
蒙古	80	印度	3345
孟加拉共和国	150	印度尼西亚	5336
马尔代夫	64	中国	4708
尼泊尔	956	中国台湾	450
帕劳	35	中国香港	1110

数据来源：澳大利亚外交和贸易部。

注：数据包括新科伦坡计划的流动项目以及奖学金项目；在该数据发布时，尚无 2018 年奖学金项目的相关数据。

我们评估有 100 万澳大利亚人居住海外，我们将会通过商会和相关机构，继续发挥侨民对外国认识、资源网络和专业知识的优势。

政府将继续履行其 60 年的承诺，资助澳大利亚志愿者分享与澳大利亚地区相关的专业知识。这一年我们将会支持超过 1000 名澳大利亚志愿者与合作国家或地区的当地机构和政府部门进行合作，以促进该地区的社会与经济发展。

体育外交

澳大利亚是全球公认的热爱运动且擅于运动的体育国家。我们的体育外交政策展示了澳大利亚在赛事管理、高水平体育运动和运动医学等相关领域的专业知识。体育能够使澳大利亚与世界各地的人和机构进行交流和联系，例如主办 2018 年英联邦运动会和 2020 年男女 T 20 板球世界杯等活动赛事。

访问和交流

增加澳大利亚在国际舞台曝光度最有效的途径之一就是访问和交流，例如国际媒体访问计划。该计划主要向澳大利亚推荐最有影响力的当代外国记者，从而使澳大利亚与其进行合作，促进准确且消息灵通的海外媒体报道。像特别访问那样的计划展示了澳大利亚的专业知识、机构、政府治理、文化和生活方式，探索了澳大利亚在访问与外交方面的合作机会。例如，中国和印度领导人以及阿拉伯联盟的秘书长就是特别访问计划中的众多杰出代表之一。

政府机构定期与新秀领导人和机构中的高级官员实施交流和训练工作。例如，国防和其他以警察力量为主导的外交和人员交流等活动就是典型的例子。这些活动和机构相互间的关系促进了资源网络的发展，并建立长期的伙伴关系和牢固的个人联系。从更深层意义而言，这些项目有助于促进澳大利亚的国家利益、重点事项的解决和国际政策的实施。

透明度宪章

澳大利亚援助计划

2011 年 11 月

澳大利亚公众和接受澳大利亚援助的受援国有权知晓澳大利亚的援助资金是否得到有效利用，是否取得实际成果并帮助人们摆脱贫困。

有了良好的信息，纳税人和受援国才可令政府负责，并降低其腐败的风险。澳大利亚政府致力于提高澳大利亚援助项目的透明度。

为实现这一承诺，澳大利亚国际开发署（以下简称“澳发署”）将对澳大利亚的国际发展项目保持透明和开放；在澳发署的网站上发布有关澳发署工作的详细信息，包括我们的政策、计划、过程、澳大利亚援助活动的成果以及我们的评估和研究，以解释澳大利亚援助资金的使用方向以及其对减贫的影响。以及时且容易获得的方式发布上述信息；欢迎公众提供反馈，以帮助我们进一步提高援助项目的有效性、效率和透明度，进而实现更大程度的物有所值；允许任何人在承认并注明澳发署为信息来源的前提下，重复使用澳发署的信息。

澳发署将通过以下方式立即执行该宪章：在更全面的网页上定期更新有关澳发署国别项目活动的信息和数据，包括支出、成果和年度绩效报告；全面参与“国际援助透明度计划”，该计划提供数据用于对援助项目成果进行比较和批判性分析；在当地媒体和澳大利亚主要援助项目的网页上发布以当地语言撰写的澳大利亚援助项目的介绍；公布援助年度目标以提高援助项目的透明度；增加澳发署“信息发布计划”中文件发布的数量；欢迎公众对本宪章以及我们实施本宪章的表现提出反馈。

国际开发协会法（1960）[1]

1. 简称

本法案可称为《国际开发协会法》（1960）。

2. 生效

本法案自得到御准之日起生效。

3. 解释

在本法案中，协定是指本法案附录中所列出的国际开发协会的协议条款；协会是指根据该协议成立的国际开发协会。

4. 接受协会会员国资格

特此批准澳大利亚接受协会会员国资格。

5. 拨款

可能需要从联合收入基金中提取款项，并相应地拨出用于支付澳大利亚因加入协会而需要向协会支付的任何必要款项，包括根据下一章规定回购发行的证券所需的任何款项。

6. 证券发行

（1）在协会可接受的范围内，总督可授权发行证券，以代替澳大利亚应向协会支付的或被要求向协会支付的任何款项，包括澳大利亚发行的票据或类似债义务。

（2）根据上一款发行的证券：

① 应付给协会；

② 不可转让且无利息；和

③ 应按要求的面值支付。

附录

国际开发协会协定

代表其国家签署本协定的政府：

---

[1] 此为批准澳大利亚加入国际开发协会以及相关事项的法案。国际开发协会于 1960 年成立，是世界银行集团成员，也是世界银行的无息贷款（软贷款）和赠款窗口。国际开发协会通过向生产性项目提供贷款，促进欠发达国家的经济社会发展。——审校注

初译人员：冯伟健，广东外语外贸大学法学院 2018 级法律硕士专业研究生。

我们为了建设性的经济目的而共同合作，从而带来世界经济的健康发展和国际贸易的平衡增长，这将有利于维持和平与全球繁荣的国际关系；

加速发展中国家的经济发展以促进其国民生活水平、经济和社会的进步，这不仅符合这些国家的利益，而且符合整个国际社会的利益；

国际公共和私人资金流的增长将有助于上述目标的实现，以协助发展中国家的资本增长，特此达成如下协议。

介绍性条款

国际开发协会（以下简称“协会”）成立，并应按照以下规定运作。

第一条　宗旨

协会的宗旨是促进经济发展，提高生产率，从而提高包括协会成员国在内的世界欠发达地区的生活水平，特别是通过提供灵活、利率比传统贷款低的贷款来满足其重要的发展需求，在此基础上促进国际复兴开发银行（以下简称“银行”）的发展目标，并补充其施行的措施。本协会的所有决定都应以本条的规定为指导。

第二条　会员国资格、首次认股

第一款　会员国资格

（1）协会的原始会员国应是本附表 A 所列的，在第十一条第二款（3）项规定的日期或此之前接受协会会员国资格的世界银行成员国。

（2）会员国资格应按协会确定的时间和条款向世界银行的其他成员国开放。

第二款　首次认股

（1）接受会员国资格后，每位会员国都应以分配给它的股金额进行认购。此类认购在本文中称为首次认股。

（2）分配给每个原始会员国的首次认股额都应采用附表 A 中与之对应的金额，以自 1960 年 1 月 1 日起生效的含金量和成色标准的美元表示。

（3）每位原始会员国初始认股额的 10% 都应按以下方式以黄金或可自由兑换的货币缴付：50% 的认股额应在协会根据第六条第四款开始运行之日起 30 日内付清，或者是原始会员国成为会员国的日期，以较晚者为准；协会开始运作 1 年后付清其中 12. 5% 的认股额；此后每年分别支付其中 12. 5% 的认股额，直到其首次认股额的 10% 已被全部支付。

（4）对于附表 A 第一部分所列的会员国，其首次认股额的剩余 90% 应以黄金或可自由兑换的货币支付，对于附表 A 第二部分所列的会员国，应以认股会员国的货币支付。原始会员国应以如下方式按 5 年的年等分分期付款支付原始认股额的 90%：第一批分期付款应在协会根据第六条第四款开始运营之日起30天内付清，或是原始会员国成为会员国之日起，以较晚者为准；第二批分期付款应在协会开始运作后1年内付清，此后的分期付款应以相同的1年间隔分别付清，直到最初认股额的剩余90%全部付清为止。

（5）协会应接受任何会员国的货币，以代替会员国根据前款（4）项或第四条第二款支付或应付的货币的任何部分。协会在其运作中不需要会员国政府或会员国指定的保管机构签发的票据或类似义务，该票据或类似义务是不可转让的、不计息的，并应按要求按票面价值支付给本协会指定的保管机构的账户。

（6）根据本协定，协会应视为自由兑换货币的为：

（i）协会经与国际货币基金组织协商后确定的会员国货币，其可以为了协会的运作而完全兑换为其他会员国的货币；

（ii）以一会员国的货币，前提是该会员国同意以协会认定的条款，为了该协会的运营目的而换为其他会员国的货币。

（7）除协会另有协议外，附表A第一部分所列的每位会员国都应保持其货币具有根据本条（4）项的，与付款时相同的可自由兑换性。

（8）除原始会员国外，其他会员国进行首次认股的条件、金额及支付条款应由协会根据本条第一款（2）项确定。

第三款　责任限制

任何会员国均不会因为其会员国资格而对协会的义务负责。

第三条　资金的补充

第一款　额外认股

（1）协会应根据原始会员国首次认股的完成情况，在其认为合适的时间，并在此后大约每隔5年，对其资金是否充足进行检查，如果其认为必要时，应授权普遍增加认股额。尽管存在上述规定，但其可以随时授权总体或个人增加认股额。仅在有关成员的要求下才考虑个别增加认股。根据本款发生的认股在本文中称为额外认股。

（2）根据以下（3）项的规定，当授权增加认股时，授权认股的金额以及与之相关的条款和条件应由协会决定。

（3）在批准任何额外的认股权时，都应在协会合理确定的条件下给予各会员国额外认股权，以使其能够保持相应的投票权，但任何会员国均不得被施以必须认股的义务。

（4）本节中的所有决定均应以总表决权的2/3多数作出。

第二款　会员国以另一会员国的货币提供的补充资金

（1）除该会员国因其首次认购或额外认购而应支付的金额外，还可从另一会员国处收取补充资金。除非协会信纳有关货币的会员国同意使用该货币作为补充资金，并信纳规管该等使用的条款及条件，否则协会不得订立任何该等协议。接受此类资源的协议包括有关处置资金收益的规定，以及在提供资金的成员国不再是成员国或协会永久中止其业务的情况下处置资金的规定。

（2）协会应向有贡献的会员国提供特别发展证书，其中规定所贡献资金的数目和所用货币，以及与该资金有关的安排的条款和条件。特别发展证书不附带任何投票权，只能转让给协会。

（3）本条的任何规定均不得阻止协会同意接受其会员国根据其同意的条款以其本国货币提供的资金。

第四条　货币

第一款　货币的使用

（1）根据第二条第二款（4）项所收取的附表 A 第二部分所列的会员国的货币，不论其是否可自由兑换，该货币支付款项的 90% 均应被协会接受。该款项所衍生的作为本金、利息或其他费用而得到的该国货币，协会可以将其作为支付协会在该会员国领土内运行所产生的管理费用，只要符合合理的货币政策，就可用于支付在该会员国领土上所生产的并为在该会员国领土内由协会资助的项目所在地需要的物资和劳务。此外，当有关会员国的经济和金融状况已达到可靠程度时，该会员国货币就可自由兑换或以其他方式用于该会员国领土外由协会资助的项目。

（2）协会收到的除原始会员国的初始认股额以外的认股货币，以及由本金、利息或其他费用所衍生的货币，其使用应受授权的条款和条件的约束。

（3）协会所收取的，除认股资金和本金、利息或其他费用衍生的货币以外的补充资金，其使用应受接受该货币所依据的规定条件的限制。

（4）协会收到的所有货币均可由协会自由使用和兑换，且不受使用或兑换货币的成员国的任何限制。但上述规定并不妨碍协会与任何由协会资助的项目所在的会员国订立任何协议，限制协会使用该会员国的货币作为与该项资助有关的本金、利息或其他费用。

（5）协会应采取适当的措施，以确保在合理的时间间隔内，协会按大概计算的比例使用附表 A 第一部分所列成员，根据第二条第二款（4）项所支付的部分订金。但是，前提是这部分认股金是以黄金支付或者非认股会员国也可以快速使用的币种。

第二款　货币持有价值的维持

（1）当会员国的货币票面价值降低，或协会认为会员国货币的外汇价值在其国内已经大为贬值，则该会员国应在合理时间内向协会增缴一笔本国货币，以便保持该会员国在认股时根据第二条第二款（4）项应缴付给协会的该国货币，以及根据本款规定提供的货币。无论该货币是否以根据第二条第二款（5）项所接受的票据的形式持有，前提都是该货币是还从未被支付或兑换成另一会员国货币的那一部分。

（2）当会员国的货币票面价值增值，或者协会认为会员国货币的外汇价值在其境内已上升到可观程度时，协会应在合理期间内退还给该会员国一笔该国货币，该货币金额等于本条第一款规定适用的该货币金额的增加额。

（3）当国际货币基金组织对其所有会员国的货币面值进行统一成比例的变动时，协会可被免除前几款的规定。

（4）根据本款（1）项的规定提供的用以维持货币价值的款项，应具有可以与该货币相同程度的兑换性和使用性。

第五条　运营方式

第一款　资金的运用和提供资金的条件

（1）协会应为协会成员国范围内欠发达地区的进一步发展提供资金。

（2）协会提供的资金应致力于协会认为具有高度发展优先性的目的，即涉及相关区域的需求，除特殊情况外，应针对特定项目。

（3）若协会认为资金可以从对受款人条件合理的私人来源处获得，或者可以由世界银行提供此类贷款，则协会不提供资金。

（4）贷款申请应经合格的委员会仔细审核并推荐。这种委员会应由协会指定，其中包括代表审议中项目所在地（一个或几个）会员国（一个或几个）理事提名的人员一名，以及协会技术人员中的一名或多名。当向国际或区域公共组织提供资金时，委员会中包括一个或多个理事提名人的要求不适用。

（5）如果项目所在地区的会员国反对，协会将不为任何项目提供资金，除非是向国际或区域公共组织提供资金，这时协会不必确定自己的会员国是否反对此情况。❶

（6）协会不得提出条件，限定贷款应在某一个或多个特定会员国的国境内使用。但亦允许其根据诸条款的规定对资金的使用进行限制，包括根据协会与提供资金者之间商定的对补充资金所加的限制。

（7）协会应确保贷款只用于提供贷款所定的目的，并应充分注意节约、效率和竞争性的国际贸易，不得涉及政治或其他非经济性的问题。

（8）任何筹资活动提供的贷款，只有在支付因资助项目而确定发生有关

---

❶ 在向国际或区域公共组织提供资金时，委员会的组成人员不需由项目所在地会员国提名，协会也就没必要弄清楚是否有个别会员国反对贷款。——审校注

费用时，才可提供给接受贷款者。

第二款　资助的形式和条件

（1）协会的资助一般应采取贷款形式。但是，协会也可以提供其他资助形式：

（i）如果此类认股的授权中明确规定这种资助，那可由根据第三条第一款认缴的资金以及由该款项衍生的本金、利息或其他费用而得的资金提供；

（ii）如果提供这种资助的规定中明确授权这种资助，那么在特殊情况下，可由提供给协会的补充资金，以及从其获得的由本金、利息或其他费用中衍生的资金提供。

（2）在遵守前款规定的前提下，协会可考虑其相关地区的经济状况、前景以及项目的性质和要求，以其认为合适的形式和条款提供资金。

（3）协会可以向会员国、会员国国内某一地区的政府、前述政府的政治分支、其领土内的公私实体以及国际或区域性公共组织提供资金。

（4）如果贷款给会员国以外的其他实体，则协会可酌情要求提供适当的政府担保或其他担保。

（5）在特殊情况下，协会可提供外汇供当地开支使用。

第三款　资助条件的修改

协会可在它认为适当的时候和范围内，根据有关会员国的金融状况、经济状况以及其发展前景，按其确定的条件，同意放宽或另行修订其应提供的资助条件。

第四款　与提供发展援助的其他国际组织、会员国的合作

协会应与向世界欠发达地区提供财政和技术援助的国际公共组织和会员国合作。

第五款　其他业务

除本协定其他地方规定的业务外，协会还可以：

（i）经以其货币计价的成员国批准，借入资金；

（ii）对协会投资的证券提供担保，以利于证券的销售；

（iii）买卖协会所发行、担保或投资的证券；

（iv）在特殊情况下，对符合本协定规定的其他贷款进行担保；

（v）提供会员国请求的技术援助和咨询服务；

（vi）为促进协会的宗旨，行使其职能附带的其他权力。

第六款　禁止政治性活动

协会及其高级官员不得干涉任何会员国的政治事务；协会的决定应是权衡多种经济因素的结果，而不应受会员国任何政治方面的影响，以实现本协定中规定的宗旨。

第六条　组织与管理

第一款　协会的结构

协会应设有理事会、执行董事、会长和其他高级职员，以履行协会确定的职责。

第二款　理事会

（1）协会的所有权力都应归属理事会。

（2）凡是世界银行成员国又是协会会员国者，其指派的世界银行理事和副理事，依其职权，同时也是协会的理事和副理事。副理事除在理事缺席外，无投票权。世界银行理事会主席同时也是国际开发协会理事会主席。如果银行理事会主席代表的国家不是协会成员国则除外，那么理事会应选出一位理事会成员为理事会主席。当任命理事或副理事的会员国不再是协会会员国时，理事或副理事应停止任职。

（3）理事会可以将其任何权力授予执行董事行使，但以下权力除外：

（i）接纳新成员并确定其接纳条件；

（ii）授权额外认股并确定与之相关的条款和条件；

（iii）中止会员国资格；

（iv）裁决执行董事对本协定解释提出的异议；

（v）根据本条第七款作出安排，以与其他国际组织合作（除了具有临时和行政性质的非正式安排以外）；

（vi）决定永久中止协会的运作并分配其资产；

（vii）根据本条第十二款确定协会净收入的分配；

（viii）批准对本协定的提议修正。

（4）理事会应举行年度会议，以及理事会规定或执行董事召集的其他会议。

（5）协会的理事会年会应与世界银行的理事会年会同时举行。

（6）理事会任何会议的法定人数都应为过半数理事，并持有不少于2/3的总表决权。

（7）协会可通过规章制度制定程序，执行董事可在不召集理事会会议的情况下就特定问题获得理事会的投票决定。

（8）理事会和执行董事在获得授权的范围内，可以通过开展协会业务必需或适当的规则和规定。

（9）理事和副理事应无偿履行义务。

第三款　投票

（1）首次认股后，每个原始成员国都具有500票的投票权，另按其首次认缴额的每5000美元额外增加一票表决权。除原始会员国的首次认购权外，其他认购权应视情况具有理事会根据第二条第一款（2）项或第三条第一款（2）项和（3）项的规定所确定的表决权。除第二条第一款（2）项的认股和第三条第一款的额外认股以外，其他资金的补充不能获得投票权。

（2）除非另有明确规定，否则协会应处理的所有事项均应以过半数票决定。

第四款　执行董事

（1）执行董事应负责协会的一般运作，并为此目的应行使本协定赋予他们的或理事会赋予他们的所有权力。

（2）协会的执行董事会，依其职权，由银行的执行董事组成。协会的执行董事应根据：

（i）由兼为协会会员国的银行会员国指派；

（ii）由至少一个兼为协会会员国的银行会员国在选举中投票使之当选。

世界银行的每位副执行董事都应依职权为协会的副董事。如果任命此董事的会员国或者在选举中投此董事票的所有会员国停止成为协会会员国，此董事应停止任职。

（3）每名获委任为世界银行执行董事的董事，均有权投票表决其获委任的会员国在本协会有权投票表决的票数。每名经选举产生的世界银行执行董事应享有在银行选举中使之得以当选的（一个或几个）协会会员在协会中应有的投票权。董事有权投票的所有票数应作为一个整体投票。

（4）董事缺席时，由其指派的副董事全权代行其全部职权。当董事出席时，副董事可以参加会议，但无投票权。

（5）执行董事会议的法定人数应是过半数并行使至少1/2总投票权的董事。

（6）执行董事会的举行次数应按协会业务所需。

（7）理事会应制定规章，根据该规章，无权任命银行执行董事的协会会员国可应协会的要求，派代表参加协会的执行董事会议，特别是影响该成员事项的执行董事会议。

第五款　会长和职员

（1）世界银行行长应依职权为协会的会长。会长应为协会执行董事会的主席，一般情况下没有投票权，除非在投票平局的情况下拥有一票决定权。他可以参加理事会会议，但无投票权。

（2）会长应为协会运营工作人员的首脑。在执行董事的指导下，他应处理协会的日常事务，并由执行董事负责协会人员的组织、雇佣和解雇。在切实可行的范围内，应任命世界银行高级官员、职员兼任协会的高级官员、职员。

（3）协会会长、高级官员和职员在其履行职务时，完全是行使协会所有的职权，而无此以外的权力可行使。协会的每个成员都应尊重这项职责的国际性，并在履职过程中避免受到任何影响。

（4）会长在任命高级官员和职员时，在确保具有最优的效率和技术能力的前提下，应充分考虑在尽可能广泛的地域范围内招纳人员。

第六款　与世界银行的关系

（1）协会是世界银行下的独立实体，协会的资金应与世界银行的资金分开保存。协会不得向银行借入资金，也不得借给银行资金。但协会将贷款业务所不需要的资金投资于银行所发行的债券之情况除外。

（2）协会可以与世界银行就设施、人员、服务以及偿还由一个组织代表另一个组织支付的初审行政费用作出安排。

（3）本协定的任何内容均不使协会对世界银行的行为或义务承担责任，或者使世界银行对协会的行为或义务承担责任。

第七款　与其他国际组织的关系

协会应与联合国订立正式安排，并可以与在相关领域负有专门职责的其他国际公共组织订立这种安排。

第八款　办公场所

协会的总部应与世界银行总部相同。协会也可以在任何会员国的领土上设立其他办事处。

第九款　存款机构

各会员国应指定其中央银行作为协会保存该会员国货币或协会其他资产的存款机构。如会员国无中央银行，则应指定具有相同功能且为协会所接受的其他机构。如未另有指定，则为世界银行指定的存款机构即是协会的存款机构。

第十款　通信渠道

各会员国都应指定一个适当的被授权机构，协会可以根据本协定产生的任何事宜与之联系。如无其他特殊指定，会员国为世界银行指定的沟通渠道也应为协会的渠道。

第十一款　报告的发布和信息的提供

（1）协会应发布年度报告，其中包含账目的审计报表，并应在适当的时间间隔内向会员国分发其财务状况和经营成果的摘要表。

（2）协会可以发布其认为实现其宗旨所需的其他报告。

（3）根据本款制作的所有报告、声明和出版物的副本都应分发给成员国。

第十二款　净收益的处分

理事会应在适当考虑准备金和应急费用的情况下，不时地决定协会净收入的处分方案。

第七条　退会、中止会员国资格、终止运营

第一款　会员国的退出

任何会员国都可以随时以书面通知协会总办事处的方式退出协会。自协会收到该项通知之日起，会员国退出应即生效。

第二款　会员国资格的中止

(1) 如果会员国未履行对协会的任何义务，则协会可通过过半数理事的决定，也即以行使以总投票权过半数的方式，中止其会员国资格。如此被中止会员国资格的会员国应自其被中止会员国资格之日起，1 年内不再是会员国。除非理事会以同样的过半数票决定恢复其资格。

(2) 会员国在被中止会员国资格时，无权行使本协定规定的除退会权以外的权利，但仍应承担其所有义务。

第三款　世界银行暂停或终止其会员国资格

任何被世界银行暂停或终止银行会员国资格的会员国，应视情况自动被终止本协会会员国资格或不再为本协会会员国。

第四款　已终止的会员国之权利和义务

(1) 当一国不再为会员国时，除本款和第十条（3）项规定的以外，已不再享有本协会的权利，但本条另有规定者除外。无论作为一个会员国、借款人、担保人或其他，它都应为其对协会的所有财务方面的义务负责。

(2) 当一国停止为会员国时，协会和该政府应结清账目。作为结清账务的一部分，协会和该政府之间可协商需退还给该国政府所认缴股款的数目，以及退还的时间和支付的货币。当使用“认缴股款”一词涉及任何会员国政府时，应指包括该会员国首次认股数和追加认股数两部分。

(3) 如果自政府停止成为会员国之日起 6 个月内或协会与政府协定的其他时间内未达成任何协议，则应适用以下规定。

(i) 该会员国政府应免除此后进一步发生的因其认股而对协会所负的任何责任。但该政府应向协会立即交付该政府停止为会员国之日已到期而尚未交付，且协会认为，为了偿付至该日为止协会因经营贷款活动而承担所必需的金额。

(ii) 协会应退还会员国政府至其停止为会员国日止还在协会手中、因认股而缴付的资金，或因借出该款而作为本金偿还的资金。协会认为，为了偿付至该日止协会因经营贷款活动而承担所需要的那部分除外。

(iii) 自会员国政府停止为会员国之日以后，协会收到的根据以前契约规定借出的贷款所偿还的本金，协会应按比例支付给该停止为会员国的政府，但根据特殊清偿权利规定安排而提供给协会的补充资金所贷出者除外。该项份额应是在该贷款全部本金金额中，该政府因认股所缴全部金额而尚未按（ii）项退还部分与全体会员国因认股而缴的全部金额相比应占的比例部分；此项金额系至该会员国停止为会员国之日，协会因贷款活动承担义务而已被用掉或协会认为需要使用者。此项支付应在协会收回这部分偿还的本金时分期支付，但不得超过每年一次。分期付出的款项应以协会收进的货币支付，但协会也可酌情以有关国家的货币支付。

（iv）由于认股而应支付该会员国政府的任何金额，只要该政府或包括在该政府会籍内的任何地方政府，或上述任何政府的下属政府部门或机构，作为借款人或保证人，仍对协会负有债务的话，协会都可将该金额扣留，由协会斟酌，用以在债务到期时抵付债务。

（v）停止会员国资格的政府按本条第三款规定应收回的资金总额不得超过以下两数中之较小者：

（a）因为认股而由该政府缴付的资金总额；

（b）在该政府停止会员国资格之日协会账面资产净额中，该会员国认缴股款占所有会员国认缴股款总额中按比例应占部分。

（vi）本协定要求的所有计算均应在协会合理确定的基础上进行。

（4）在任何情况下都要待政府停止成为会员国之日起的 6 个月后，才应根据本款向政府支付任何款项。如果协会在任何政府不再为会员国之日起 6 个月内，根据本条第五款终止运营，则该政府的所有权利应由该第五款的规定确定，并且该政府应根据第五款被视为协会会员国，但其没有投票权。

第五款　停止业务和清偿债务

（1）协会可通过过半数的理事行使过半数的投票权而永久终止其运作。在运营停止后，协会应立即停止所有活动，但有序变现、保护和保存其资产以及履行其义务的事件除外。在最终完成履行该义务并完成分配该资产之前，协会应继续存在，并且协会及其会员国根据本协定所享有的所有共同权利和义务都将继续不受损害，但会员国资格不得被终止或会员国退出协会。除本款规定的情况外，不得向会员国分发资产。

（2）除非会员国已经对欠下债权人的所有债务进行清偿或者理事会中过半数的理事行使过半数的总投票权作出分发资产的决定，否则不得出于会员国的认股而向会员国进行分发资产。

（3）在上述规定的前提下，根据与向协会提供此类资金而商定的、任何关于补充资金处置的特殊安排，协会应根据会员国由于认股而支付的那部分款项，按比例分配其资产给会员国。根据本款前述规定对任何会员国分发的资产都必须事先解决协会对会员国提出的所有未决的索偿要求。这种资产分配应在协会认为公平公正的时间、货币（现金或其他资产）的条件下进行。分配给不同会员国的资产类型或所用货币种类不必一致。

（4）任何会员国根据本款或第三款接受协会分配的资产，就该项资产而言，都应享受与协会在分配前所享受的同等权利。

第八条　法律地位、豁免和特权

第一款　条款的目的

为了使协会能够履行其所受托的职能，各会员国都应在其领土上给予协会本条规定的地位、豁免和特权。

第二款　协会的地位

协会应具有完全的法律人格，尤其具有以下能力：

（i）订立合约；

（ii）取得和处分不动产与动产；

（iii）提起法律诉讼。

第三款　协会在司法程序中的地位

只有在协会设有办事处、指定可接受传票或诉讼通知书的代理机构、业已在该地发行或担保证券的会员国境内有权受理的法院，始能受理对协会提出的诉讼，但会员国及代表会员国或承受会员国权利的个人皆不得提出诉讼。协会财产和资产不论在何处、为何人所保管，在对协会最后宣判前，均免受任何形式的扣押、查封或执行。

第四款　资产的扣押豁免

协会的财产和资产，无论处于何处、由何人持有，均不得被行政或立法行为搜查、征用、没收、征收或其他形式的扣押。

第五款　档案的豁免权

协会的档案不得被侵犯。

第六款　资产免受限制

在进行本协定所规定的业务必需的范围内，并在遵守本协定条款的前提下，协会的所有财产和资产都不受任何形式的限制、管制、控制和任何性质的冻结。

第七款　通信特权

各会员国对于协会的公文函电应与其他会员国的公文函电同等对待。

第八款　协会官员和雇员的豁免权和特权

协会的所有理事、执行董事及其副职、官员及雇员：

（i）其职务行为不受法律程序的约束，除非协会放弃此项豁免权；

（ii）如果以上人员不是当地公民，则其所享受的移民限制、外国人登记法和兵役义务豁免权、在汇兑限制方面享有的便利应与会员国所给予的其他会员国同等级的代表、官员及雇员者相同；

（iii）在旅行方面，应享有与会员国给予其他会员国同等级的代表、官员及雇员相同的便利。

第九款　税收豁免

（1）协会及其资产、财产、收益及本协定授权其经营的业务活动和交易，应豁免一切税收和关税。协会对于任何税收或关税的征收或交纳，均豁免任何责任。

（2）协会的执行董事、副董事、官员和雇员如非当地国公民、人民或其他性质的国民，其自协会所得的薪金和报酬均应免纳税。

（3）对协会发行的债务凭证和证券（包括红利与利息），不论为何人持有，均不得课征：

（i）仅因该项债务凭证或证券为协会发行而课征之歧视性税收；

（ii）仅以其发行，可以支付或付款的地点或货币或协会办事处或营业处的地点为法律根据而征收的税收。

（4）对于协会担保的任何债务或证券（包括红利与利息），不论为何人持有，均不得课征：

（i）仅因该项债务或证券为协会担保而课征的歧视性税收；

（ii）仅以协会办事处或营业处所在的地点为法律根据而征收的税收。

第十款　本条的施行

各会员国应在其境内采取必要行动，使本条规定的原则能在其本国法律范围内生效，并应将已采取的具体行动通知协会。

第九条　修正案

（1）任何对本协定进行修改的提案，无论由会员国、理事还是执行董事提出，均应传达给理事会主席，然后由理事会主席提交理事会。如果该拟议修正案获理事会批准，则协会应通过通函或电报询问所有会员国是否接受该拟议修正案。当拥有占4/5总投票权的3/5的会员国接受该提议的修正案时，协会应通过发给所有会员国以正式信函以核实该事实。

（2）尽管有上述（1）项规定，但以下修正案要求所有会员国均接受：

（i）第七条第一款规定的会员国退出协会的权利；

（ii）第三条第一款（3）项所保护的权利；

（iii）第二条第三款所规定的对责任的限制。

（3）除非通函或电报中指定更短的期限，否则该修正案应在正式通知会员国之日起 3 个月后对所有会员国生效。

第十条　解释与仲裁

（1）任何有关会员国与协会之间或会员国之间产生的对本协定条款的解释问题，均应提交执行董事们决定。如果该问题特别影响无权任命世界银行执行董事的会员国，则其有权根据第六条第四款（7）项获得代表权。

（2）若执行董事根据上述（1）项作出决定，任何会员国均可要求将该问题提交理事会，理事会的决定为最终决定。在理事会的决定结果出来前，协会可在其认为必要时，根据执行董事们的决定行事。

（3）当协会与不再是会员国身份的国家或协会在永久停止运营期间与会员国之间出现争议时，此种争议提交由三名仲裁员组成的仲裁庭，其中一名仲裁员由协会任命，另一名由有关当事人国家指派。除非当事人双方另有协议，首席仲裁员应由国际法院院长或由协会的规章所规定的其他机构来指派。在双方当事人有不同意见时，首席仲裁员有权决定所有程序问题。

第十一条　最后条款

第一款　生效

本协定经持有认购股份总额至少 65% 的会员国政府代表（如附表 A 所载）签署，并按本条第二款（1）项规定交存证书后应即生效。但最早生效日期不得早于 1960 年 9 月 15 日。

第二款　签字

（1）在本协定上签字的代表各会员国政府应向世界银行交存一份文书，表明其已根据其法律接受本协定，并已采取一切必要措施，以使其能够履行本协定规定的所有义务。

（2）各国政府自按（1）项交存证书之日起即为协会会员国。但在本协定按本条第一款生效之前，各国政府均不得成为会员国。

（3）附表 A 所载各国政府在 1960 年 12 月 31 日营业时间结束之前，可随时在银行的总办事处签署本协定。但如本协定至该日还未生效，则银行的执行董事会可以延长签署本协定的期限，但不得超过 6 个月。

（4）本协定生效后，根据第二条第一款（2）项，经批准取得会员国资格的各国政府均可签署本协定。

第三款　领土适用范围

各国政府在本协定上签字后即代表其本身及由该政府负责其国际关系的所有领土接受本协定。但该政府书面通知协会，说明不包括在内的地区除外。

第四款　协会的成立

（1）本协定根据本条第一款生效后，会长即应召集执行董事会议。

（2）协会应自举行前项所述会议之日起开始运作。

（3）在召开第一次理事会会议前，执行董事可以代替理事会行使其所有权力，但根据本协定规定的理事会的保留权力除外。

第五款　登记

根据《联合国宪章》第一百零二条和联合国大会据此制定的规定，世界银行有权在联合国秘书处登记本协定。

本协定在华盛顿签订正本一份，保存于国际复兴开发银行档案库内；世界银行在其协定下方签字说明，由其存放本协定，将本协定向联合国秘书处登记，并将本协定按第十条第一款规定生效的日期，通知附表 A 所列各国政府。

附表 A　首次认股额

第一部分	百万美元	第二部分	百万美元
澳大利亚	20.18	阿富汗	1.01
奥地利	5.04	阿根廷	18.83
比利时	22.70	玻利维亚	1.06
加拿大	37.83	巴西	18.83
丹麦	8.74	缅甸	2.02
芬兰	3.83	锡兰	3.03
法国	52.96	以色列	1.68
德国	52.96	约旦	0.30
意大利	18.16	韩国	1.26
日本	33.59	黎巴嫩	0.45
卢森堡	1.01	利比亚	1.01
荷兰	27.74	马来亚	2.52
挪威	6.72	智利	3.53
瑞典	10.09	墨西哥	8.74
南非联盟	10.09	中国	30.26
英国	131.14	摩洛哥	3.53
美国	320.29	哥伦比亚	3.53
第一部分总计	763.07	尼加拉瓜	0.30

续表

哥斯达黎加	0.20	海地	0.76
巴基斯坦	10.09	突尼斯	1.51
古巴	4.71	洪都拉斯	0.30
巴拿马	0.02	土耳其	5.80
多米尼加共和国	0.40	冰岛	0.10
巴拉圭	0.30	阿拉伯联合共和国	6.03
厄瓜多尔	0.65	印度	40.35
秘鲁	1.77	乌拉圭	1.06
萨尔瓦多	0.30	印度尼西亚	11.10
菲律宾	5.04	委内瑞拉	7.06
埃塞俄比亚	0.50	伊朗	4.54
沙特阿拉伯	3.70	越南	1.51
加纳	2.36	伊拉克	0.76
西班牙	10.09	南斯拉夫	4.04
希腊	2.52	爱尔兰	3.03
苏丹	1.01	第二部分总计	236.93
危地马拉	0.40	全部国家总计	1000.00
泰国	3.03		

法兰西共和国官方杂志 2014 年 7 月 8 日，第 0156 期

发展和国际团结政策准则与规划法[1]

2014 年 7 月 7 日第 2014－773 号法

编码：MAEX1325199L

国民议会和参议院通过、共和国总统颁布的法律，法律文本内容如下。

Ⅰ　法国发展和国际团结政策的准则

第一章　发展政策和国际团结的目标

第一条　为促进发展中国家在经济、社会、环境和文化等方面的可持续发展，法国政府决定实行发展和国际团结政策。

本项政策作为国际援助的一部分，通过促进经济公平发展、丰富就业机会、巩固粮食蔬菜种植和家庭农业生产、保护全球公共财产、应对气候变化及其影响、抗击生物多样性侵蚀、促进可持续的和平、促进社会稳定、推动人权和文化多样性发展，消除贫困、饥饿、粮食不安全等问题，减少社会、领土不平等的现象。

本项政策尊重并捍卫基本自由权。它致力于促进民主和法治的价值观，促进男女地位平等及社会责任平等，并为推动社会保障基础建设和体面劳动以及消除歧视作出贡献。它致力于通过对话与合作，借助善治机制，特别是地方一级治理机制，以及通过加强国家和政府权力的能力建设，在法国的合作伙伴国家和地区发展和弘扬这些民主和法治的价值观。它致力于确保生活在贫困中的人们，能够行使其正当权利并积极参与发展计划和项目。它同时为法国的外交政策作出了一定贡献，提升了法国文化、外交和经济对世界的影响。因其特别关注法语国家，也促进了法语国家和地区的政治和经济凝聚力。

本项政策确保紧急、重建和发展三个阶段之间的连续性。其中规定的人道主义行动旨在营救脆弱人群，完全切合发展和国际团结政策理念。

发展和国际团结政策尊重并致力于促进国际原则与标准，特别是在人权、

[1] 初译人员：陈晓多，广东外语外贸大学西方语言文化学院法语口译专业 2019 级研究生。

社会保障、发展和环境等领域。另外，法国特别关注及促进联合国人权理事会通过的关于赤贫和人权的指导原则。

第二条 附在本法案之后的发展和国际团结政策准则制定报告同样具有法律效力。在适用的情况下，经由国家发展和国际团结理事会以及国民议会和参议院主管常设委员会协商后，可根据所附报告中规定的条件对这些准则进行一定的更新。

第二章 一致性和互补性

第三条 发展和国际团结政策的目标与其他可能对发展产生影响的公共政策目标之间应该尽力寻求一致，特别是商业、农业、财政、移民、社会或政治等方面的政策，或与妇女权利、研究和高等教育、教育、文化、健康、环境、能源以及与气候变化抗争、和平、安全、社会经济、互助经济或与海外有关的公共政策。

第四条 法国明晰参与发展和国际团结政策所有积极参与者的作用，尤其是地方当局、民间社会组织和企业的互补性。

国家同时建立国家发展和国际团结理事会，由负责发展事务的部长担任会长，理事会的职能是促进各发展参与者与国际团结组织就法国发展政策的目标、准则、连贯性和方法等方面定期进行磋商。理事会成立初始便包含同样数量的男性和女性议员。

地方当局已经制定许多国际行动计划，特别是基于它们对当地公共服务或土地的管理经验，为法国发展政策提供了符合法国优先原则并且具体的增值典范。

全国范围内的民间社会组织在发展和国际团结政策方面都具有丰富的经验、专业的知识以及高度的参与意愿。

法国企业通过在合作伙伴国家/地区建立分公司以及为促进这些国家/地区的发展而采取的具体行动，积极参与国家的发展和国际团结政策。法国企业在卫生、农业、领土发展、环境与能源以及水与卫生等优先干预领域扮演着尤为重要的角色。

第五条 法国极力寻求其发展和国际团结政策与双边和多边国际援助成员之间的互补性。其目的是更好地协调和匹配所有出资者的相关行动，特别是促进欧盟及其成员国提供的联合援助计划行动的实施。

在国家参与的各个多边发展机构中，法国始终捍卫该法律规定的发展和国际团结政策的优先事项、目标和原则。

第三章　有效性和原则

第六条　为了确保其有效性，发展和国际团结政策的制定基于援助的地域和部门的集中性以及公共资源的可预测性，以避免援助过于分散。

基于该法律所附报告中提出的有区别的伙伴关系作出对应援助，根据伙伴国家的需求、自身发展、吸收能力以及援助产生的预期影响来进行资源分配和确定所用公共措施。

根据法国在国际层面所作的承诺，发展和国际团结政策的执行原则始终与伙伴国的政治优先事项和程序保持一致，并在其调集资源和调动自身能力方面给予援助。为此，法国大力支持打击腐败、金融不透明和非法资本流动所进行的斗争行动。

第七条　法国的发展和国际团结政策基于透明度的原则，强调不断进行独立评估的必须性与重要性。

第八条　发展和国际团结政策同时将公共和私人参与者的社会责任要求纳入考虑范畴。法国同样致力于在伙伴国家和其他资助者中促进这一社会责任要求。

作为对社会负责任要求的一部分，法国企业应建立风险管理程序，旨在识别、预防或减轻可能因它们在伙伴国家布施活动而造成的社会、健康和环境损害以及对人权的侵犯。

法国鼓励总部设在法国并在国外建立分支的企业执行经济合作与发展组织发布的有关跨国企业的指导原则以及联合国人权理事会通过的有关企业与人权的指导原则。

法国开发署将社会责任纳入其治理体系和行动范畴，它采取相关措施评估和掌控其资助的项目运营过程中出现的环境和社会风险，并依照国别，努力提升参与项目或计划的企业的财务透明度。法国开发署的年度活动报告也提到需要思考社会责任对本署的要求。

第九条　法国发展和国际团结政策促进了基于公平贸易的交流和发展，并为伙伴国家为推动经济和团结的倡议和小额信贷提供相应支持。

第十条　法国开发署有权管理由欧盟、国际机构或组织、地方行政单位、外国政府、信贷机构和开发银行以及其他公私机构提供的公共或私人的资金。

法国开发署可以2008年8月4日第2008－776号法律第140条规定的捐赠基金的形式，以特殊协议或以其他适当的法律或合同形式进行管理。在达成特定协议的背景下，法国开发署也可以将资金管理委托给与本条第一款中提及的相应实体单位。

第十一条 Ⅰ.《货币和金融法案》第三卷第一部分第八章的补充如下。

公司总部位于列入官方发展援助的受援助国名单中且未加入《欧洲经济区协定》的国家的信贷机构向居住在法国的自然人提供银行业务的规定。

第318条第1项——公司总部位于列入经济合作与发展组织发展援助委员会制定的官方发展援助受援助国名单中且未加入《欧洲经济区协定》的国家的信贷机构，只有在本章规定的条件下，当事方在得到监管机构的事先授权和决议后，才可向居住在法国的自然人提供银行业务。

第318条第2项——第318条第1项所规定的授权应在经济部长颁布的法令所规定的期限内发出，同时负责审慎监管与决议的当局应核实信贷机构是否满足以下条件：

1）第318条第1项所述的信贷机构在其总部所在国应接受与在法国的机构相同的监管条件。

2）依照第632条第13项的规定，负责审慎监管与决议的当局与总部所在国的主管当局已达成协议。

3）拟议的银行业务与第311条第1项所述的业务以及第318条第1项所述的机构向其总部所在国的客户提供的业务相同。

4）第318条第1项所述的信贷机构与以下提及的机构达成协议：法国认可的信贷机构或金融公司，总部位于《欧洲经济区协定》缔约国的信贷机构在法国设立的分支机构或信贷机构（总部设在非《欧洲经济区协定》的缔约国，但是已与法国缔结协议以规定在税收事项交换信息，以促进其总部所在地市场银行业务的商业化）在法国设立的分支机构。经济部长颁布的一项命令也规定企业之间协议中应包括的条款，并特别指定可以提供的银行业务类型。

5）此银行业务在第318条第1项所述的信贷机构总部所在国同样执行。

第318条第3项——第318条第2项第4点提到的负责银行业务营销的任何人员，应遵守消费者法和本法中有关广告、上门推销有价证券的规定、本《守则》第五卷第六章第一条和第二条的规定以及直接适用于欧洲有关打击洗钱和打击资助恐怖主义行为的有关规定。

第318条第四项——第318条第1项中提及的信贷机构每年都应当依照经济部长的法令规定的条件，与审慎监管和决策当局沟通报告此年度在本章框架法律内的运营情况。

第318条第5项——在下列情况下，审慎监管与决议局可以撤回第318条第1项所述的授权：

1）不再满足第318条第2项所规定的一个或多个条件；

2）第318条第1项所述的信贷机构或第318条第2项第4点所述的负责

人中任何一人因未能遵守与打击洗钱和打击资助恐怖主义有关的义务或违背第318条第3项的规定，被刑事定罪或纪律处分。

Ⅱ. 在本法第511条第3项的第一行，在引用“第511条第2项”之后，插入“或受第三卷书第一部分第八章监督”。

Ⅲ. 在本法的第612条第20项第二段的C部分，补充如下列第4点：

4）第318第1项所述的信贷机构在提出授权请求时，应按照负责经济事务部长的法令，缴纳固定费用，按照规定，费用不得超过10000欧元。

Ⅳ. 本条例的适用范围由经济部长通过颁布法令而设定。

Ⅱ　国际技术援助

第十二条　国际技术援助管理者在与国家达成的框架协议内，应酌情为法国发展和国际团结政策法律中提到的优先事项、目标和原则的实施提供帮助。这些援助也应当在遵守上述法律并尊重这些技术援助机构的特定任务和目标框架下进行。

第十三条　2010年7月27日第2010－873号法律的标题——第五章中关于国家对外行动的措辞陈述如下。

第五章　法国国际技术专长署

Ⅰ. 第12条第1项——建立具有商业性质的公共机构“法国国际技术专长署”，由外交部长和经济部长监督，并受本标题二的第一章规制。

Ⅱ. 法国国际技术专长署旨在促进法国对外技术援助和促进法国专业技术国际化的发展。本机构尤其关注国际技术援助的发展以及监督双边和多边合作项目。它的运营体系紧紧围绕法国关于“发展合作、影响力和经济外交”的外交政策，同时也在国家规定的战略指导方针的框架内运作。本机构的运作同时不妨碍其他负责国际技术援助和人员流动性的私人组织使命的完成。它与所有公共或私人组织机构的运营商同时保持密切联系、共商共享，并与有关部委和组织签订框架协议以招募或借调国际公共政策专家，其组织和运作程序由法国国务委员会制定。

Ⅲ. 依照法令，按照外交部长和经济部长的推荐任命国际技术合作部际代表，每任任期为3年，并可连任。部际代表负责法国国际技术专长署的总体运作，本机构于2015年1月1日正式成立，是由法国公共性质工商机构——法国国际援助专家（France Expertise Internationale）、公共组织——经济和金融技术交流发展协助委员会（Assistance au développement des échanges en technologies économiques et financières）、公共组织——网络远程治疗医院的团结联合会（Ensemble pour une solidarité thérapeutique hospitalière en réseau）、公共组织——国际社会健康保护组织（Santé protection sociale internationale）和国际关系发展与协调局（Agence pour le développement et la coordination des relations internationales）六大协会合并而成。

Ⅳ. 法国国际技术专长署取代了第三节中提到的公共性质的工商机构、公共组织和私营组织等机构。自 2015 年 1 月 1 日，即上述机构解散之际和法国国际技术专长署成立之时，承接了第三节所述机构运作期间签署的所有合同和协议。第三节所述机构的财产、权利和义务所有权全部移交给法国国际技术专长署，这一转移操作免收费及征税。

Ⅴ. 法国国际技术专长署在第三节中提到的公共性质的工商机构、公共组织和私营组织等机构解散之际便承接了上述机构在职人员的劳动合同，以及依照公法或私法与上述任何一家机构签订且仍在有效期内的劳动合同。法国国际技术专长署向他们提供了受劳动法规约束的合同。该合同复制了代理人在劳动合同转让前所有实质性条款，特别是与报酬有关的条款。

劳动合同转让后，相关代理人有权 3 个月内对新合同中修改的部分作出权衡，并决定接受与否。如果相关代理人拒绝接受新合同，法国国际技术专长署将根据适用的法规，与其解除雇佣关系。尚未确定是否接受新合同的员工，过渡状态期间则受集体协议或适用于他们的其他协议约束。一旦合同确认转让，相关代理人就接受新合同中必要的修改，最迟在确认后的 15 个月后，相关合同开始适用法国国际技术专长署的劳动合同。

法国国际技术专长署应根据各合作运营商的任务和依照适用法规，于 2016 年 1 月 1 日召集所有专业技术合作运营商。法国国际技术专长署为所有运营商提供跨部门职能，并设立不同专题部门。法国国际技术专长署同时设有干预基金，可以采取基金捐赠的形式吸收资金。

Ⅵ. 国际技术合作部际代表同时主持法国国际技术专长署的董事会，该代表作为法国国际技术专长署附属机构的董事会成员，主要负责公共技术合作行动的战略和运营协调。

Ⅶ. 机构总负责人承担机构的总行政事务。总干事由外交部长和经济部长的提议任命，任期为 3 年，并可连任。专署部门的负责人由机构总负责人根据有关部门的提议任命。

Ⅷ. 在法国国际技术专长署的基础上，共同成立一个与公共及私有专业技术发展相关的指导委员会，其中包括各部委、组织、相关领域企业的代表和地方当局的代表。该委员会由国际技术合作部际代表主持。指导委员会下设主题小组委员会，负责与有关部委协商决定机构每个主题部门的战略决策。小组委员会的主席由国际技术合作部际代表根据有关部委的提议任命。小组委员会的组成、组织和运作规则应依照法令运行。

Ⅲ 地区当局的对外行动

第十四条 Ⅰ. 地方当局总法案的第一部分修改如下：

1）第五章标题修改为："地方当局的对外行动"。

2）第 1115 条第 1 项的措辞修改如下。

第 1115 条第 1 项——依照法国作出的国际承诺，地方当局及其团体应该实施或支持任何年度或多年期有关国际合作、发展援助或人道主义援助的项目。

为此，地方当局及其团体可以在必要时与外国地方当局缔结协议。这些协议应详细说明计划采取的行动的目的以及财务承诺的预计金额。协议如若遵循第 2131 条第 1 项、2131 条第 2 项、3131 条第 1 项、3131 条第 2 项的原则，在送交国家代表时便可立即生效。第 2131 条第 6 项、第 3132 条第 1 项和第 4142 条第 1 项适用于上述协议。

3）第 1115 条第 2 项的措辞修改如下。

第 1115 条第 2 项～第 2224 条第 13 项所指的市政当局、市政间合作的公共机构以及混合工会，具有负责收集和处理生活垃圾或清除生活垃圾的税款或费用的权利的，可以在第 1115 条第 1 项的框架内，利用不超过分配给这类服务预算 1% 的资金，开展在家庭废物收集和处理领域的国际合作、发展援助项目或人道主义行动。

4）第 1115 第 6 项的措辞修订如下。

第 1115 条第 6 项——成立全国分散合作委员会，以建立并维护地方当局对外行动的声明。委员会旨在促进国家与地方和区域当局之间的协调合作，并向有关地方和区域当局提供有关制定外部行动策略的建议。地方和区域当局则需要向委员会汇报其与任务完成相关的任何信息。

5）第八卷标题二第二章的题目修订如下："地方当局的对外行动"。

6）第 1822 条第 1 项第二段的第一句将"第一"修改为"第二"。

Ⅱ. 地方当局采取的发展援助相关行动应在该法第 1 条的框架下进行。

Ⅲ. 负责开展国民教育的教育部门以及地方当局监管的各类学校、学院和高中应共同开展有关国际团结的宣传运动，其目的是让所有学生从小就对地方当局所实施的对外行动有所了解。

Ⅳ　实施、评估和汇报

第十五条　Ⅰ. 法国发展和国际团结政策需要进行定期评估，该评估方案经由多年协商后拟定，已传达至国民议会和参议院的主管常设委员会审核。

Ⅱ. 政府每两年向国民议会和参议院的主管常设委员会以及全国发展和国际团结理事会与全国分散合作委员会转交一份报告，概述关于法国在双边和多边框架内的有关发展与国际团结采取的行动。本报告应整合第十五条Ⅰ中提及的评估的结果，概述政府实施发展政策和国际团结采取的具体方法、资金（补贴、赠款和贷款）利用之间的平衡措施以及法国开发署开展的活动及其成果的使用。本报告应同时介绍法国有参加或者作出贡献的欧洲和多边组织在发展领域开展工作的所有活动。本报告最后应交由国民议会和参议院，并实施公开辩论。

Ⅲ. 废除了1998年修订的《金融法》第44条第Ⅲ款（1998年12月30日第98－1267号）。

Ⅳ. 本法律规定了为期5年的发展和国际团结政策的目标和准则，5年后将对本法律重新进行修订。本法律在新的法律生效之前具有适用性。

本法律将作为国家法律执行。

附　件

发展和国际团结政策准则制定报告

为本法第二条的附件

目　录

前言

瞬息万变的全球环境对各国发展都提出了新的挑战。

在过去的 20 年中，全球经济快速发展。居住在亚洲、非洲和拉丁美洲的亿万人民得以成功摆脱贫困。如今，部分发展中国家亦正在崛起或正蓄力发展。但是，今天的世界同时也面临着两个挑战。一方面，经济快速发展的全球趋势并未顾及所有国家，许多国家在摆脱贫困上仍有很多工作需要完成：全球 10 亿人口的粮食和营养安全仍然得不到保障。而儿童是这种不平衡最大的受害者（全球有 1.65 亿的 5 岁以下儿童发育不良）。一些国家只能严重依赖国际援助来筹集资金维持生存，而国家之间乃至个人之间的不平等现象都在加剧。另一方面，同一时间某些发展中国家的崛起也正在打破国际经济和政治平衡。这种崛起固然代表着进步，但实际上对环境、可利用的自然资源和气候造成一定的压力，并且这种压力与日俱增，逼迫人类重新思考生活和消费的方式。

法国发展政策的总体目标是在经济、社会、环境和文化四个方面促进发展中国家的可持续发展。其积极响应联合国发展议程（联合国千年发展目标）和可持续发展（联合国可持续发展目标）及 2015 年联合国将确定的一系列关乎未来的目标。要实现消除贫困的目标，确保每个人都能过上体面生活，就必须加强全球治理，走更可持续的发展模式。

当今世界人口增长仍然十分迅速，但自然资源十分有限。在这种背景下，我们还要同时保障将21世纪全球平均气温上升幅度控制在2℃以内。发展政策的提出旨在促进一个基于人权的包容性社会的发展，在这个社会每个人都有体面的生活以及可持续的生活环境。从某种意义上来说，这也是全球化对促进社会进步和维持地球生态系统所能作出的积极贡献。

法国发展和国际团结政策旨在促进全球化朝向包容更多人文主义价值观和更为受控的方向发展。它的使命是与贫困和不平等作斗争，以帮助包括占世界人口1/6、仍然生活在极端贫困中的人摆脱贫困（其中大部分为妇女），并防止他们在摆脱贫困后再次返贫。

借助工具

法国的对外援助资金以各种赠款、贷款、债务免除等形式施行，同时援助应当以我们合作伙伴的需求为出发点来动员。这也是我们所说的有区别的伙伴关系的目标之一，从而寻求新的地理和部门再平衡的实现。

因此，在最贫穷的国家，官方发展援助（ODA）应该着力资助基本公共政策的实施，特别是有关社会部门的政策。官方发展援助还可以作为其他资金来源的催化剂，因为在这些国家内依靠金融市场调动财政资源的潜力仍然有限且不足，尤其是在基础设施融资和特别是对私营部门发展的支持方面仍有很大的资金缺口。

相反，新兴国家对官方发展援助的依赖程度较低。法国对外援助干预的重心主要是基于专业知识，采取行动维护全球公共财产和寻求解决全球共同挑战的解决方案。

官方发展援助的资金目前仅占全球收入的0.2%，本身无法应对发展带来的挑战。因此，调动除官方发展援助以外的资源有着极其重大的意义。

从这个角度而言，法国希望通过增加对发展中国家税收管理以及私人、地方当局和国际投资的支持，继续鼓励发展中国家增加财政收入。

法国还大力依靠与全球化有关的活动，以促进建立创新性融资。例如，在全国范围内引入金融交易税，并将其部分收入分配给发展政策。较传统资源而言，这种创新的融资拥有更多特点。法国也同时呼吁其他欧盟成员国，未来将更多欧洲税收产品的收入用于欧盟国际团结政策的施行。

当今世界，国家之间有关国际问题的联系日益紧密。面对这种形势，我们必须一同寻求全球性的对策，这些对策同时也要尊重世界上所有国家的发展。从更广泛的意义来看，法国致力于通过加强其在一系列国际论坛［联合国、布雷顿森林协定、八国集团（G8）和二十国集团（G20）］中采取的行动以及参与众多垂直型基金等措施来呼唤更多全球公共政策的出台。

方　法

法国的发展政策涉及所有多元化的发展主体，包括公共行政管理机构和运营机构、基金会、地方当局、社会经济或互助经济的企业、协会、工会、非政府组织和高等教育机构、研究和培训机构等。对这些民间社会积极分子所采取的有利于国家发展和国际团结政策的行动，政府今后应当优先考虑给予支持，提供协商和协调等帮助。为此，法国同时建立了国家发展和国际团结理事会（CNDSI），它作为政治对话空间和发展行动协调的论坛而具有影响力。

对于受援助国和法国纳税人而言，优化发展援助措施的影响并提高所使用的公共资源的附加值至关重要。因此，发展援助政策致力于不断提高其效率，或灵活运用现有工具，或时刻考虑所支持项目的绩效，并不断对其结果和影响进行独立评估。

法国承诺时刻考虑其援助的透明度。2011 年于韩国釜山召开的第四届援助有效性高级别论坛旨在建立有关援助有效性的共同标准。法国一直遵循论坛的总结性成果：法国正在不断改善政府网站上发布的援助信息的数量和质量。法国同时还启动试点项目，旨在实时发布其资助项目的有关信息。例如，法国已经通过项目更新发布其在马里共和国资助活动的相关信息。

保障发展援助的透明度同时也需要更好的问责机制。自 2013 年以来，法国为双边和多边援助制定了年度完成指标，用于传达议员意见的文件（法国关于支持发展的政策）以确保援助透明性。法国发展援助的主要机构进行的评估结果以及本报告中提出的战略执行情况也要以更易于获取和阅读的形式呈现于世界人民面前。

保障援助的透明度要求同时建立更好的追溯机制和打击腐败的有效手段。因此，法国应当确保受援助国不将这些援助资金用于与保卫和平、民主和人权的目标相反的用途。法国政府同时致力于降低贪污、腐败、洗钱和资助恐怖主义的风险。

如果受援助国严重违反本法及其附件中所规定的一般性原则，发展援助机构和当局可以立即中止其在受援助国的任何计划或行动。

许多其他公共政策同样对发展中国家的发展发挥着重要影响。因此，发展和国际团结政策的有效性在很大程度上取决于该政策与法国或欧洲的其他政策（贸易、农业、卫生、移民、税收、研究和高等教育、教育、对抗气候变化、安全、海外等）之间的联系。因此，应当系统地寻求两方之间的一致性以确保政策的有效性。

为确保法国发展与援助政策的有效性，法国社会以及发展和国际团结的公共或私人的参与者必须明确地向全球传达它们采取的相关干预行动明确的全球愿景。从这一角度来看，确立紧急、重建和发展阶段之间的连续性具有深远的意义，而这种连续性的建立则要求我们积极减少和预防危机产生的风险，加强人员和领土的抵御能力，加强所有利益攸关方之间的对话联系，同时采用更具灵活性和适应性的援助工具以确保政策实施有效性等。

1. 法国发展和国际团结政策的目标和重点

1.1 法国发展和国际团结政策的目标

法国实施发展和国际团结政策，该政策的总目标是通过消除绝对贫困和不平等的国际努力来促进发展中国家的可持续发展。

为了权衡各伙伴国的发展程度以及与地理位置、历史、文化和语言相关的优先性，法国制定了以因国制宜为原则的发展和国际团结政策。

该政策同时关注以下四个方面。

——促进和平、稳定、人权和男女平等：只有以重视人权和巩固法治为基础，才能保证个人自由和伙伴国长期的经济和社会发展。法国对此予以高度重视。

——公平、社会正义和人类发展：联合国千年发展目标旨在动员国际社会促进构建一个基本社会服务基础——粮食、教育、健康、饮用水、卫生、住房。这些方面已经取得重大进步，这主要得益于这些国家本身的经济发展，同时也得益于国际社会的援助。但挑战重重，仍需寻找途径来巩固这些成果并使之长期存在。在众多发展目标之中，法国重申终身教育和培训在发展个人福祉和实现权利以及儿童最高利益方面的重要性。

——可持续经济发展和充分就业：法国将伙伴国的经济发展作为其发展和国际团结政策的核心。法国认为，改善水和能源特别是交通领域的基础设施，是加强区域一体化和私营领域的发展，促进中小企业和中型企业、社会与团结经济企业（发展协会绿色与团结的经济增长仍是社会进步的主要助推器，特别是在发展中国家。这其中的挑战在于要在确保人力、物力、自然资本的公正平衡而不损害社会和生态利益的基础上促进高质量、创造就业的经济增长），实现循环经济以及高效普惠金融的必要手段。因此，发展政策致力于统一经济、社会和环境准则，有助于改善发展中国家人民的生活状况并且保护已经从良好的社会和环境准则中受益的国家的经济和社会体系。

——保护环境和世界公共财产：将全球温度上涨幅度限制在2℃以阻止严重的气候异常，与生物多样性的减少和荒漠化作斗争，重视自然领域、陆地和海洋生态系统的保护，改善卫生和环境风险防护水平，预防传染疾病的产生和蔓延，提高全球金融稳定性，如今都成为全球主要议题。这些世界公共财产如今并没有得到市场和国家的重视，因为需要维护这些公共财产的投资并不能完全使投资者受益，也不一定能产生营业利润。它们呼吁国际社会采取创新的治理和融资方案。

1.2 跨领域优先事项

提高妇女赋权、将性别问题系统性融入援助主体和伙伴国所采取的行动以及应对气候变化都是法国发展援助政策的跨领域优先事项。

妇女是发展的重要主体。性别不平等和不尊重妇女权利都是贫困的结构性组成部分。妇女在各个方面都面临着特定困难和性别歧视。

为了将女性权利置于发展政策的核心，政府于2013年7月31日在法国国际合作与发展部际委员会（CICID）上通过了2013～2017年度“性别与发展”新战略。该战略在项目的制定、跟踪和评估程序中系统地考虑了跨领域的性别目标：这种方法包含审查发展手段、增强代理商能力以及支持代理商进行研究，特别是在贫困国家。该战略预计到2017年，法国50%的发展项目将改善男女平等问题作为主要目标或重要目标。所有负责发展政策的部委和相关主体都将实施该计划，并由男女平等高级理事会每年进行评估。

在欧洲和国际论坛上，法国致力于促进女性权利，打击针对妇女的暴力行为，普及计划生育、性权利和生殖权利、妇女赋权、职业平等、妇女受教育和培训权以及经济、政治和社会责任。

发展和国际团结政策考虑到少女的特殊情况及其脆弱性，将其需求、权利特别是在教育、专业培训、反暴力、健康（包括性健康）落实到定义和实际行动中。

应对气候变化与经济和社会发展之间存在内在联系：气候变化的加速将持续阻碍发展。发展中国家特别是新兴国家利用化石燃料进行发展的模式已成为全球范围内反对气候变化以及各国实现可持续发展的棘手问题。法国在其发展和国际团结政策中考虑到“气候困难国家”的特殊情况，认为支持最贫穷和最脆弱的国家以使其生活方式和经济适应气候变化所造成的不可避免和已经存在的影响是至关重要的。事实上，最贫穷的人口最直接依赖自然资源的开发，也最容易受气候变化对这些资源的影响。因此，法国开发署通过其跨领域的气候发展干预框架来确保每年其在第三国的资金的50%在所有部门包括能源部门，都包含气候共同收益。最后，筹备2015年联合国气候变化框架公约缔约方会议将是法国的一个优先事项。

1.3 干预领域

出于可持续性和互惠发展的原则，一方面要考虑伙伴国的需求，另一方面也要考虑发展政策的目标，法国制定了10个干预领域。这10个领域在其目标、原则和指标中，需要考虑法国官方发展援助（APD）的两个跨领域优先事项：女性权利和男女平等政策、应对气候变化。

健康与社会保障

法国重申其对基本健康权的重视。在发展和国际团结政策中，法国重视改善发展中国家的健康和社会保障条件。几项因素论证了这项投资的合理性：全球化的加速增加了流行病传播的风险，社会抵御健康风险的能力是其发展能力的条件之一，这是法国一个公认发展优越的领域。但是，这种合作必须适应影响发展中国家的双重过渡：人口过渡（老龄化）和流行病过渡（非传染性疾病的增加）。此外，由于缺乏消费市场，制药工业的研发中忽略了一些影响最贫穷国家人口的热带疾病。健康作为一项全球公共财产，需要所有国际发展主体的全体协调动员。

法国重申其应对三大流行病的承诺，特别是得益于全球抗击艾滋病、结核病和疟疾基金来抗击未知疾病，改善母婴健康状况，并像 2012 年 12 月联合国规定的一样促进普及全民医疗。

全民享有社会保障从支持国家社会保障基础的发展开始。因此，国际劳工组织大会 2012 年 7 月 14 日第 202 号建议书的支持和推进将有助于具体化社会保障的普遍性（健康、养老、残疾、家庭补助等）。

在巩固健康体系和社会保障体系方面，行动聚焦于以下三个主要问题：

——改善撒哈拉沙漠以南的非洲优先国家的性健康、生殖健康、母婴健康以及人口政策；

——使健康和社会保障体系与生活条件提高和老龄化所导致的慢性疾病和健康问题的增加相适应；

——加强流行病监测和国家应对健康的环境和社会决定因素的能力。

农业、粮食和营养安全

消除营养不良是发展和国际团结政策的优先事项之一。法国提倡家庭式、创造财富和就业的农业发展，支持粮食生产并尊重生态系统和生物多样性。法国支持使农业能够充分发挥作用的举措：采取协调的农业政策，加强区域一体化；规整农业市场，发展生产链，使小生产者获得国际市场上自愿提供的环境认证；支持农民组织并加强农民的自治权；致力于用水公平，从家庭农业向农业生态集约化过渡；确保土地使用权，特别是对于妇女和小规模生产者而言，反抗强取豪夺土地和资源的行为；应对土地退化和污染。在渔业领域，法国采取行动，特别是通过建立渔业和海洋保护区，来加强对发展中国家渔业可持续管理和保护海洋环境与资源的援助。法国致力于对渔业协定的执行情况及其社会和环境影响进行系统且公开的欧洲评估。

双边援助旨在通过支持家庭农业开发、支持生产链的发展，特别是粮食和畜牧业的生产，以及支持农业、粮食和营养政策，并融入可持续发展和粮食主权的问题来长期改善城乡居民的粮食和营养安全，特别是在非洲撒哈拉沙漠以南地区。因此，这些干预措施有助于：

——改善与农业、农村和营养政策相关的粮食安全区域管理；

——实现农村地区的经济和社会发展并且维护它们的自然资源；

——实现农业坚挺、就业丰富、可持续且包容性的增长。

在尊重这些原则的基础上，法国开发署并不资助转基因作物的购买、促销或种植。法国开发署并不资助那些以破坏原始森林、与当地公平发展不符的垄断土地行为或霸占本地人的自然资源为目的或结果的项目。

教育和培训

教育尤其是妇女教育是发展过程中的一项核心基本人权。优质的教育和培训是社会转型的有利因素，有助于减少社会和区域不平等，实现经济可持续发展，实现人口繁荣，行使公民权利，促进民主和法治。教育也是一项针对人权，可持续发展问题，跨领域和社会问题如健康、环境或反对各种形式的歧视的科普、预防和培训手段。

受益于发展政策的国家的一个显著特征是人口的年轻化。对于这些国家而言，年轻人象征着未来，应该接受各种程度的、大量的投资以增强其社会、经济和政治层面的融入性。这就是法国将无歧视的全民教育和培训作为其发展和国际团结政策中一个优先事项的原因。在此框架下，在相关国家进行的初级和继续专业培训的特殊努力将对创造就业和这些国家适应贸易全球化，经济、健康和气候危机迭起的大环境的能力造成影响。

法国发展和国际团结援助政策应该有助于高效的教育和培训政策的落实，甚至要保证获取的知识和掌握的技能能够满足国家的独立发展，人民在经济、社会和公民权方面完全融入的需求。因此，女孩上学和留校是发展的一项基本因素。该政策也要通过优先支持包括初等教育的基础教育，重视幼儿到终身培训的继续教育，重视教育团队在优质教育中的重要作用，尤其对于那些边缘化和脆弱群体而言，应促进实现全民教育的目标。法国也通过其留学生接受和培训政策来促进实现这些目标。法语的宣传和支持政策也是发展政策的一个重要媒介。

私营领域和社会责任

私营领域有助于创造财富、就业、收入、服务和商品。发展和国际团结政策鼓励企业发展，特别是中小型企业和中型企业。中小型企业的发展、投资流的增长、必要法律框架的巩固，不管是用来鼓励或是监督私营领域的发展，都是重大挑战。发展和国际团结政策为那些创造就业、包容和可持续的增长提供了有利条件。

在众多跨国公司的倡议下，旨在落实经济合作与发展组织主要原则，法国国家联络点（PCN）制定了纺织－成衣领域行为准则的建议。法国国家联络点负责宣传这些建议并且能够与在其他相关领域落实的主要原则相适应。社会责任作为政府行动的一个跨领域层面，完全融入发展和国际团结政策中，该政策落实了一系列行动以使伙伴国和公私领域主体能够更好地考虑这项要求。

政府委托企业社会责任和可持续发展平台来考虑如何使跨国企业、分公司的委托者、承包人和在发展中国家发展的供应商更好地承担社会责任。

该平台也研究增强公司在总部、分公司和承包商经营活动警惕性的可能性，以预防社会、健康和环境风险。

法国也致力于向所有国际和欧洲组织中的发展伙伴宣传这项举措。在公共市场过渡进程中，法国支持在多边金融组织所进行的改革框架内、在双边框架内加强社会责任的要求。

为了实现发展公共援助中男女平等的跨领域目标，法国支持女性创业，并且允许女性承担经济和社会责任。

法国支持社会与团结经济（ESS）企业的繁荣发展，这些企业已经是发展政策的重要主体。社会与团结经济的重要主体如合作社、互助社、协会、基金和社会企业，将个人放在发展的核心位置，并且尽可能地满足当地需求，以促进公民团结。为了延续这种活力，法国将鼓励跨国合作企业的发展。南北经济主体共同领域的发展目标尤其能体现这一点。

法国也支持在可持续发展框架下循环经济的发展。可持续发展具体化在商品和服务生产中限制原材料、水和能源消耗和浪费的目标，以逐渐过渡到对社会、经济和环境有益的价值创造模式。循环经济提倡以使用当地可用资源和容易实现短期循环为主的模式。

法国也促进工会自由，改善社会对话状况。法国认为工会是发展的主体。

区域发展

城镇和农村发展对全世界的未来发展至关重要。考虑到两者间日益增长的联系，它们不能被孤立对待。因此，法国提倡融合城镇、郊区和农村联系的城乡区域规划。法国特别重视区域发展，特别是受到联合国人类住区规划署（以下简称“人居署”）的委托，在落实由联合国人居署理事会于 2007 年和 2009 年通过的“关于权力下放和为所有人提供基本服务的国际准则”（水、卫生、垃圾处理、能源、交通、通信、初等教育、健康和公共安全）的落实行动中发挥主要作用。法国也是欧洲城乡区域规划国际准则制定的先驱。

如今城市是气候变暖和自然资源过度开发的核心问题。然而，许多技术和手段都能应对环境挑战。因此，法国实现可持续城市发展的手段主张四个主要目标：

——使地方行政区域促进邻里民主和所有当地发展主体的协同发展；

——增强区域集体能力；

——提高生活条件和城市生产力；

——为保护环境和其他世界公共财产的城市规划作贡献，特别是通过投资可持续城市基础设施，这些投资需要整合适应气候变化、减少温室气体排放、长期环境影响和更好的资源管理的问题。

为了适应粮食安全战略，农村发展方式将有利于以下三个战略方向：

——协调国家和地区农业政策；

——投资实现包容和可持续增长的农业；

——支持农村地区融入国家、地区和国际贸易。

环境和能源

在发展政策中全面考虑环境问题是长期消除贫困项目的必要条件。在联合国各项公约的框架下，如 1992 年 5 月 9 日在纽约通过的《联合国气候变化框架公约》，1992 年 5 月 22 日在内罗毕通过的《生物多样性公约》，1994 年 6 月 17 日在巴黎通过的《在发生严重干旱和/或荒漠化的国家特别是在非洲防治荒漠化的公约》，以及各种环境多边协定，法国积极投入到国际谈判和磋商中。法国致力于通过参加世界环境基金及利用其环境方面的双边合作机制——法国全球环境基金来具体落实这些行动。根据其战略文件的承诺，特别是气候发展跨领域干预框架，生物多样性跨领域框架和撒哈拉沙漠以南非洲地区的粮食安全跨领域框架下，法国开发署也为第三国的环境保护提供融资。

在应对生物多样性退化方面，双边合作确立了两个优先事项：增加表面积和改善陆地与海洋保护区的土地管理，以及将保护和修复生物多样性融入所有可能对生物多样性造成影响的区域政策中。

法国在能源方面的发展和国家团结政策属于消除贫困、促进绿色增长和保护全球公共财产的总体战略框架内。它也与应对气候变化行动紧密相关，如今主要围绕三大目标提升能源效能：提高享用高效能源服务的机会；开发可再生能源；遵循联合国总秘书长“人人享有可持续能源（SE4ALL）”倡议的目标。

为该领域的可持续能源政策和主体确立了三大优先事项和一个跨领域支持：

——优先开发可再生能源，提高能源效能；

——减少能源损耗，开发农村和郊区；

——确保能源系统安全，加强能源系统；

法国

——巩固可持续能源政策，增强主体能力。

在发展和国际团结政策框架下，法国旨在逐渐减少化石能源的使用并将这种立场推广到所有多边开发银行中。一般来说，在能源方面，法国致力于以提高能源受益和效率、保护环境为目标的研发项目进行投资。因此，法国将在两年间发布一项基于能源领域金融投资项目的环境和经济评估战略。除了包含引水或储存二氧化碳装置的发电站以外，法国开发署不会对煤电站进行投资。

水和卫生

用水和卫生不仅对卫生和环境问题提出了挑战，也对消除贫困和男女不平等构成挑战。联合国千年发展目标旨在到 2015 年将无法长期获得饮用水的人口数量减半，然而约有 8 亿人口长期无法获得所需的饮用水。这种卫生状况依然令人忧虑，千年发展目标显然未能实现。另外，随着人口增长、饮食制度的变革和城市的发展，水资源的质和量的压力也不断增加。气候变化会加剧这些压力，导致资源分配更加不均。在 15 年内，1/3 的世界人口可能会生活在水资源匮乏的地区。

在水和卫生方面，有三个优先事项需要注意：

——支持制定明确有效的国家部门框架，包括水质标准；

——保证使用者可持续地开发和管理水资源；

——支持高效、可持续的水和卫生服务。

治理和反腐

地中海以南的民主运动和非洲的政治变革最近论证了治理与发展之间的紧密关系。法国在 2011 年担任 G8 主席国期间强调了这种联系，并且在多维尔伙伴关系中促进了与治理有关的支柱，在 G8/非洲联合声明中也提到了人权和民主治理。

此外，财政透明、遵守税制和打击逃税也是促进国家和企业有效服务人民发展的必要因素。

要想在这方面取得进步，需要增强伙伴行政能力，注意提高国家行政人力资源的质量。这样才有可能发展基础设施，建立立法和法律框架并加以落实，鼓励投资者的参与。

在金融治理方面，G8 和 G20 框架作出两大承诺：

——促进采掘业的透明度，这点特别能够通过法国对采掘业透明度动议（ITIE）的秉承体现出来；

——支持动员国内资源来进行发展融资，具体为法国继续支持加强税务机构的能力，特别是通过经济合作与发展组织为打击发展中国家的国际逃税行为所提出的“无国界税收检查员”倡议。

反腐也是落实高效法治国家以确保可持续发展的必要因素。法国作为几项反腐国际公约的签署国，致力于实现这个目标。

法国致力于同伙伴国一道促进签署和批准反腐的国际法律文书。

人员流动、移民和发展

发展政策与移民政策应保持一致。法国认识到移民在伙伴国发展中发挥的作用，移民通过金融、技术和文化财产为发展作出重要贡献。

移民政策和发展政策之间的规定属于2005年欧洲理事会所采取的全球移民方法，此后由欧盟所实施，特别是在合法移民、打击非法移民、促进移民对来源国的发展作贡献这些方面。

在最后一个方面，法国支持增强移民的团结和投资潜力，增强伙伴国将移民纳入发展战略中的能力。这种方法旨在适用于所有相关国家。

贸易和地区融入

发展中国家逐渐融入全球贸易是法国的优先事项。因此，法国促进缔结基于公平交易的双边贸易协定，旨在更好地融入地区和国际贸易、贸易援助和贸易便利化政策，旨在支持欧盟通过世界贸易组织促进多边主义发展的努力，旨在更好地考虑最不发达国家（PMA）的特征和多哈回合下主要新兴经济体的预期努力。考虑到发展中国家的不同国情，法国致力于针对最有需求的国家增强普惠制度。

在这方面，法国作出以下几项国际承诺：

——在2010年11月11~12日首尔召开的G20峰会上，法国决定逐渐对最不发达国家实现零关税和配额市场准入，并且在2011年以后按照2006~2008年的平均水平维持贸易援助力度。

——履行贸易援助的金融承诺。《经济伙伴关系协定》（APE）除了在欧盟普惠制框架下针对发展中国家的市场准入，法国还致力于使APE促进发展。法国主张在区域经济伙伴关系协定谈判中更好地考虑其非洲伙伴国的关切，以便这些协定能在地区融入和发展方面取得丰硕成果。

1.4　地理优先事项：差异化的伙伴关系

随着新经济和政治体的出现，随着广大非洲、亚洲和拉丁美洲国家活力的增强以及处于危机状态或脆弱国家的长期存在，发展中的世界存在越来越多的差异。为了充分利用致力于发展和国际团结政策的资源，法国应该通过调整其干预目标和手段以适应各个国家所面临的不同问题的手段来接纳这种差异性的影响。为了实现这一目标并且考虑到与地理位置、历史、文化和语言有关的优先事项，法国与四种类别的国家实施了差异化的伙伴关系。在此框架下，法国与每个伙伴在上述10个领域中共同确立了三大优先协调领域。

优先照顾最贫穷国家

法国将其团结行动集中在几个优先贫困国家的补助和捐赠上，这个国家名单由2013年7月31日法国国际合作与发展部际委员会确立。在这些国家中，法国动员其双边和多边机制来实现发展政策的所有目标，尤其是千年发展目标、经济发展、民主治理、法治和环境资产的保护。法国特别关注萨赫勒国家，这些国家需要所有基金出资者采取总体协调的方针。为了实现这些目标，至少一半的国家补助都要集中在优先贫困国家。法国开发署则向这些国家提供了2/3的补助。

非洲和地中海

国家将其85%的金融补助都投放在支持撒哈拉沙漠以南的非洲地区及地中海南部和东部邻近国家的发展上。

撒哈拉沙漠以南的非洲国家是法国的优先事项。这个地区是世界上最后一个在大陆范围内出现贫困问题的地区。这个地区汇集了人类发展指数最低的大多数国家。同时，大多数非洲国家经济发展非常强劲。过去10年间，撒哈拉沙漠以南非洲地区的平均增长率远高于经济合作与发展组织的国家。除了周期现象外，中长期分析显示大多数贫穷国家开启良性增长过程：经济增长加速，经济增长高于人口增长，人均收入提高；宏观经济稳定性大大增强（外债降低，通货膨胀降低，预算赤字和外部赤字减少）；大量降低冲突率，巩固民主进程。与许多撒哈拉沙漠以南的大多数非洲国家共通法语是法国在采取促进该地区发展行动中的一项财富。法国将干预所有相关领域并且动员所有手段——捐助、预算援助、贴息贷款或无贴息贷款、主权贷款或无主权贷款、参股、担保或其他创新融资方式——以适当满足这些国家的需求。

地中海南部和东部邻国

这个地区不管是对于欧洲还是法国而言，都是一项重大挑战。这个地区面临着重大的社会和经济挑战：联合国预计20年内，在脆弱的环境状态下，将有6000万名年轻人等待雇佣和培训，有7500万名新城市居民等待接纳；目前的政治动荡急需增强治理能力；环境保护，特别是地中海区域。创造政治稳定和经济繁荣的空间，协调地中海两岸的管理措施对于应对这些挑战而言是至关重要的。法国的发展政策旨在增强当地生产机制和人力资本，促进创造就业和领土整治，在可持续的基础上促进互惠发展和联合部署。大多数伙伴国都是中等收入国家，国家财政援助以贷款为主，以培训为辅，文化与科技合作培训。按照共和国总统有关发展“欧洲地中海项目”的意愿，干预行动隶属于欧洲-地中海框架内，尤其是促进区域一体化，并将利用所有相关的倡议——欧盟邻国政策、地中海联盟、地中海议会大会、5+5对话和多维尔伙伴关系。

处于危机中、正在摆脱危机或处于脆弱中的国家

如果它们不属于优先贫困国家，这些国家需要得到特殊关注。每次都要尽可能地进行预防，并且在公开危机的情况下要特别注意协调我们的行动：军民间、公共和非政府主体间、人道主义和重新发展阶段间。

法国在这些国家的干预行动优先满足它们在人类、经济和法治深入发展方面的需求，并且强调欧盟在应对这些危机以及支持这些国家和地区性组织维护和平所发挥的主要作用，将使用灵活的工具，主要是补助。

其他国家

在其他国家特别是发展迅速的中等收入国家如亚洲、拉丁美洲和加勒比地区，就不采取援助这个概念，后者并不符合它们的情况：法国旨在寻求共同的解决措施以应对共同挑战，并且联合这些国家参与国际合作以支持那些最贫穷的国家。法国对其进行干预以促进“绿色和团结的增长”，特别是通过促进经济伙伴关系。

动员多元化法国主体，建立与“新兴大国”的伙伴关系对于增强对话和准备针对共同问题的国际谈判是必不可少的。这项举措不会对国家造成财政负担（除技术鉴定外）。

对于所有干预国家来说，有可能在民主治理、人权、儿童保护、男女平等和技术援助方面采取行动。

在变化中的世界，每个国家的情况都在迅速变化，法国国际合作和部际委员会秘书长每年都会审查不同的伙伴关系。

1.5 发展和国际团结政策的试行

为与现行法律的总原则保持一致，在法国发展和国际团结委员会与国民议会及参议会的常任委员会磋商后，发展和国际团结政策方向可以根据需要，由法国国际合作和部际委员会进行更新。该委员会召集所有相关部委，由总理主持。在 2015 年 9 月联合国大会召开的 6 个月后，法国国际合作和部际委员会将更新这些方向以考虑接替千年发展目标的目标。

外交部、经济财政部、法国开发署以及其他能够落实发展和国际团结行动的相关部门都要持续关注它们在各自领域所采取的行动是否与国家所落实的行动相一致。法国国际合作和部际委员规定了国家干预的总体框架以及不同政策和主体间的实践。为此，法国国际合作和部际委员会每年都会召开。

援助方式的分配由不同的伙伴关系决定。在每个类别的伙伴关系中，针对这些国家的资源分配和干预方式的选择都会考虑需求以及国家的能力。此外，法国国际合作和部际委员会决定进行援助分配机制可行性的研究以更好地考虑伙伴国家在经济表现和治理方面所作的努力。

对于法国国会和社会以及受援助国的人民和当地政府而言，衡量干预措施的质量并对结果进行评估是一项民主要求。对结果进行分析对于提高行动的确切性和有效性、让负责落实的主体承担责任、从过去的经验中吸取经验来说也是必不可少的。

如今受法国外交部全球化、发展与伙伴关系总司、法国经济财政部国库署和法国开发署管理的援助评估服务将重组为一个独立的机构——发展和国际团结观察所，并且能够有权访问所有信息以执行任务。发展和国际团结观察所能够实现手段合理化并且对法国进行的项目进行中立的评估。它包括 11 名成员，任期 3 年，可以更换。除了议会任命 2 名众议员和 2 名参议员以确保多元代表以外，其余 7 个法国发展和国际团结委员会的部委将委派 1 名成员在发展和国际团结观察所就任，该观察所由 1 名众议员和 1 名参议员轮流担当主席。从长期来看，其任务还包括根据预期变化来更好地定义这些项目的合理性。该观察所将其多年工作计划呈交给国民议会和参议院常任委员会。现行法律中第十五条所提及的报告包含其进行的评估摘要。

此外，根据 2005 年 3 月 2 日《巴黎发展援助有效性宣言》中的承诺，法国自 2008 年以来就与欧洲和国际伙伴一道加强联合评估。

在众多促进国内和国际评估的要素间，以及关注透明度和教育意义、过去的双边或多边援助结果的指标、包括本报告附录 2 中的指标，都能够更好地跟踪已有的结果。这些指标的结果每年都会进行补充并且在政府呈交给议会的两年期报告中发布。法国发展和国际团结委员会以及法国权力分散下放合作国家委员会定期对指标的合理性进行评估，并且能提议对其进行修改。在“性别与发展”战略中所提及的指标也有助于评估发展和国际团结政策。

对发展和国际团结政策进行评估要注意考虑受援助国的反馈。

从对法国认为的优先领域的影响来看，法国所促进的主要多边组织的成果也是定期报告的对象。

政府每两年都向国会提交发展和国际团结政策报告，这份报告也会转交到法国发展和国际团结委员会和法国权力分散下放合作国家委员会。它旨在总体评估法国在这方面所颁布的政策。因此，它具体包括：前两年的评估摘要；上述指标结果；不同发展和国际团结政策工具的使用方式，特别是补助、其他捐赠和贷款间的平衡；法国开发署的行动及其成果的利用；所有致力于发展的欧洲和多边机构或是所有法国促进或参与的欧洲和多边机构的行动。该报告也评估发展和国际团结政策以及其他可能对发展领域产生影响的公共政策之间的协调性。

法国发展和国际团结委员会致力于成为非政府组织、私营领域、高等教育和研究机构、雇佣者和被雇佣者的代表机构、国家或地方行政区域的代表们之间针对发展公共政策的协调性进行对话的平台。法国发展和国际团结委员会将与不同的咨询机构一起研究法国发展政策的挑战和方向，研究在一致性、透明度和责任制等方面与政策落实相关的问题。

2. 发展政策的一致性、有效性以及透明度

2.1 欧洲框架下法国区域政策的一致性

发展政策在落实过程中要贯彻一致性原则。所有对伙伴国家会造成影响的公共政策在起草和落实过程中都需要考虑发展政策。

除了发展政策以外，很多公共政策对发展中国家也起着重要影响。法国发展和国际团结政策的有效性极其依赖所有国家政策的一致性。因此，无论多复杂，所有国家都应该积极寻求一致性和冲突的解决措施。

法国也要确保在制定欧洲政策过程中与公共政策保持一致。

《欧洲发展共识》确立了12条部门政策，成员国致力于加强与发展目标的一致性，这实际上也包含一致性的主要挑战（2）。2009年11月，欧盟理事会决定优先集中在12项政策中的5项——贸易和金融、气候变化、粮食安全、移民和安全。欧盟也实施了一项新工具：2010~2013年度发展政策一致性工作规划。该工作规划于2010年通过，提出了一系列增强发展政策一致性的战略倡议。

2010年，法国在《欧洲发展共识》的框架下确立了发展一致性的6个优先事项——贸易、移民、外国投资、粮食安全、社会保障和气候变化，法国在2013年再次重申这6个事项。这种一致性的要求也针对其他可能对发展产生影响的政策——研究与高等教育、教育、健康、环境、安全和海外。

例如，在贸易方面，法国致力于增强普遍性优惠待遇制度，使最需要援助的国家从中受益，保证贸易政策和发展间的一致性。法国也在欧洲委员会与其他第三国家谈判的欧洲双边协议（特别是经济伙伴关系协定）的框架内促进贸易政策和发展政策间的一致性。

在粮食安全方面，法国重视提高生产力和改善农业原材料市场的运转机制。法国致力于增强伙伴国的能力以满足欧洲和国际农产品市场准入的卫生准则。法国支持南北农业政策，为农业能够充分地发挥其经济、社会和环境作用提供有力保障。

在社会保障方面，法国一直促进劳工与社会对话基本准则以及体面就业和社会保障基础。根据国际劳工组织在1999年6月17日通过的《最恶劣形式的童工劳动》第182条规定，法国严厉打击非法童工。同时，法国还在欧洲推行公共和私营主体在社会责任方面的高标准。

在气候变化方面，法国坚持工业化国家特别是欧盟要遵守它们在减少温室气体排放方面的承诺。通过支持那些超出主要目标、在缓和和适应（“共同利益”概念）方面有助于应对气候变化的项目，法国确保发展政策充分融入气候变化问题中。

发展政策在落实过程中应该与海外在其区域环境中的位置保持一致，以加强在此区域的融入程度，而不损害其经济发展。法国开发署同时干预海外行政区域和它们各自相邻的发展中国家，在审查这些行政区域的邻近发展国家项目时要确保实现这两个目标。

发展和国际团结政策也包括增强安全能力，如打击非法交易和安全领域改革，因为一个国家在不稳定的环境中无法执行其任务。恐怖主义和犯罪网络活动——滋生腐败渠道和自然资源非法开采的贩毒者、贩卖人口者、偷猎者和濒危物种贩卖者——对非洲和世界的和平与安全都构成威胁。这些行为是许多伙伴国家的主权、政治、经济和社会稳定所面临的主要风险，因此需要支持伙伴国家建立有助于充分行使法治的安全条件。法国将像在马里共和国所进行的双边行动一样，同时也借助欧洲和多边渠道，一直致力于维护和平，预防冲突。法国提倡要考虑脆弱国家所面临的问题和在国际论坛上所提出的具体举措。

2.2 发展和国际团结政策的有效性

自2002年的蒙特雷发展融资大会后，法国积极投入增强援助有效性的行动中。在2003年的罗马、2005年的巴黎和2008年的阿克拉所召开的援助有效性高级别论坛上，法国支持有利于实现劳动分工、巩固公共政策和考虑伙伴国家特别是脆弱国家的不同国情的承诺，为确立援助有效性的原则作出巨大贡献。

在2011年筹备第四届釜山论坛的框架下，法国主张向新的援助者开放这一进程，并促进援助作为发展催化剂的作用，考虑其影响，减少援助分散。

因此，法国发展和国际团结政策实行以下原则：

——与伙伴国的优先事项和程序保持一致，以使受援助国和辅助机构在调动自身资源和能力的干预适应能力实现最大化；

——援助者之间的协调和分工能够在欧洲实现联合规划和对等授权以跟踪发展行动的落实情况；

——特别是基于预期结果以及已有结果指标的使用情况对伙伴国的发展影响进行管理；

——增强所有相关主体考虑资助行动目标和结果的能力。

2.3 发展和国际团结政策的透明化和责任制

援助透明化如今是法国发展和国际团结政策的一个优先事项，旨在满足以下三个目标：

——援助透明化能够让纳税者、议员还有大众来评估公共资金的使用情况；

——援助透明化能够让受援助国规划外部资源的供应建立更可靠的预算政策，并且是这些国家使用援助的一个必要条件；

——援助透明化能够对一个国家的项目有更全面的认识，促进援助者之间的协调和分工。

在法国开发署所资助的项目市场准入程序中包含一个条款，要求相关企业遵守提高透明度发布信息方面的规定。

法国在国际上实施有影响力的政策，旨在促进银行和企业遵守法律中所记载的在金融和税务透明化方面的原则，特别是2013年7月25日第2013－672号法律第7条第Ⅲ款的银行活动分离和监管原则，以打击金融衍生品、避税和洗钱行为。

法国近年来在透明化方面作了非常多的努力：

——在国际上，法国积极参与共同责任制的活动：法国全身投入G8责任报告，并系统性地回顾了非洲发展新伙伴关系报告对扮演重要角色的非洲国家行动的有利之处。在担任G8轮值主席国期间，法国是第一个促成G8成员国和非洲伙伴国之间共同责任报告的国家。

——法国增加并改善了其责任制。2012年，第一份有关“发展合作：法国观点（2010～2011）”框架文件落实情况的两年期报告在国会上发表。除此之外，多年预算方案还为法国官方援助的发展提供了更高的可预测性。

预算文件特别是跨领域政策文件，作为两年期报告的补充文件，要加以改善以满足国会的预期。

在数据透明方面，致力于有效发展合作的釜山伙伴关系主张，针对发展政策所提供的资源发布详细和预测性的信息，需要实施共同标准。因此，法国主张统一经济合作与发展组织发展援助委员会和国际援助透明化倡议的标准，并以此来制定共同标准。此外，法国的“开放数据”政策公布了许多有关发展援助的数据信息，2013年6月所创建的马里援助透明化试点网站巩固了这项政策。法国自2014年将努力在优先贫穷国家公布国际援助透明化倡议标准所要求的信息。

在采掘业的透明化方面，根据法国总统在G8厄恩湖峰会召开期间的发言，政府在2013年就决定正式加入采掘业透明度倡议。目的是参加下一届采掘业透明度倡议大会并且致力于将欧洲采掘企业在信息公布方面的会计准则机制加以完善和修改。在此背景下，法国确保公布的信息囊括所有的子公司，无论这些企业是否位于资源开采国，也包括位于避税天堂的企业。本着同样的精神，法国开发署鼓励国家行政部门和社会公开采掘业和基础设施缔结的合同，以及上述合同的重要附加条款。法国也积极支持多边开发银行的倡议，为非洲国家在进行谈判合同期间提供法律支持。

更广泛地说，法国支持大型企业和组织的国别报告。

发展教育

发展和国际团结教育是法国实现透明化和一致性的一个重要方面。它旨在提高公民对行动的认知程度和主人翁意识，并且促进团结。事实上，动员社会舆论对于促进发展是至关重要的。因此，公民必须更深刻地了解发展所面临的问题、战略选择以及促进发展的公共行动所产生的结果。政府采取许多行动来增强公众意识，特别是针对年轻人。政府公布了发展和国际团结政策的信息文件。教育机构实施了发展和国际团结教育项目，目的是了解全球主要的失衡现象，并且鼓励思考能够改善这种现象的解决措施。发展和国际团结教育应该从娃娃抓起，从任何科目抓起。它属于现有教育机制的一部分，并且得到地方行政区域、外部优质机构、国际团结协会、大众教育主题的协助。其地位应当在教学方案和教师培训中得到巩固。

3. 法国发展和国际团结政策的行动杠杆

发展挑战规模之大、目标和伙伴国家的复杂性以及对自身资源的约束都对发展和国际团结政策工具的确立和使用提出了特别严格的要求。

3.1 国家干预

法国官方发展援助主要是双边援助（2011 年为 65%）

法国开发署是发展双边援助的主要渠道。它通过补助（项目补助、预算补助、减债促发展合同）、优惠或非优惠贷款、参股和担保来资助行动。同时还存在其他具有针对性的双边机制，如专门为环境领域的创新项目进行融资的法国全球环境基金。

法国也通过重债穷国倡议，积极投入减债行动中，主要是为了支持最不发达国家。这些债务的处理方法在巴黎俱乐部里进行谈判，这是一个公共债权人非正式集团，其作用是为那些难以偿还债款的国家找到一致且持久的解决方案。它们有利于恢复发展中国家的债务可持续性或帮助它们应对暂时的外部破产危机。

外交部直接管理治理方面的优先团结基金以及最脆弱人群的直接援助，特别是粮食援助和人道主义应急基金。它负责推广法语国家和法国影响力政策，特别是文化政策。在这方面，与国际组织，法语国家机构，法语国家机构中的文化机构、分散合作和民间社会主体一道采取行动将发展中国家的有形遗产和无形遗产发扬光大，保护文化多样性都是法国政策中的优先事项。其他有能力的部委（国民教育、内政、农业、生态、健康、劳动等）管理一些发展项目。

法国也提倡技术和专长合作援助。事实上，发展中国家特别是法国的新兴伙伴都迫切地需要高级技术专长。针对技术援助，法国政府于 2013 年创办了技术专长和经验转移基金，设在法国开发署下，并致力于在我们的伙伴国家推广法国的技术。因此，法国能够推广其技术，增强其影响力。根据现行法律的第 13 条，该基金最晚将于 2016 年 1 月 1 日加入法国国际技术专长署。

高等教育和研究对我们的发展援助机制作出了卓越贡献。法国在发展研究方面拥有宝贵的财富，有许多专门科研机构，如发展研究院、法国国际农业研究发展中心、法国国家科研中心、法国农业科学研究院或高校，法国发展研究的成果则应当让伙伴国家从中受益。因此，需要增强主体间的可见性和一致性。法国发展和国际团结委员会在 2013 年 7 月 31 日决定，在所有法国科研主体的帮助下，制定发展研究宪章。在主要联盟的协调工作支持下，该宪章将达成一些具体行动建议。

法国对欧洲发展政策的贡献

法国是欧洲开发基金的第二大资金贡献国，该基金仍在欧洲的预算之外。通过资助共同预算，法国参与到对欧洲发展工具的筹资行动中，特别是发展合作融资工具、欧洲民主和人权工具以及欧洲睦邻与伙伴关系工具。

此外，法国寻求与欧盟一道实现杠杆效应。在变化计划框架内，法国促进地理位置和区域优先与欧洲发展政策方向以及其他成员国国家政策的和谐统一。它支持欧盟和成员国的联合计划，将不断为促进不同捐赠者与伙伴国家的协同发展而努力。

向多边组织提供重要援助

除了欧盟以外，2011 年，多边援助占据法国官方发展援助 20% 的资金。多边援助分布在以下四个国际开发组织之间。

过去 10 年间，世界银行在多边援助中所占的份额一直处于波动状态（11% ~19%）。我们绝大多数的直接投资都集中在国际开发协会。

法国也通过捐助基金和项目（约 5%）的方式来支持联合国发展行动。这些基金和项目的投资完全出于自愿。法国已经集中完成这些自愿捐款，并将继续进行捐款。法国重视人道主义援助、经济和社会援助以及治理，它支持联合国开发计划署、联合国难民事务高级专员办事处、联合国儿童基金会和联合国近东巴勒斯坦难民救济和工程处。

在粮食和营养安全方面，法国支持粮农组织和世界粮食安全委员会、国际农业发展基金和世界粮食计划署。

法国还在自愿的基础上（联合劳动部和外交部的法国 – 国际劳工局多年合作协议），支持国际劳工组织的项目，特别是通过支持发展中国家落实体面劳动的目标（支持遵守和落实国际劳动准则以及负责落实的相关劳动部门；支持社会保障的发展和实施国家社会保障的底线；支持制订促进就业的计划）。

除了欧洲援助以外，区域银行和垂直型基金占据多边援助 31% 的资金。该类别包含亚洲开发银行和非洲开发银行的发展基金，以及符合一些优先事项的区域基金：抗击艾滋病、结核病和疟疾全球基金（法国是该基金的第二大捐助国）；全球环境基金；国际农业发展基金；蒙特利尔议定书以及绿色气候基金。

法国与这些机构实施有影响力的政策和伙伴关系政策，旨在确保双边和多边行动间的实际互补性。法国在落实这些联合项目时扮演着股东、投资者和伙伴的关系。这意味着既要影响相关机构优先事项和战略的定义，也要增加双边援助的影响力和可见性，触及在单个行动框架下难以影响的部门或国家。作为多边开发银行的管理者，经济财政部需要特别参与到落实这种互补性的过程中。

为了提高发展和国际团结政策的有效性，法国旨在实现如今过于分散的多边格局合理化，并且更好地阐述双边和多边援助间的关系。2014 年，法国将制定行动战略以满足这两个目标。这意味着法国要确定在发展方面多边承诺的挑战：国际伙伴组织的作用，对于这些组织的期待以及交易投资回报将由各种机构（欧盟、多边开发银行、国际金融组织、联合国体制和垂直型基金）进行汇报和呈现。该战略也旨在增强多边援助对双边援助、法国技术专长和经济外交的杠杆效应。最后，基于对法国资助的多边机构和基金的全面概览，该战略将提出减少援助分散化的目标和方法。

法国支持在条件允许的情况下，设立捐赠基金和多方信托基金的原则。这些基金能够收集多种融资方式，严格管控国际援助。对处于危机中的国家以及优先贫穷国家而言，它们是极其重要和适用的。在这些国家，援助的集中程度、杠杆效应的影响力对于发展和国际团结政策的有效性至关重要。这样的基金对于那些法国援助力度不足、需要与其他援助者共同承担援助费用的国家同样是适用的。

此外，法国还逐渐重视对其资助的机构的表现进行评估。

法国将投身于国际组织中，特别是处理发展问题的机构，其中最重要的是 G8 和 G20。事实上，这些高度联系的机构能够取得重大进步，并且使全部国际社会从中受益。因此，以“3T”（贸易、税收和透明度）为主题的英国北爱尔兰厄恩湖 G8 峰会上，G8 成员国强调要在治理和巩固各国自身资源方面建立发展条件，特别是在税收领域。

3.2 非国家主体间的互动

法国促进南北民间社会组织的发展及合作

北方民间社会组织熟悉伙伴国家，拥有干预背景的专长和知识。它们在增强能力和支持南方民间社会自我建构方面发挥着重要作用。特别要鼓励南方的农民组织发挥农民的专业化能力，参与到民主辩论中。

现行法律认可国际团结组织以及移民组织为国际团结的主体和伙伴。国际团结组织自我定义为非营利组织，在各个国家的团结合作中采取行动以促进国际团结。国际团结组织不仅支持满足穷人需求的合作项目，也参与到服务于南北人民的互助团结交流中，致力于发扬当地的专业技能。

国家通过在双边、共同和多边合作行动以及地方行政区域的行动来尊重它们的独立，促进国际团结组织的行动协调性。国际团结组织同相关国家和地方行政区域的合作伙伴一起参与法国发展政策的确立和监督中。

法国设立了部际工作集团、粮食安全部际集团以提出解决贫穷国家营养和粮食条件恶化的现象及其政治、经济和社会影响的措施。改革后的粮食安全委员会成为一个国际和跨政府间的平台，所有利益攸关的主体都可以积极协调致力于实现粮食安全，为全球人民谋取更优质的营养条件。

在意识到非政府组织的重要作用后，政府承诺在5年任期结束之前，将法国投入到非政府组织中的援助资金增加1倍。自2009年以来，除对志愿者的支持外，外交部对法国非政府组织国际行动的支持已经转移到法国开发署。通过支持非政府组织平台和集体，法国开发署对法国非政府组织促进发展的项目和方案（地面行动、多年计划、多国计划、战略条约－计划、协会间项目、多方协调项目）、发展教育行动以及协会宣传和重组进行指导和监督。

除此之外，外交部通过应急中心（人道主义应急基金）、粮食援助程序、支持民主治理和联合项目（通过发展社会基金）来支持非政府组织。外交部这种机制每年都能够通过联合行动者在逾百个国家以及在1～2年期限内动员近2500名国际团结志愿者。

地方行政区域也推行法国的技术专长和影响力政策

4800个法国地方行政区域与逾万个地方伙伴行政区域在国外开展行动，在141个国家开展近12500个项目。外交部如今通过征集项目来支持这项政策。

实际上，地方行政区域在法国发展援助机制中发挥着特定作用，这是法律所认可的。在地方伙伴政府的支持下，地方行政区域管理和实施相关项目。它们通过管理当地服务的具体经验来增值，通过与南部地方行政区域共享知识来增强技术和机构能力。因此，法国地方行政区域与所有提供支持的行动者一起建立领土发展方法，从而传播法国在领土管理方面的技术专长。

由于地理位置及与环境保持的经济、大学或移民关系，海外行政区域同样在发展和国际团结政策中发挥着特殊作用。这个作用旨在增强该政策的有效性，增强相关行政区域的区域一体化。当一个海外行政区域决定在区域环境中实施援助计划或发展项目时，政府或执行该项目的行政区域会告知相关的行政区域，让后者从其技术专长中受益。

地方行政区域和国家在当地治理发展政策方面拥有同样的优先事项：支持权力分散下放进程，增强能力，参与地方治理。因此，认识到地方行政区域在民主治理中的关键作用也是法国发展战略中的一个重要方面。2013 年 7 月 31 日，法国发展和国际合作部际委员会呼吁地方行政区域在尽可能考虑法国政府所实施的权力分散下放政策的同时，发挥更大的作用来激发地方发展动力，促进其专长领域的发展。

2013 年 1 月，安德烈·莱涅尔向外交部呈交了法国地方行政区域外部行动报告《新方法，新目标》。该报告展示了法国地方行政区域外部行动的新目标和新方法，同时也表现出通过一个现代化的法律框架和更有效的机构来促进和实施行动的必要性。1992 年 2 月 6 日编号为 92－125 的共和国地方行政法设立了法国权力分散下放合作委员会，该委员会汇集了国家和地方行政区域的代表来一同讨论这些新任务。本着增强地方行政区域的行动及其国际影响力的精神，法国权力分散下放合作委员会旨在成为一个更加灵活、富有活力的机构。

最后，国家意识到多主体区域网络的重要性，并持续关注加强该网络。其中九个多主体区域网络已经存在并且发挥着积极作用。

企业是发展和国际团结政策的重要伙伴

如其他国际捐助者一样，法国也致力于取消援助附加条件，援助的收益根据发展中国家的影响力来制定：法国完全取消针对最贫穷国家（2001 年）和重债穷国（2008）的援助附加条件。如今，法国援助的收益率非常低（2011 年为 1%，自 2008 年来平均为 7%）。

法国企业也通过其在众多发展中国家的子公司和经济伙伴参与其中。法国企业的国际化能够促进法国及其投资设厂的国家的经济发展。

实际上，法国企业拥有丰富的技术经验，能够向受益者保证在项目实施过程中提供高质量服务，包括环境和社会影响方面。法国发展和国际合作部际委员会于 2013 年 7 月 31 日通过了与大型新兴国家建立伙伴关系的决议，该决议将在不花费国家资金的条件下动员所有法国的行动者。本着该决议的精神，要为相关国家和我们的企业谋求互惠互利。

工会为发展中国家的社会发展作出充分贡献

工会自由、遵守国际劳工组织的条约、改善工人社会条件都是法国发展政策的目标。

法国意识到工会在实现这些目标中发挥的主要作用。因此，法国支持南方国家的工会能力建设，鼓励工会组织间建立国际伙伴关系。

4. 发展融资

在发展融资方面，法国依靠联合国于2002年通过的《蒙特雷共识》。该共识确定将国民总收入的0.7%用于官方发展援助，并且将国民总收入的0.2%用于资助最不发达国家。其次，该共识促进发展资源的多样性和互补性，并逐渐重视发展政策和其他公共政策的一致性。流向发展中国家资本的增加以及世界财富的新型分配格局都意味着要对发展融资工具和方法重新进行思考。

在确立可持续发展新目标的框架下，法国在经济合作与发展组织发展援助委员会中致力于思考官方发展援助的现代化概念。

4.1　发展融资公共工具

法国认为对发展中国家进行公共融资支持和援助是必要且合理的，特别是当市场失灵（金融市场、信贷市场和保险市场）和国家失灵（无法提供基础服务，无法确保稳定且健康的政治和经济环境）无法应对发展挑战时。公共融资旨在实施可持续发展的条件，促进受资助国的经济增长。这就是法国一旦重新实现增长就朝其所制定的国际目标努力的原因。短期目标是让受援助国利用自身资源（不管是公共或私有资源，国内或国际资源）并且不再依赖于外部公共融资。

法国公共融资是在深度分析的基础上进行授予的，并同所有发展主体的行动保持一致，与受援助国进行商议，考虑它们的需求和吸收能力。这些分析总体考虑政治、经济、社会和环境挑战并且包含影响研究。融资将以差异化（参考1.4的描述）和战略化的方式进行，并且考虑到不同背景和领域的附加值，以实现影响的最大化。

法国通过可预测的方式，利用不同的工具来向伙伴国家提供资金支持。通过捐助/补助进行直接融资仍然是针对最贫穷国家所使用的首选工具。法国的援助也依靠贷款，后者主要由法国开发署授予，其贷款减让程度以及条件会根据目标、资助领域、发展程度和债务国偿债期限有所差异。此外，法国还在G20峰会上促进可承担贷款的议题。确切来说，可承担贷款就是在定义向发展中国家提供财政援助时考虑这些国家偿还债款的能力。这些贷款能够确保促进发展行动期间的后续行动，筹集更多的资金特别是共同融资，并且为挑选好项目创造积极动力。

法国也给予债务减免，这有助于为受援助国释放额外的预算资源，债务减免是一个重要的发展手段。在巴黎俱乐部的多边框架下，法国在支持重债穷国的倡议时，对这些国家实施债务减免，将这些国家的债务控制在可承受的水平上。事实上，法国一方面致力于通过该倡议取消相关国家的所有商业债务，另一方面致力于在达到完成点以后，以减债促发展合同的形式取消官方发展援助的所有债权。

法国同样通过对非主权主体包括地方行政区域、公共或私人公司和非政府组织进行干预来实现合作伙伴的多样化。这些非主权融资一般是捐助、贷款、担保和参股。经济合作投资和促进企业、资助和投资非洲公司基金、法国开发署的下属机构都致力于支持经济合作与发展组织发展援助委员会中所有具有受援资格的国家以及撒哈拉沙漠以南的非洲地区的私营部门。法国开发署对南部地方行政区域特别是城市的直接贷款能力能够优先支持发展中国家的可持续发展，并且能利用地方行政区域和法国企业在这方面的技术专长能力。

4.2 增强国内资源

法国帮助发展中国家通过增强税收制度，打击避税、洗钱和腐败行为来利用它们的国内资源。法国支持打击金融不透明、非法资金流动和采掘业资源开发中的资源侵占行为。

在税收领域，法国支持税务透明化和情报交换全球论坛的工作。法国也大力支持税基侵蚀和利润转移行动计划。它将支持发展中国家与其他国家一道平等地参与到这些工作中。法国支持在国际标准的框架下实施涉税信息自动交换。该国际标准由经济合作与发展组织税务委员会采纳，将在悉尼 G20 峰会上提出。法国将帮助发展中国家落实信息自动交换。法国与发展中国家的税务机构大力合作，这些国家致力于落实经济合作与发展组织有关情报交换的税务条约，并且与这些机构交换必要情报以落实这些国家的国家税收法律，包括在没有实现要求的情况下，以自发交换的形式实施。

为了保证行动的一致性，法国开发署针对不合作司法管辖区拥有一套严格且具体的政策。在资金管理活动中，法国开发署不能利用在这些地区所注册的对冲交易或金融工具。法国开发署禁止资助在不合作司法管辖区所注册的、没有实际活动的金融工具。除了在不合作司法管辖区内落实的项目以外，它还禁止资助在不合作司法管辖区注册的对冲交易。它也禁止资助人为操控的对冲行为，包括那些股东由在不合作司法管辖区内登记的企业所控制的对冲，除非这种注册行为能带来实际经济利益。

需要与民间社会商讨这些问题。

4.3 促进发展的私人融资

除了公共融资工具以外，我们的发展援助政策还注意到近年来发展援助方面所经历的剧变并进行调整。

在数量方面，私人融资（特别是国际私人融资）已经超过公共融资的金额。正如其他国际援助者一样，法国希望在加强和引导资金流方面发挥促进作用，以实现包容且持续的发展。该行动包括帮助落实经济、政治和法律鼓励措施，这些措施能够根据目标来引导这些资金流。法国非常重视公共融资的催化作用，公共融资使受援国能够调动额外的私有资源，不管这些资源来自国内还是国外。

法国也支持对发展中国家的企业或项目进行投资的组织，其明确目标是在保证它们的经济可持续性的同时产生社会影响。这些投资针对具有普遍利益、以经济目标为辅的所有组织，包容经济倡议、社会企业家倡议和发展团结企业。

除了调动国内公共资源以外，法国还促进普惠金融、地方金融市场发展，并负责任地融入国际市场中，以资助发展中的经济体。

对于私人资金流动，移民的汇款成为发展中国家主要的外部金融资源之一，其水平通常高于官方发展援助。首先，这些资金流动同样能够消除贫困，增加人民的金融普惠。其次，这些资金流动在金融危机或自然灾害的情况下还呈现出总体稳定和持续的优势。汇款费用仍然很高昂，特别是向撒哈拉沙漠以南的非洲地区。此外，以投资为目的的汇款的不断增加也构成一个严峻挑战。在此背景下，法国与G8和G20伙伴国一道，致力于促进汇款的便利化，特别是降低汇款成本以及发展新的金融产品，以适应移民的需求，并且更好地将汇款分配到移民原籍国的投资支出中。

对于发展中国家而言，外国直接投资也成为外部私人融资的一个重要来源。外国直接投资在促进增长和经济转型中扮演着重要角色。近几年来，发展中国家着手建立一个更利于外部直接投资的法律框架，改善外国企业的待遇，疏通银行、金融、商品和服务市场的运转机制。通过改善投资环境，更好地遵守社会和环境准则，大力打击腐败行为，资助基础设施建设，法国支持国家在吸引外国直接投资方面所作出的努力。

除了实现公共发展融资的催化作用以外，法国也致力于利用具有金融杠杆作用的机制来为发展中国家提供最多的融资。实际上，分配给发展融资的部分资源一般是原始捐款或金融工具（捐助、贷款、担保、个人基金、混合融资、共同融资等）。这些工具能够启动一个项目，减少实际或可预测的项目风险，和/或使项目具有可行性，从而调动额外的私人资金。依靠金融杠杆作用特别适用于资助能够产生经济回报的大型项目，如基础设施。

最后，法国实施一项政策以支持私人慈善，鼓励个人、企业或协会捐助。特别是政府决定增强税务鼓励机制的法律安全性，从而扣除为发展、环境保护和国际团结作出贡献的协会的捐助。在经济合作与发展组织发展援助委员会的发展援助声明下，政府将更好地考虑合作预算行为。

4.4 创新融资

除了传统、公共或私有融资工具，法国致力于寻找新的发展资源，如专项税收和个人捐助。法国特别提倡使用创新融资方式来应对发展问题。法国将密切关注和支持与气候谈判相关的新融资方式的发展，以实现领土的可持续发展。

在健康领域，法国于2005年开始征收的飞机票团结税能够促使联合援助国际药品采购机制影响抗击艾滋病、肺结核和疟疾的药品市场（降低价格、更合理的治疗方案等）。自2006年以来，法国在国际免疫融资机制框架下所作出的行动为儿童免疫计划提供资助，增强了全球疫苗免疫联盟的健康系统。该举措不局限于健康领域，法国也促进在其他领域机制的研究，如气候变化、农业、粮食安全或教育领域。因此，自2012年以来，法国以国家名义实施了金融交易税，其中很大一部分用于资助发展行动，用于大流行病和健康，同时也用于保护环境和应对气候变化。

附录1 缩略词表

缩略词	中文名称
ADECRI	法国国际关系发展和协调局
ADETEF	经济金融技术交流发展局
AFD	法国开发署
AFETI	法国国际技术专长署
AID	法国国际开发协会
APD	官方发展援助
APE	经济伙伴关系协定
BIT	国际劳工局
CAD	经济合作与发展组织发展援助委员会
C2D	减债促发展合同
CBD	联合国生物多样性公约
CCNUCC	联合国气候变化公约
CE	欧洲委员会

续表

缩略词	中文名称
CICID	法国发展和国际合作部际委员会
CIEP	国际教育研究中心
CIV	民间社会和伙伴关系代表团
CIRAD	法国国际农业研究发展中心
CNCD	法国权力分散下放合作委员会
CNDSI	法国国家发展和国际团结委员会
CNRS	法国国家科研中心
CNULCD	联合国防治荒漠化公约
COM	目标和手段合同
CONFEJES	法语国家青年体育部长会议
CONFEMEN	法语作为通用语法国国家教育部长会议
COS	法国开发署战略方向委员会
CPD	发展政策一致性
DAECT	地方行政区域外部行动代表团
DGM	全球化、发展与伙伴关系总司
DG Trésor	国库署总司
ESS	社会和团结经济
ESTHER	医疗住院联网互助服务
ETI	中型企业
FAO（OAA）	联合国粮农组织
FED	欧洲发展基金
FEI	法国专业技能国际合作署
FEM	世界环境基金
FEXTE	技术专长和经验转移基金
FFEM	法国全球环境基金
FHF	法国医院联合会
FIDA	国际农业发展基金
FISEA	资助和投资非洲公司基金
GAVI	全球疫苗免疫联盟
GIP	公共利益集团
GISA	法国粮食安全部际集团
GRECO	欧洲委员会反腐败民法公约

续表

缩略词	中文名称
HCR	联合国难民事务高级专员办事处
HQE	高环境质量
IITA	国际援助透明化倡议
IDE	外国直接投资
IEDDH	欧洲民主与人权工具
IEVP	欧洲睦邻与伙伴关系工具
IFFIm	国际免疫融资机制
INTER	全球公共利益
IRD	发展研究院
ITIE	采掘业透明化倡议
LADOM	法国海外人口流动署
MAAF	法国农业、食品和林业部长
MAE	外交部
MEFI	经济财政部
MEN	国民教育部
NEPAD	非洲发展新伙伴关系
OECD	经济合作与发展组织
ODD	可持续发展目标
OIF	全球法语国家组织
OIT	国际劳工组织
OMC	世贸组织
OMD	千年发展目标
ONG	非政府组织
ONU	联合国
PAM	世界粮食计划署
PED	发展中国家
PMA	最不发达国家
PNUD	联合国开发署
PNUE	联合国环境署
PPP	优先援助的贫穷国家
PPTE	贫穷和债务沉重国家
PROPARCO	经济合作投资和促进公司

续表

缩略词	中文名称
RRMA	多主体区域网络
SMA	兵役
SPG	普遍优惠制度
SPSI	卫生、社会保障国际合作服务
TTF	金融交易税
UE	欧盟
UNESCO	联合国教科文组织
UNICEF	联合国儿童基金
UNITAID	联合援助国际药品采购机制
UNRWA	联合国近东巴勒斯坦难民救济和工程处
VSI	国际团结志愿者

附录2　成果指标模板

为了实现官方发展援助中男女平等的跨领域目标，在情况允许的条件下，将按性别罗列以下指标。

序号	双边援助指标	领域
1	法国开发署资助项目中家庭农场的数量	农业、粮食安全
2	受益于生物多样性保护、修复和可持续管理的面积	生物多样性
3	受资助地区使用公共交通的乘客数量	交通
4	重新连接电网或使用电气服务的人数	可持续能源
5	（1）初级教育和学校中受教育的儿童数量 （2）完成初级教育的儿童数量 （3）进入法国开发署所自主的专业培训机构的青年数量	教育和培训
6	原来不利于居住，如今居住环境有所提升或安全度提高的街区居民数量	地区行政区域和城市发展
7	私营领域的投资	金融机构和对私营领域的支持
8	受益于法国开发署的支持或资助的中小企业数量	金融机构和对私营领域的支持
9	已安置的可再生能源的新产能	可持续能源
10	长期获得质量有所改善的饮用水源的人数	水和卫生
11	享受条件有所改善的卫生体制的人数	水和卫生
12	人均和年均卫生专业外部门诊数量	健康

法国

续表

序号	双边援助指标	领域
13	有营养目标的项目的数量	跨领域
14	减少温室气体排放（二氧化碳）——事后预测指标，但2013年年末未能预测	跨领域（气候）
15	受益于能力建设行动的机构	文化、高等教育和法语国家
16	受益于能力建设行动的机构	民主治理
17	资助南方民间社会的项目数量	南方民间社会

序号	多边援助指标	领域
1	能够享受一系列基本保健服务的人数	健康
2	得益于我们对全球疫苗免疫联盟的贡献而免疫的儿童数量	健康
3	得益于我们对世界基金的贡献而分发的经杀虫剂处理的蚊帐数量	健康
4	得益于我们对世界基金的贡献接受抗逆转录病毒治疗的人数	健康
5	受雇佣和/或培训的教师数量	教育
6	提供的教材和教科书数量	教育
7	享有灌溉服务的区域面积	农业
8	受培训/雇佣或使用现代技术的人数	农业
9	国际农业发展基金资助项目所提供的服务受益人数	农业
10	获得改良水源（WB）的人数	（水）可持续发展
11	已安装或改善的水管长度	（水）可持续发展
12	已建或已修道路数量	基础设施（交通）
13	受援助的中小企业数量	私营领域
14	企业管理下的微型金融顾客数量	私营领域

2014年7月7日，巴黎

弗朗索瓦·奥朗德

共和国总统

曼纽埃尔·瓦尔斯

总理

洛朗·法比尤斯

外交和国际发展部长

米歇尔·萨潘

财政和公共账户部

阿尼克·吉拉尔丹

负责发展和法语国家事务国务秘书

筹备工作：法律第2014－773号。国民议会：第1627号法案；让－皮埃尔·杜福代表外交委员会的报告，第1762号；多米尼克·波杰先生代表经济事务委员会的意见，第1719号；菲利普·诺捷先生代表可持续发展委员会的意见，第1734号；在启动程序后，于2014年2月10日（TA第289号）进行讨论并通过。参议院：国民议会在程序启动后通过的第357号法案（2013～2014）；让－克洛德·佩龙内特和克里斯蒂安·坎邦代表外交事务委员会的报告，第490号（2013～2014）；罗南·丹特克先生代表可持续发展委员会的意见，第540号（2013～2014）；委员会第491号文本（2013～2014）；2014年5月26日讨论并通过（TA第122号，2013～2014）。国民议会：法案，由参议院修改，第1970号；让－皮埃尔·杜福代表联合委员会的报告，第2005号；2014年6月19日讨论并通过（TA第356号）。参议院：让－克洛德·佩龙内特和克里斯蒂安·坎邦代表联合委员会的报告，第584号（2013～2014）；委员会的文本，第585号（2013～2014）；2014年6月23日讨论并通过（TA第140号，2013～2014）。

2014年4月20日第259号俄罗斯联邦总统令

《关于批准俄罗斯联邦国际发展援助领域国家政策方案》

1. 批准所附的俄罗斯联邦国际发展援助领域国家政策方案。

2. 废除俄罗斯联邦总统于2007年6月14日批准的编号为Pr－1040的俄罗斯联邦参与促进国际发展的方案。

3. 本法令自签署之日起生效。

俄罗斯联邦总统 弗拉基米尔·普京

莫斯科，克里姆林

2014年4月20日，第259号

俄罗斯联邦国际发展援助领域国家政策方案[❶]

（据俄罗斯联邦总统令，2014年4月20日第259号批准）

Ⅰ. 概况

1. 本方案是关于在国际发展援助领域俄罗斯联邦的国家政策目标、任务、原则和主要方向的意见体系。本方案包括为保障受援国社会、经济的可持续发展，为其提供技术、财政、人道主义和其他援助的优先领域及形式，为受援国提供经济发展、自然灾害、工业灾害、国内和（或）国际冲突及其他紧急情况引起的危机事件管理。

2. 确定俄罗斯联邦在国际发展援助领域的国家政策的法律依据包括《俄罗斯联邦宪法》、公认的国际法原则和规范、俄罗斯联邦签署的国际条约、《俄罗斯联邦预算法》、俄罗斯联邦的其他法律性法规、俄罗斯联邦至2020年的国家安全战略、俄罗斯联邦的外交政策、俄罗斯联邦总统和俄罗斯联邦政府关于与国际组织和外国政府合作互动的决定。俄罗斯联邦在国际发展援助领域的国家政策遵守并执行联合国的基本文件，这些基本文件包括《联合国宪章》《联合国千年宣言》《蒙特雷共识》《世界发展首脑会议执行计划》《约翰内斯堡可持续发展宣言》《约翰内斯堡实施计划》以及2005年世界首脑会议成果《我们想要的未来》，并且有考虑到关于提高外部援助有效性的《巴黎宣言》《阿克拉行动纲领》《釜山有效发展合作伙伴关系计划》。

3. 基于其对建立现代国际关系体系及其进一步改善的历史性责任，俄罗

❶ 初译人员：彭璐，广东外语外贸大学西方语言文化学院（俄语）2017级研究生。

斯联邦认为国际发展援助是解决全球和区域问题以及应对新挑战和威胁的有效机制之一。俄罗斯联邦将系统地执行这一理念，通过最大程度地提供援助来促进俄罗斯联邦在该领域的国家利益。俄罗斯在国际合作领域积累的经验及其自身的援助潜力使俄罗斯能够参与国际发展援助多边项目，能够在俄罗斯联邦国家安全战略的指导下加强有针对性的双边援助计划，并合理制定针对受援国的俄罗斯联邦外交政策。

4. 俄罗斯支持国际社会对所有国家实现可持续社会经济发展的愿景，这是现代国际社会稳定与集体安全制度的基础，并将促进此种发展作为俄罗斯联邦在这一领域的国家政策目标。

5. 俄罗斯在促进国际发展方面奉行积极而集中的政策，这符合俄罗斯联邦的国家利益。积极而集中的政策有助于稳定伙伴国的社会经济和政治局势，有助于与邻国建立良好的睦邻关系，有助于消除俄罗斯联邦附近地区的现有冲突并防止潜在冲突、紧张局势的出现以及加强俄罗斯联邦在国际社会中的地位，最终为俄罗斯联邦的发展创造有利的外部条件。

Ⅱ. 俄罗斯联邦国际发展援助领域国家政策的任务和原则

6. 俄罗斯联邦在全球范围内国际发展援助领域的国家政策目标是：

（a）消除贫困并促进伙伴国，包括冲突后国家的可持续社会经济发展；

（b）以世界公认的国际法准则和国家间伙伴关系为基础，促进稳定和公正的世界秩序的全球进程；

（c）克服自然灾害、技术灾害和其他紧急情况的不利后果；

（d）支持国际社会的努力和举措，以增加国际发展援助的透明度、质量和有效性，积极参与制定国际发展援助领域国际规则；

（e）增强俄罗斯联邦对世界文化和人道主义影响的积极认知。

7. 俄罗斯联邦在区域范围内国际发展援助领域的国家政策目标是：

（a）与邻国建立睦邻关系，协助消除俄罗斯联邦附近地区潜在的紧张局势和冲突温床、毒品贩运、国际恐怖主义和有组织犯罪的根源；

（b）在独联体范围内协助一体化进程；

（c）根据法治和尊重人权的原则，促进受援国有效的国家管理，鼓励这些国家的政府独立解决新出现的问题，同时遵守国家对公民和国际社会负责的国际法原则；

（d）促进贸易发展和经济合作。

8. 俄罗斯联邦在国际发展援助领域的国家政策原则是：

（a）俄罗斯对受援国可持续发展优先事项的承诺旨在通过消除贫困和不平等的斗争中取得的具体成果努力，推动在国际发展援助领域与伙伴国家之间的信任，促进相互尊重，确保透明度和问责制；

（b）重点加强国际关系的平等和民主化，促进受援国的社会经济发展；

（c）考虑到每个国家的政治、经济、社会、环境和其他特点，提供有针对性的援助以及与受援国的对话；

（d）在促进国际发展领域特别是在自然灾害、技术灾害和其他紧急情况发生后，与第三国协同联合行动。

Ⅲ. 俄罗斯联邦的区域优先事项和国际发展援助领域的援助形式

9. 在国际发展援助领域的援助可提供给：

（a）独联体成员国、阿布哈兹共和国、南奥塞梯共和国和其他与俄罗斯实现睦邻友好和同盟路线的国家，以及与俄罗斯联邦一起成为欧亚范围内国际协会和组织成员的各个国家；

（b）历史上与俄罗斯发展友好关系的国家；

（c）参加与俄罗斯共同关心的协同实施经济和社会联合项目的国家；

（d）与符合俄罗斯联邦的国家利益进行合作的发展中国家。

10. 考虑到俄罗斯的国家利益，在区域和全球范围内促进国际发展援助的优先领域是：

（a）提高国家管理系统的运作质量，包括受援国公共财政的管理；

（b）改善在受援国开展贸易和投资活动的条件，包括简化货物和服务的跨境手续；

（c）向受援国施以有工业和创新潜力的援助；

（d）激发受援国在经济领域的积极性，创造前提条件保证贫困人群的参与；

（e）建立和完善打击有组织犯罪和国际恐怖主义的国家制度，禁止资助犯罪集团和组织的活动；

（f）支持冲突后为建设和平所作的努力，促进在武装冲突中幸存国可持续的社会和经济发展，并通过扩大俄罗斯对国际维和行动以及建立和平委员会的参与来阻止冲突再次发生；

（g）促进区域经济一体化，发展国家制度，建设交通基础设施，合理利用自然资源，在受援国领土上实施贫困人口参与的社会经济项目；

（h）确保受援国的人口能够获得必需的生活资源，主要是水和电；

（i）创造条件以确保受援国在信息和通信技术领域的技术主权，并克服发达国家和发展中国家之间的信息化不平等；

（j）促进受援国的粮食安全和农业发展；

（k）加强国家卫生安全和社会保护系统，包括为遏制传染病传播所作的努力；

(l) 提高受援国人口的初等教育和职业教育质量，并确保教育普及性；

(m) 采取旨在保护环境和解决跨界环境问题的措施；

(n) 促进民主社会制度的发展，包括保护人权。

11. 在双边和多边基础上促进国际发展援助，并以下列形式进行。

(a) 在双边基础上：

有针对性地进行财政赠款、向受援国免费提供货物或免费提供服务；

以优惠条件发放贷款，为受援国提供工业和农产品融资，或在其领土上紧急实施投资项目（与商业贷款相比，贷款使用时间更长，还款享有优惠利率）；

通过向受援国转让知识和经验来提供技术援助，以发展卫生、教育、环境保护、灾害管理、反恐和其他领域的机构和人力资源；

债务减免包括通过实行“债务发展计划”方案，条件是债务人承担义务，将发放的资源用于受援国的社会经济发展；

为发展中国家提供关税优惠和其他优惠，为其生产的商品和服务进入俄罗斯市场提供便利，促进伙伴国家积极参与国际贸易；

利用国际组织的能力提供其他援助，为执行国际计划提供有针对性的捐款以及涉及非主要商品和服务的采购，俄罗斯联邦保留就受援国的选择、援助的性质以及派遣俄罗斯专家提供技术援助的权利作出决定。

(b) 在多边基础上：

向联合国系统内的国际组织、其他国际组织、国际金融机构、国际和全球基金缴纳会费；

参与实施 G8、G20、独联体、金砖国家及其他组织和协会框架内达成协议的举措。

Ⅳ. 在国际发展援助领域中俄罗斯联邦国家政策的制定和实施

12. 国际发展领域是外交政策领域之一，俄罗斯联邦国际发展援助领域国家政策的形成和实施是根据联邦的外交政策制定的。

13. 在国际发展援助领域，执行俄罗斯联邦国家政策的机制包括：

(a) 俄罗斯联邦的国家计划，其执行者是联邦执行机构，确保在其权限范围内俄罗斯参与促进国际发展；

(b) 俄罗斯联邦国际发展援助委员会的成立是为了确保联邦行政机构在国际发展援助领域的行动协调一致，并就确定俄罗斯联邦在该领域国家政策的主要方向向俄罗斯联邦总统提出建议，关于该委员会及其组成的条例已获得俄罗斯联邦总统的批准。

14. 受援国和为国际发展提供援助的国家在国际发展援助领域都为俄罗斯联邦国家政策提供信息支持。

15. 应基于以下理由审议国际发展援助的提供，并就该问题通过以下决定：

（a）外国请求协助其发展；

（b）主动向相关联邦行政机构、俄罗斯联邦州的行政机构及有共同边界的邻国提供援助；

（c）国际组织提出的为其实施国际援助计划提供财政或技术援助的请求；

（d）倡议协助俄罗斯商业界和公共组织；

（e）在受援国制定国家脱贫方案和战略，设立以确保可持续的社会经济发展，改善教育、健康和扶贫领域的公共机构；

（f）受援国对不断发展双边关系的意愿。

16. 向外国提供援助或停止提供援助的决定由俄罗斯联邦政府作出。

17. 俄罗斯联邦支持俄罗斯联邦各州、地方当局、俄罗斯商业组织和非政府组织在优先领域、州和地区执行国际发展援助方案，费用自负。

V. 学术界、群众和工商界在促进国际发展中的作用

18. 学术界、群众和工商界的代表可参与执行促进俄罗斯联邦在国际发展领域国家政策实施的措施。俄罗斯联邦执行机构应其要求，提供与受援国建立伙伴关系的相关信息，协助投资者和出口商与这些国家建立和维持关系，并为吸引私营经济体参与发展中国家实地项目的实施创造条件，促进国际发展。

19. 在俄罗斯联邦注册的公共组织、非政府和非营利组织可与外国公共和慈善组织开展合作，协助发展文化和人道主义关系。可从联邦预算中向在俄罗斯联邦注册的指定协会和组织分配预算拨款，以便将俄罗斯联邦的援助提供给受援国。

Ⅵ. 对俄罗斯联邦为国际发展分配的资金进行核算并评估其使用的有效性

20. 有关国际发展援助领域的援助数量和形式的信息应由联邦行政机构及时核算，这些机构负责组织项目分析以及对俄罗斯联邦为国际发展援助分配的资金进行核算。

21. 根据标准，对使用联邦预算的拨款促进国际发展的有效性进行评估。其中最重要的标准是：

（a）实现计划的援助结果；

（b）实际费用与结果的比率；

（c）取得与在国际发展援助领域实施的类似项目的相当或更好的效果；

（d）维持因提供援助而产生的积极影响；

(e) 在国际发展援助领域的总政策框架内提供援助的有效性;

(f) 在政治领域和其他领域为发展受援国与俄罗斯联邦的双边互动作出贡献;

(g) 增进人们对俄罗斯联邦在受援国以及其他捐助国中的积极角色认知;

(h) 在国际发展援助框架内提供援助的预期和计划外结果。

22. 与援助受援国的当局和(或)国际组织的领导人共同评估俄罗斯联邦旨在促进国际发展项目的执行效果。

文件总览

提出国际发展援助领域的国家政策新方案。

确定国家政策的任务。

在全球范围内,俄罗斯提出以下任务:消除贫困和促进伙伴国家(包括冲突后国家)的可持续社会经济发展。克服各种紧急情况(包括自然灾害和人为灾害)的后果。加强世界对俄罗斯的积极认识。在地区范围,诸如促进在独联体区域一体化、与邻国建立睦邻关系、消除冲突温床、促进贸易和经济合作等任务。

定义国家政策的原则。这是提供针对性的援助、与接受者进行对话、与第三国协作等活动的愿景。

列出俄罗斯的优先事项。其中包括为受援国提供具有工业和创新潜力的援助、提高其教育质量、保障这些国家人口的生活必需品(主要是水和电)、有利于促进国家医疗卫生和社会保障系统的发展、推动民主社会体制的发展和跨境环境问题的解决。

援助形式已经确定。援助形式包括针对性的赠款、免费提供的商品、提供软贷款、关税优惠(针对发展中国家)、用于实施国际计划的专用捐款等。

列出可以提供援助的国家,例如独联体、阿布哈兹、南奥塞梯等与俄罗斯有历史渊源的发展中国家。与它们进行合作符合我们的国家利益。

提供一种执行国家政策的机制。

确定如何核算分配给国际发展援助的资金及其支出的评估。

此前的俄罗斯联邦国际发展援助战略失效。

该法令自签署之日起生效。

日本官方发展援助宪章（修订）[1]

2003 年 8 月 29 日

日本政府外务省经济合作局

目 录

内阁于 1992 年批准《日本官方发展援助宪章》，这是十多年来日本援助政策的基础。自《日本官方发展援助宪章》获得批准以来，世界发生了巨大变化，今天，包括日本在内的国际社会迫切需要应对诸如和平建设之类的发展新挑战。面对这些新挑战，许多发达国家正在加强其官方发展援助政策，以应对发展中国家面临的严重问题。同时，不仅政府和国际组织，许多其他利益相关者也在帮助发展中国家。从事发展援助的所有利益攸关方正在加强相互合作。

日本将本着《日本宪法》的精神，积极应对这些新挑战，以履行与其国力和在国际社会中地位相称的责任。在这方面，获得民众对官方发展援助的支持尤为重要。充分考虑国内经济和财政状况以及日本人民的意见对切实执行官方发展援助有重要意义。

在这种背景下，日本政府修订《日本官方发展援助宪章》，以提高官方发展援助的战略价值、灵活性、透明度和效率。修订的目的还在于鼓励公众的广泛参与，并加深对日本国内外的日本官方发展援助政策的理解。

一、理念：目标、基本政策和重点

1. 目的

日本官方发展援助的目标是促进国际社会的和平与发展，从而帮助确保日本自身的安全与繁荣。

日本会提供其成为亚洲第一个发达国家的经验，也即利用官方发展援助积

[1] 初译人员：冯伟健，广东外语外贸大学法学院 2018 级法律硕士专业研究生。

极支持经济和社会基础设施发展、人力资源发展和机构建设。因此，日本为发展中国家特别是东亚国家的经济和社会发展作出了重要贡献。

在冷战后的全球化进程中，国际社会正处于一个新的处境中，正努力解决诸如贫富差距之类的许多问题，如种族和宗教冲突，武装冲突，恐怖主义，压制自由，人权和民主，环境问题，传染性疾病和性别问题。尤其是极端贫困、饥荒、难民危机和自然灾害等人道主义问题，以及与环境和水有关的全球性问题，只有解决这些重要问题，国际社会才能整体实现可持续发展。这些问题是跨境问题，对每个人都构成严重威胁。此外，冲突和恐怖主义正在更加频繁地发生，并且正变得更加严重。预防冲突和恐怖主义，致力于建立和平、促进民主化以及保护人权和个人尊严等已成为国际社会稳定与发展的主要问题。

日本作为世界领先的国家之一，决心充分利用官方发展援助来主动解决这些问题。这些努力反过来将以多种方式使日本自身受益，包括促进与其他国家的友好关系和人与人之间的交流，以及加强日本在国际舞台上的地位。

此外，随着各国之间相互依存度的提高，日本享有国际贸易的利益，在资源、能源和粮食方面严重依赖外界，将通过其官方发展援助为发展中国家的稳定与发展作出积极贡献。这与确保日本的安全与繁荣、促进其人民的福利密切相关。尤其重要的是，日本必须努力增进经济伙伴关系，并振兴与它有着特别密切关系的其他亚洲国家的交流。

日本渴望实现世界和平。通过官方发展援助积极推动上述目标，并在国内外体现这种姿态是获得国际社会对日本立场的理解和支持的最合适政策。因此，日本的官方发展援助将在今后几年继续发挥重要作用。

2. 基本政策

为了实现上述日标，日本将根据以下基本政策，更加战略性地执行官方发展援助。

（1）支持发展中国家的自助工作

日本官方发展援助的最重要理念是通过扩大合作以促进其人力资源开发，包括法律制度发展在内的制度建设以及经济和社会基础设施建设，来支持发展中国家在善政基础上的自助努力。因此，日本尊重发展中国家的所有权，并将其发展战略放在优先位置上。

日本在执行上述政策时，将优先援助那些为实现和平、民主化和保护人权以及经济和社会领域的结构改革而作出积极努力的发展中国家。

（2）“人的安全”观点

为了解决对个人的直接威胁，例如冲突、灾难、传染病，很重要的一点是不仅要考虑全球、区域和国家的观点，而且要考虑针对个人的安全的观点。因此，日本将通过实施官方发展援助，以人力资源的开发加强当地社区的能力。为了确保从冲突阶段到重建与发展阶段的所有阶段都维护人的尊严，日本将扩大对个人保护和赋权的援助。

（3）公平性的保证

日本在制定和执行援助政策时，将采取措施确保公平。要做到这一点，必须考虑社会弱势群体的状况、贫富差距以及发展中国家各个区域之间的差距。此外，将特别注意执行官方发展援助对环境和社会的影响等因素。

需特别指出的是，性别平等的理念尤其重要。日本将作出进一步努力改善妇女地位，充分考虑妇女的积极参与发展，并确保妇女从发展中受益。

（4）利用日本的经验和专门知识

日本在协助发展中国家发展时，将充分考虑发展中国家的发展政策和援助需求，利用自身在经济社会发展和经济合作中的经验。日本还将利用其先进的技术、专业知识、人力资源和机构。

考虑到对日本经济和社会的影响，官方发展援助的实施将与日本的主要政策相协调，以确保政策的连贯性。

（5）与国际社会的伙伴关系与合作

在国际组织的倡议下，国际社会正在分享趋同的发展目标和战略，各种利益攸关方都在越来越多地协调其援助活动。日本将参与这一进程，并努力发挥领导作用。在这种努力的同时，日本将寻求与联合国组织、国际金融机构、其他捐助国、非政府组织、私人企业和其他实体的合作。日本将特别加强与具有专业知识和政治中立性的国际组织的合作，并将努力确保这些组织在管理运行中适当反映日本的政策。

此外，日本将与亚洲和其他地区更先进的发展中国家合作，积极促进“南南合作”。日本还将加强与区域合作框架的合作，并将支持涵盖多个国家的区域范围的合作。

3. 优先事项

根据上述目标和基本政策，日本的优先事项如下。

（1）减贫

减贫是国际社会共同的重要发展目标，对于消除恐怖主义和世界上其他不稳定因素也至关重要。因此，日本将把向教育、健康和福利、水与卫生、农业等部门提供援助列为高度优先事项，并将支持发展中国家的人类和社会发展。同时，可持续的经济增长、就业增加和生活质量的改善对实现减贫是必不可少的，日本重视为这些事项提供援助。

（2）可持续增长

为了振兴发展中国家的贸易、投资以及人与人之间的交流，并支持可持续增长，日本将重视为发展经济活动的关键因素——社会经济基础设施的发展提供援助，并用于决策、机构发展和人力资源开发。这包括（i）在贸易和投资领域的合作，包括适当保护知识产权和标准化；（ii）在信息和通信技术（ICT）领域的合作；（iii）接受交换生；（iv）合作进行研究。

此外，日本将努力确保对受援国发展产生重大影响的官方发展援助及其贸易和投资能够密切协调地进行，以使它们具有促进发展中国家增长的总体作用。为此，日本将努力加强日本官方发展援助与贸易保险和进出口金融等官方资金之间的协调。同时，将充分利用私营部门的活力和资金，促进私营部门的经济合作。

（3）解决全球性问题

关于全球变暖和其他环境问题、传染病、人口、粮食、能源、自然灾害、恐怖主义、毒品和国际有组织犯罪等全球问题，国际社会必须立即以协调一致的方式作出进一步努力。日本将通过官方发展援助解决这些问题，并将在建立国际规范中发挥积极作用。

（4）建设和平

为了防止在发展中地区发生冲突，全面解决引起冲突的各种因素尤为重要。作为上述承诺的一部分，日本将进行官方发展援助，以实现如上所述的减贫和缩小差距。除了在冲突情况下提供预防冲突的援助和紧急人道主义援助外，根据不断变化的局势，日本还将灵活、不断地为和平的发展提供双边和多边援助，范围从对加快结束冲突的援助到巩固冲突后局势的和平与国家建设的援助。

例如，官方发展援助将用于：协助促进和平进程的援助；人道主义和复兴援助，例如对流离失所者的援助和对基础设施的恢复；协助确保国内稳定与安全，包括前战斗人员的解除武装、复员和重返社会，以及包括排雷在内的武器的收集和处置；为重建提供援助，包括社会和经济发展以及增强政府的行政能力。

4. 优先地区

根据上述目标，亚洲是日本的优先区域，它与日本关系密切，并可能对日本的稳定与繁荣产生重大影响。但是日本将在战略上优先考虑对亚洲国家的援助，同时要充分考虑亚洲国家社会经济条件的多样性和各自援助需求的变化。特别是包括东盟在内的东亚地区正在扩大和加深经济上的相互依存关系，并且近年来一直在努力通过保持经济增长和加强一体化来提高其区域竞争力。官方发展援助将用于与该地区建立更牢固的关系并缩小该地区的差距，同时充分考虑与东亚国家加强经济伙伴关系等因素。

此外，日本将适当考虑南亚的大量贫困人口。关于中亚和高加索地区，将提供援助以促进民主化和向市场经济的过渡。日本将根据本宪章规定的目标、基本政策、优先事项和优先考虑对其他地区的援助，同时考虑每个地区的援助需求和发展状况。非洲有许多最不发达国家，并受到冲突和严重发展问题的影响，其自助措施正在加紧进行。日本将为这些国家努力提供援助。中东是能源供应和国际社会和平与稳定的重要地区，但它存在破坏稳定的因素，包括中东和平进程的局势。考虑到拉丁美洲（包括相对发达的国家，也包括经济脆弱的岛国）地区内部和国家内部出现的差距，日本将扩大必要的合作。对于大洋洲中许多脆弱的岛屿国家，日本也将提供援助。

二、官方发展援助实施的原则

按照上述原则，日本的官方发展援助将综合考虑发展中国家的援助需求、社会经济条件以及日本与受援国的双边关系而提供，并且也将根据联合国的宗旨（特别是主权平等和不干预内部事务原则）以及以下几点要求而提供：

（1）环境保护与发展应同时进行；

（2）应避免将官方发展援助用于军事目的或加剧国际冲突；

（3）应充分注意受援国的军事支出，包括其发展和生产大规模毁灭性武器、导弹、武器进出口的趋势等，以维持和加强国际和平与稳定，包括预防恐怖主义和大规模毁灭性武器的扩散；

（4）应充分注意促进民主化和引入市场经济的努力，以及受援国保护基本人权和自由的情况。

三、官方发展援助政策的制定与执行

1. 官方发展援助政策的制定和执行体系

（1）官方发展援助政策的统一制定

为了确保政府整体上按照本宪章以统一和连贯的方式有效地执行官方发展援助，在制定中期官方发展援助政策和国别援助方案时，将把与国际社会的伙伴合作关系考虑进去。其中，国别援助方案将主要为受援国拟定方案，并根据日本的援助政策明确指出应优先考虑的地方，并反映受援国的真正援助需求。

根据这些中期官方发展援助政策和国别援助方案，各种援助方法——贷款和赠款形式的金融合作以及技术合作将有效地结合在一起，以便充分利用每种方法的特点。同时，日本将谨记平衡“硬件”合作（例如建设和提供设备）与“软件”合作（例如技术合作和机构建设）。每种方法都会被予以适当审查。

（2）有关政府部门和机构之间的合作

为了确保政府整体上以统一的方式制定和执行政策，在海外经济合作组织相关部长理事会的主持下，外交部将在加强广泛合作中发挥中心协调作用，加强与官方发展援助有关的政府各部委之间的交流，包括人员交流和利用这些有关部委和机构的专门知识。为此，政府各部委和机构将积极利用协商论坛，例如官方发展援助部际会议。

（3）政府与执行机构之间的合作

在明确政府和执行机构（日本国际协力机构和日本国际协力银行）的作用以及责任分配的同时，将加强合作，包括通过人员交流以确保政府与执行机构之间的有机联系。此外，执行机构将加强相互合作。

（4）加强政策咨询

在制定和执行援助政策时，必须在发展中国家提出要求之前积极参与政策协商，以充分掌握发展中国家的发展政策和援助需求。同时，日本将通过对话制定对发展中国家的援助政策，并调整发展中国家的发展政策和日本的援助政策，以达到在这些发展中国家的发展战略中最大限度地发挥日本援助的作用。此外，日本将支持发展中国家改善其政策和体系的努力，包括制定和实施援助项目的能力。日本还将考察发展中国家的这种努力是否足以制定和执行官方发展援助计划。

（5）加强实地特派代表团在决策过程和执行中的职能

将加强外地特派代表团（主要是海外外交使团和执行机构的办公室）的职能，以便它们能够在决策过程和执行中发挥领导作用。特别是将采取措施来开发一个用于加强该系统的框架，包括通过使用外部人员。日本还将努力主要在地方一级对发展中国家的发展政策和援助需求进行全面和准确的评估。日本将通过当地有关方面全面确定当地的社会经济状况和其他方面。

（6）与援助相关实体的合作

将加强与日本非政府组织、大学、地方政府、经济组织、劳工组织和其他相关利益攸关方的合作，以促进它们参与官方发展援助并利用其技术和专门知识。日本还将寻求与海外的相似实体合作，特别是发展中国家的类似实体。此外，在执行官方发展援助时，将适当利用日本私营企业的技术和专门知识。

2. 增加公众参与

（1）各界日本公民的广泛参与

日本政府将采取措施，促进各界日本公民参与援助活动，并促进这些公民与发展中国家的互动。这些措施包括提供足够的信息、听取公众意见、征求官方发展援助活动的建议以及将合作扩大到志愿者活动。

(2) 人力资源开发研究

政府将努力培养具有必要专业知识的援助人员，并增加援助人员在日本国内和海外活动的机会。在作出这些努力的同时将广泛寻求并鼓励高素质的人员，例如具有丰富海外经验和丰富知识的人员，来参加官方发展援助活动。

此外，政府将鼓励与发展中国家有关的区域研究和发展政策研究，以促进日本在该发展领域的知识积累。

(3) 发展教育

发展教育对于增进公众对包括官方发展援助在内的国际合作的理解以及培养未来将从事国际合作的人们都是重要的。从这个角度来看，政府将在学校和其他场合采取措施，对发展问题进行更广泛的教育，例如发展中国家面临的问题、日本与发展中国家之间的关系以及发展援助应发挥的作用，将分发必要的教育材料，并对教师进行培训。

(4) 信息公开与公共关系

重要的是，关于官方发展援助政策，其实施和评估的信息必须广泛、及时地公开，以确保足够的透明度，并应积极进行宣传。因此，政府将使用各种手段，以易于理解的形式提供信息，并为日本公民创造机会参与日本正在进行的官方发展援助活动。

此外，政府将加大努力，向发展中国家和其他捐助者传播有关日本官方发展援助的信息。

3. 有效实施必不可少的事项

(1) 加强评估

政府将在事前、事中和事后各个阶段进行连续评估，并在政策、计划和项目等级别进行评估。此外，为了衡量、分析和客观评估官方发展援助的结果，在政府进行政策评估的同时，将加强由专家进行的第三方评估。评估结果将反映在随后的官方发展援助政策制定以及其充分有效的执行中。

(2) 确保适当的程序

政府将采取程序，以确保充分考虑实施官方发展援助的环境和社会影响。政府将努力就质量和价格进行适当和有效的采购。同时，在确保这些方面的同时将简化和加快程序。

(3) 防止欺诈和腐败

政府将采取适当措施，以确保活动在选择和实施过程中的透明性，并防止欺诈、腐败和援助的不当转移。此外，政府将通过加强审计（包括引入外部审计）努力确保资金的合理使用。

（4）确保官方发展援助人员的安全

维护官方发展援助人员的生命和人身安全是实施官方发展援助的先决条件。政府将充分获取与安全相关的信息，并将采取适当措施。

四、《日本官方发展援助宪章》实施情况的报告

政府将在每年向内阁报告《日本官方发展援助宪章》的实施情况。

《国际发展合作框架法》执行法[1]

【执行日期 2017 年 7 月 26 日】

【2017 年 7 月 26 日，第 28211 号总统令《其他法案》修正案】

第一条　目的

框架法令的目的是规定《国际发展合作框架法》（以下简称《框架法》）授权的事项和执行《框架法》所必需的事项。

第二条　国际发展合作委员会组织

（1）根据《框架法》第七条第（3）款确定的“中央行政机关负责人、相关机构或组织负责人”（由 2013 年 3 月 23 日第 24429 号总统令、2014 年 11 月 19 日第 25751 号总统令、2017 年 7 月 26 日第 28211 号总统令修正）指以下人员：

1. 教育部长；
2. 科学、信息和通信技术部长；
3. 司法部长；
4. 内政和安全部长；
5. 文化、体育和旅游部长；
6. 农业、粮食和农村事务部长；
7. 贸易、工业和能源部长；
8. 卫生和福利部长；
9. 环境部长；
10. 就业和劳工部长；
11. 两性平等和家庭部长；
12. 土地、基础设施和交通部长；
13. 《韩国进出口银行法》规定的韩国进出口银行行长；
14. 《韩国国际合作署法》规定的韩国国际合作厅总裁。

（2）《框架法》第七条规定的国际发展合作委员会成员（以下简称“委员会”）中具有丰富知识和经验的委任成员（以下简称“非政府成员”）的任期为 7 年：如果新任命的成员是填补之前非政府成员的空缺，则该新任命成员的任期为其前任的剩余任期。

---

❶ 初译人员：黄斯雅，广东外语外贸大学 2018 级国际法专业研究生。

第三条　委员会运作

（1）委员会主席应代表并负责委员会的职责。

（2）如果主席因情有可原而无法履行职责的，则主席预先指定的成员应代表主席履行职责。

（3）委员会主席应召集和主持委员会会议。

（4）第九条规定的国际发展合作监督机构（以下简称“监督机构”）认为委员会需要审议和协调事项的，可以提请主席召开会议。

（5）委员会会议的法定人数应为登记册上的多数成员。决议需由多数成员出席并表决。

（6）委员会主席可以允许有关中央行政机关、地方政府或公共机构的负责人（指《公共机构管理法》第四条规定的公共机构）、公职人员、上述机构的管理人员或雇员等，或有关专家出席会议；如果委员会主席认为有必要由委员会审议，应听取他们的意见。

第四条　工作委员会的组织和运作

（1）《框架法》第七条第（6）款规定的国际发展合作工作委员会（以下简称“工作委员会”）成员人数应不超过25名，包括主席和执行秘书。

（2）下列人员应为工作委员会成员：

1. 委员会成员（不包括非政府成员）所属机构高级执行处公职人员或该机构负责人指定的相应公职人员或行政人员；

2. 受委员会主席委托，在国际发展合作方面拥有丰富知识和经验的人员。

（3）工作委员会成员所属政府政策协调办公室的公职人员应当担任工作委员会的执行秘书〈由2013年3月23日第24429号总统令修正〉。

（4）第二条第（2）款、第（3）款对本条第（2）款3项规定的成员任期和工作委员会的运作适用于本条。

第五条　设立民间咨询委员会

（1）《框架法》第七条第（7）款规定的民事咨询委员会成员人数应不超过30名，包括1名主席。

（2）民事咨询委员会的成员由委员会主席委托的学术界、研究机构、非政府组织和其他组织的专家担任。

（3）非政府咨询委员会主席由委员会主席从非政府咨询委员会成员中指定。

（4）民事咨询委员会成员的任期为2年。

第六条　津贴等

参加委员会、工作委员会、民事咨询委员会或第十二条规定的国际发展合作评估分委员会会议的成员、有关人士、专家等，可以领取津贴，报销预算限额内的差旅费和其他费用：但如果是公职人员直接参加与其职责有关的会议，则上述津贴等规定不适用。

第七条　详细操作规则

除《框架法》规定的事项外，委员会、工作委员会和非政府组织咨询委员会运作所必需的操作事项应由主席经委员会审议后决定。

第八条　制定总体规划的程序

（1）委员会应每5年编写指引，分领域说明根据《框架法》第八条第（1）款进行的国际发展合作总体规划的细节、制定方法、提交时间等（以下简称“分领域编制总体规划草案”），并将其通知监督机构。如果委员会欲根据《框架法》第八条第（4）款修改总体规划，上述规定同样适用。

（2）监督机关应当与执行机构会商，按照本条第（1）款规定的指引，分领域编制总体规划草案。

（3）《框架法》第八条第（5）款规定的“总统令规定的重要事项”是指下列事项：〈2011年10月17日第23229号总统令〉：

1.《框架法》第八条第（2）款所规定的国际发展合作的规模；

2. 支持《框架法》第八条第（2）款3项规定的优先伙伴国家的中期战略；

3. 委员会认为重要的事项，这些事项为根据《框架法》第八条第（2）款列入国际发展合作总计划的事项。

第九条　制定实施计划的程序

（1）监督机构应当制定指引，具体说明《框架法》第十一条第（1）款规定的国际发展合作实施计划（以下简称“实施计划”）明细、制定方法、提交时间等；并须于每年2月底前通知执行机构。

（2）监督机构编制本条第（1）款规定的指引时，应当首先听取执行机构的意见，并咨询委员会执行秘书。

（3）执行机构应当按照本条第（1）款规定的指引，制定下一年度实施计划，并不迟于每年5月31日前报送监督机构。

（4）已删除（根据2011年10月17日第23229号总统令）。

（5）监督机构认为有必要根据《框架法》第十一条第（3）款拟订国际发展合作的年度综合执行计划时，可以要求执行机构提交必要的数据（由2011年10月17日第23229号总统令修正）。

（6）经工作委员会与委员会进行审议和协调，最后确定国际发展合作年度综合执行计划后，委员会应不迟于每年12月31日通知监督机构和执行机构

(根据 2011 年 10 月 17 日第 23229 号总统令)。

第十条　选择优先伙伴国家的程序

(1) 监督机构可根据《框架法》第十二条第 (1) 款向委员会提交选择优先伙伴国所必需的意见，此意见包括选择标准、有资格作为优先伙伴国的国家范围等方面。

(2) 如果委员会认为有必要或执行机构提出请求，委员会可根据《框架法》第十二条第 (1) 款更改选定的优先伙伴国或在委员会审议后调整范围。

第十一条　评价标准与方法

(1) 应在适当性、效率、效力、影响和可持续性的基础上对《框架法》第十三条第 (1) 款规定的有关国际发展合作的政策和促进项目的结果进行评估。

(2) 国际发展合作可以由执行机构自行评估，由外部专家进行第三方或与优先伙伴国家或其他援助机构联合进行评估。

(3) 在评估国际发展合作的过程中，委员会应听取优先伙伴国的政府和人民以及驻所在国外交使团的意见 (参照《大韩民国驻外外交使团法》对在国外使团的规定)。

第十二条　评估小组委员会

(1) 为了有效地评估国际发展合作，委员会可在委员会之下设立一个国际发展合作评估分委员会 (以下简称"评估委员会")。

(2) 设立和运作评估委员会所需的事项应由主席经委员会审议后决定。

第十三条　信息披露

根据《框架法》第十五条第 (2) 款，国家、地方政府和执行机构应通过网站、新闻稿等方式披露以下信息 (但对涉及外交关系等可能损害国家利益的信息，它们不必披露)：

1. 《框架法》第七条第 (5) 款规定的委员会审议和协调结果中的重要事项；
2. 《框架法》第十三条规定的国际发展合作评估结果；
3. 《框架法》第十四条规定的关于支持非政府组织参与国际发展合作等事项；
4. 有关与国际发展合作有关的主要政策和统计数据信息。

第十四条　提交统计数据

(1) 根据《框架法》第十八条第 (1) 款，委员会指定的有关国际发展合作统计数据的机构 (以下简称"统计机构") 应每年编写指引，具体规定提交国际发展合作统计数据的方法、提交时间等，并通知执行机构。

(2) 统计机构编制本条第 (1) 款规定的指引时，应事先与监督机构协商。

第十五条　协商机构

(1) 为了有效地促进国际发展合作，监督机构可以建立和运行由有关执行机构组成的协商机构。

(2) 建立和运作本条第 (1) 款规定的咨询机构所需的事项，应由监督机构确定。

(3) 为了参与在优先伙伴国家实施的国际发展合作项目，并根据《框架法》第十九条给予相应支持，驻在国外交使团应建立和运作以驻外外交使团领导为主席、以执行机构常驻员工为参加人员的地方咨询机构。

国际发展合作框架法

【施行日期 2013 年 7 月 16 日】

【2013 年 7 月 16 日第 11889 号法案，部分修正案】❶

第一条　目的

该法案的目的是通过规定有关国际发展合作的基本事项，提高国际发展合作政策的适用性及其执行的有效性，并有效地实现国际发展合作的政策目标，从而为人类共同繁荣和世界和平作出贡献。

第二条　定义

本法所用术语的定义如下：

1. 国际发展合作是指国家、地方政府或公共机构直接或间接向合作伙伴提供的有偿或无偿发展合作（以下简称“双边发展合作”）以及通过国际组织为发展中国家的发展和福利提供的多边发展合作；

2. 发展中国家是指有权获得官方发展援助的国家（包括地区），具体认定标准由经济合作与发展组织的发展援助理事会确定；

3. 合作伙伴是指有国际发展合作需求，由大韩民国基于人均国民生产总值、经济社会发展阶段考虑从发展中国家选取的部分国家；

4. 国际组织是指大韩民国通过提供财政捐助或执行合作项目而与之合作的、由经济合作与发展组织发展援助理事会确定的与发展有关的国际组织（包括非政府组织）；

5. 双边发展合作中的赠款是指给予没有附带偿还义务的合作伙伴的现金、实物转让、劳力供应和技术合作等，包括紧急救灾；

6. 在双边发展合作中，贷款一词是指给予合作伙伴的现金或实物转让等，这些合作伙伴被给予较商业条件下从国际资本市场借入资金更有利的偿还债务条件，包括在利率、赎回期和宽限期等方面的条件；

7. 多边发展合作是指通过对国际组织的捐款或投资以及优惠贷款等间接向发展中国家提供的国际发展合作；

8. 执行机构是指从事与国际发展合作有关项目的中央行政机构、地方政府和公共机构。

---

❶ 初译人员：黄斯雅，广东外语外贸大学 2018 级国际法专业研究生。

第三条 基本理念和目标

（1）国际发展合作的基本理念是减少发展中国家的贫困，改善妇女、儿童和残疾人的人权，实现性别平等，实现可持续发展和人道主义，促进与合作伙伴的经济合作关系，谋求国际社会的和平与繁荣（2013 年 7 月 16 日第 11889 号法案修正案）。

（2）国际发展合作的目标应在于实现以下事项，以追求第（1）款所述的基本精神：

1. 减少发展中国家的贫困和改善生活质量；
2. 促进发展中国家的发展及发展所需的制度和条件；
3. 促进与发展中国家的友好关系和相互交流；
4. 为解决与国际发展合作有关的全球性问题作出贡献；
5. 根据第（1）款被认为是实现基本理念所必需的其他事项。

第四条 基本原则

（1）国家、地方政府和其他执行机构（以下简称“国家等”）开展国际发展合作项目，应综合考虑以下原则和大韩民国外交政策：

1. 尊重《联合国宪章》的所有原则；
2. 支持合作伙伴的自助努力和能力；
3. 尊重合作伙伴发展的必要性；
4. 增加分享发展经验；
5. 促进与国际社会的和谐关系与合作。

（2）国家等应努力加强双边发展合作与多边发展合作之间的联系，以及赠款援助与贷款之间的联系，并一致执行国际发展合作政策，从而使国际发展合作效力最大化。

第五条 国家等的义务

（1）国家等应考虑第一条和第三条，执行国际发展合作政策。

（2）国家等应与国际社会一道，为消除发展中国家的贫困和促进可持续发展而共同努力，并为此发挥积极作用。

（3）国家等应努力与有关民间组织等系统合作，系统地实施国际发展合作项目，以提高其有效性。

第六条 与其他法律的关系

颁布或修订有关国际发展合作的其他法律应符合该法律的目标和基本理念。

第七条 国际发展合作委员会

（1）国际发展合作委员会（以下简称“委员会”）应在总理的领导下成

立，以审议和主持重大事项，并确保国际发展合作政策能够全面系统地落实。

（2）委员会需由 25 名或以下的成员组成，包括主席和执行秘书。

（3）由总理担任主席，成员由总理从中央行政机关和有关机构或组织的负责人及具有丰富知识和经验的人员中指定，包括战略和财政部长、外交部长、政府政策协调办公室部长（由 2013 年 3 月 23 日第 11690 号法案修正）。

（4）政府政策协调办公室部长为执行秘书，他/她应为委员会的职责履行及其运作提供必要的支持（由 2013 年 3 月 23 日第 11690 号法案修正）。

（5）委员会应审议并主持以下事项（由 2011 年 7 月 25 日第 10919 号法案修正）：

1. 第八条规定的国际发展合作基本计划和第十一条第（4）款规定的国际发展合作年度综合执行计划；

2. 关于根据第十三条评估国际发展合作事项；

3. 需要政府进行协调的国际发展合作有关的政策事项；

4. 主席认为重要并由其交付的其他事项。

（6）国际发展合作工作委员会（以下简称“工作委员会”）应在委员会的领导下成立，以事先就委员会转交的议程项目进行磋商，并处理委员会委托的事项。

委员会和政府政策协调办公室副部长担任工作委员会主席（由 2013 年 3 月 23 日第 11690 号法案修正）。

（7）如有必要，委员会可在其下建立民事咨询委员会。

（8）除第（1）~（7）款规定的事项外，与委员会、工作委员会和民事咨询委员会的组成和运作有关的必要事项应由总统令规定。

第八条　国际发展合作基本计划的制定等

（1）根据第九条，监督国际发展合作的机构（以下简称“监督机构”）应当制定国际发展合作基本部门计划草案（以下简称“基本部门计划草案”），每 5 年 1 次，并在经过工作委员会审查后提交给委员会。

（2）委员会应整合根据第（1）款提交的基本部门计划草案，并最终确定涉及以下事项的国际发展合作基本计划：

1. 促进国际发展合作的政策基本方向；

2. 国际发展合作和业务计划的规模；

3. 根据第十二条向优先合作伙伴提供的中期援助战略。

（3）尽管有第（2）款的规定，但在基本部门计划草案中，委员会认为重要的事项可由总统经国务院审议后最终确定（由 2011 年 7 月 25 日第 10919 号法案修正）。

(4) 委员会可在其认为必要的情况下，在5年内由委员会审议并酌情修改根据第（2）款和第（3）款最后确定的基本计划（以下简称“基本计划”）。

(5) 委员会在完成基本计划或修改总统令规定的任何重要事项时，都应立即向国民议会报告（由2011年7月25日第10919号法案新插入）。

(6) 委员会应向监督机构传达基本计划，监督机构应将属于执行机构职权范围的事项转交有关执行机构以及外交和领事使团（指大韩民国根据《设立驻外外交和领事使团法》设立的大韩民国驻外外交领事使团，下文同样适用）（由2011年7月25日第10919号法案修正）。

(7) 除第（1）~（6）款所规定的程序外，关于基本计划制订并向国民议会报告程序的必要事项应由总统令规定（由2011年7月25日第10919号法案修正）。

第九条　国际发展合作监督机构

(1) 在双边发展合作中，贷款应由战略财政部长监督，并由外交部长准许援助（由2013年3月23日第11690号法案修正）。

(2) 在多边发展合作中，根据《加入国际金融机构的措施法》与国际金融机构的合作，应由战略财政大臣监督，由外交大臣与其他组织合作（由2013年3月23日第11690号法案修正）。

第十条　国际开发合作监督机构的角色和职能

(1) 监督机构应发挥以下作用和职能（由2011年7月25日第10919号法案修正）。

1. 编写国际发展合作基本部门计划草案和年度全面执行计划草案；
2. 审查国际发展合作年度全面执行计划的执行情况；
3. 促进其管辖范围内的基本计划和执行计划；
4. 委员会认为需要分配的其他作用和职能。

(2) 监督机构应协助个别执行机构在其管辖范围内以专业精神有效促进国际发展合作。

第十一条　国际发展合作年度执行计划的制订等

(1) 各执行机构应当按照基本计划，每年制订一次国际发展合作年度执行计划草案，并提交监督机构（由2011年7月25日第10919号法案修正）。

(2) 如果执行机构根据第（1）款提交的年度实施计划与基本计划不一致，监督机构则可以在与实施机构协商后调整实施计划（由2011年7月25日第10919号法案修正）。

(3) 监督机构应当整合并审查根据第（1）款提交的国际发展合作实施计

划草案，制订各部门国际发展合作年度综合计划草案，并提交给委员会（由2011年7月25日第10919号法案修正）。

（4）委员会应审查和调整根据第（3）款提交的各部门国际发展合作年度综合执行计划草案，最后确定国际发展合作年度综合执行计划，并立即向国民大会报告（由2011年7月25日第10919号法案新加入）。

第十二条　优先合作伙伴的选择

（1）经与监督机构协商，在考虑基本计划等基础上，委员会可以选择国际发展合作的合作伙伴（以下简称“优先合作伙伴”），包括联合国指定的最不发达国家。

（2）委员会应酌情进行调整，以确保主要向优先合作伙伴提供国际发展合作，并提高合作的有效性。

第十三条　国际发展合作评估

（1）委员会应编制国际发展合作评估准则，并评价相关政策和项目开展成果，以便提高公众对国际发展政策成就的认识，提高国际发展合作项目实施的透明度。

（2）每个执行机构都应根据第（1）款的准则制订年度自我评估计划，并向委员会报告（由2013年7月16日第11889号法案新加入）。

（3）委员会应在每年的6月30日之前向国民议会报告根据第（1）款进行评估的结果（由2013年7月16日第11889号法案修正）。

（4）关于根据第（1）款和第（3）款进行评估的标准和方法以及向国民议会报告的必要事项应由总统令规定（由2013年7月16日第11889号法案修正，生效日期为2014年1月1日）。

第十四条　对民间国际发展合作组织等的支持

（1）经与监督机构协商，国家等可以向从事与本法所规定的国际发展合作基本理念和目标相一致的活动的民间国际发展合作组织或者其附属机构，提供必要的支持。

（2）为了提高项目的有效性，国家等在根据第（1）款提供支持时可以规定公平条件。

第十五条　促进国民参与的公共关系等

（1）国家等应制定和实施措施，开展各种公共关系，开展关于国际发展合作的国家宣传运动，以保障国际发展合作具有稳定、不断增长的公众支持基础，并增加公民参与国际发展合作的努力。

（2）国家等应以多种方式公开国际发展合作的方向、主要成就和评估结果。此类公开的主题、范围和标准或其他具体事项应由总统令规定。

(3) 国家应建立和运行提供有关国际发展合作项目综合信息的系统，以有效地管理和实施国际发展合作项目。

第十六条　培训专业的人力资源

国家应在国际发展合作的各个领域努力培训专业的人力资源。

第十七条　加强国际交流与合作

国家等应努力促进和加强国际交流与合作，包括与国际组织、外国政府或组织交换与国际发展合作有关的信息，进行联合研究、学习或举行活动。

第十八条　国际发展合作统计

(1) 执行机构经与监督机构协商后，应每年向委员会指定的机构提交其上一年度国际发展合作状况统计数据。

(2) 监督机构应准备、分析和管理其管辖范围内国际发展合作项目状况的统计数据。

(3) 第 (1) 款指定的机构应通过整合各执行机构关于国际发展合作项目状况的统计数据，编制有关国际发展合作的年度统计数据，并将国际发展合作的年度统计数据提交委员会和监督机构。

(4) 在国民议会常务委员会要求的情况下，委员会应根据第 (3) 款向其提交统计数据。

第十九条　驻外外交机构的职责

(1) 驻外外交机构应参与开展国际发展合作的过程，包括寻找、促进和评估国际发展合作项目。

(2) 执行机构应通过外交部与海外外交使团协商国际发展合作项目的实施，并获得可能必要的支持，以促进国际发展合作项目的顺利进行（由 2013 年 3 月 23 日第 11690 号法案修正）。

第二十条　委托或授权

本法规定的监督机构的部分权力可以根据总统令的规定，委派给其他执行机构。